243251

Anna Schlatter-Bernet, 1773–1826

Marianne Jehle-Wildberger

# Anna Schlatter-Bernet 1773–1826

Eine weltoffene St. Galler Christin

VGS Verlagsgemeinschaft St. Gallen   im Herbst 2003
TVZ Theologischer Verlag Zürich

(c) 2003 by Marianne Jehle-Wildberger, St.Gallen
VGS Verlagsgemeinschaft St.Gallen, ISBN 3-7291-1104-3
TVZ Theologischer Verlag Zürich, ISBN 3-290-17301-1

# Inhalt

7 Einführung

10 Herkunft der Anna Schlatter-Bernet und religiöse Sozialisation
19 Hector Schlatter, der Bräutigam
27 ‹Herzens-Nette›: Brieffreundschaft mit Annette Gessner-Lavater
35 Bekenntnisse zweier frommer Seelen
45 Liebesehe
57 Mutterschaft als Lebensschule
73 Leben und Glauben im Einklang
82 Erweckung, Pietismus, Rationalismus
87 Pionierin der Ökumene
105 Innerlichkeit, Gefühl und ganzheitliches Leben als gemeinsamer Nenner von Romantik und Erweckung
112 ‹Leben Schreiben›: Die Schriftstellerin
117 Partnerschaft und Emanzipation – Anna Schlatter und die Romantikerinnen
130 Soziales und seelsorgliches Wirken
141 Weltbürgerin und Pazifistin
149 Die Theologin
159 Lebensende, Würdigung und Nachwirkung

165 Dank

166 Beigaben: Briefe von Lavater an Anna, von Anna an Hector, von Sailer an Anna

172 Anna Schlatter-Bernet: Lebensdaten
173 Stammbaum Schlatter-Bernet
174 Personenverzeichnis
177 Quellen- und Literaturverzeichnis
183 Anmerkungen

Autorin und Verlag danken der Arnold Billwiller Stiftung, dem Bürgerrat der Ortsbürgergemeinde St.Gallen, der Ernst Göhner Stiftung Zug, dem Evang.-ref. Forum St.Gallen, der Evangelisch-reformierten Kirchgemeinde St.Gallen C, der Gesellschaft Pro Vadiana St.Gallen, Frau Marita Jöhr-Rohr, Zürich, dem Kirchenrat der Evangelisch-reformierten Kirche des Kantons St.Gallen, der Marie-Müller-Guarnieri-Stiftung, dem Protestantisch-kirchlichen Hilfsverein des Kantons St.Gallen, der Schweizerischen Reformations-Stiftung. Ohne ihre großzügige Unterstützung wäre die Herausgabe dieses Buches nicht möglich gewesen.

# Einführung

‹Ein Fels im Meere steht fest und lässt die Wellen an ihm sich brechen. Er tut und spricht, was sein Herr nach seiner Überzeugung von ihm fordert, und lässt die Hunde bellen.›[1] Diese Kernstelle aus einem Brief Anna Schlatters verrät viel von ihrer Persönlichkeit. Ihre innere Stärke befähigte sie, zur Pionierin in mehrfacher Hinsicht zu werden. Zu ihrem Wesen gehörte aber auch die Fähigkeit, auf Mitmenschen einzugehen, sich für sie zu öffnen. Was Anna Schlatter im Innersten bewegte, war ihr Glaube. In ihren ‹Memorabilien› – einer Art ‹Vergissmeinnicht› – findet sich unter dem 5. November, ihrem Geburtstag, die vielsagende Notiz: ‹Mein Geburtstag für Erde und Himmel.›[2] Anna Schlatter gilt als die wichtigste Frau der ‹Erweckung› im deutschen Sprachgebiet – einer religiösen Strömung, die dem Pietismus nahe stand. Nach der Genferin Germaine de Staël ist sie eine der wenigen bedeutenden Schweizerinnen des frühen 19. Jahrhunderts.

Im vorliegenden Buch wird die innere und äußere Entwicklung Anna Schlatters dargestellt. Im Verlaufe ihres Lebens weitete und vertiefte sich ihre ursprünglich enge Frömmigkeit. Sie wurde zu einer Persönlichkeit mit großer Ausstrahlung. Viele Menschen waren stark von ihr beeindruckt.

Dreizehn Kinder hat die Ehe- und Geschäftsfrau Anna Schlatter geboren. Ihre Nachkommen waren früh von ihrer herausragenden Bedeutung überzeugt. Der deutsche Theologe Franz Ludwig Zahn, ein Schwiegersohn, sammelte als Erster systematisch ihre Manuskripte und gab bereits 1835 eine kleine Auswahl ihrer Texte heraus.[3] Er und sein Sohn (Franz) Michael publizierten später Teile des Nachlasses in einem dreibändigen Werk.[4] (Franz) Michael, also ein Enkel Anna Schlatters und ebenfalls Theologe, verfasste 1865 die früheste Biographie Anna Schlatters. Eine Enkelin, die Dichterin Dora Schlatter-Schlatter, schrieb die zweite[5] und ein Urenkel, der Gymnasiallehrer Johannes Ninck, die dritte größere Biographie.

Der Nachlass Anna Schlatters befindet sich in der Vadianischen Sammlung, die der Ortsbürgergemeinde der Stadt St. Gallen gehört

Einführung 8

und in der st.gallischen Kantonsbibliothek (Vadiana) aufbewahrt wird. Es handelt sich um sechs Archivschachteln mit Tausenden von eng beschriebenen Blättern – darunter Briefe, Gedichte und Abhandlungen. Das Tagebuch und die Originalfassung der Memorabilien, aus denen (Franz) Michael Zahn, Dora Schlatter und Ninck noch zitieren konnten, sowie viele Briefe sind leider verschollen.

Dass eine Frau, die vor zweihundert Jahren lebte, so viel Schriftliches hinterließ, fällt auf. Außergewöhnlich ist zudem, dass ihr Nachlass unter ihrem Namen archiviert wurde. Sonst nahm man Manuskripte von Frauen gar nicht auf oder dann innerhalb des Nachlasses ihrer Ehemänner.[6] Im Gegensatz dazu wurde das, was von Anna Schlatters Ehegatten, Hector Schlatter, an schriftlichen Dokumenten erhalten geblieben ist, in ihren Nachlass integriert.

Anna Schlatter-Bernet verdient eine neue Darstellung. Zwar bemühten sich die Verfasser der drei bestehenden größeren Biographien – der Enkel, die Enkelin und der Urenkel – um Objektivität. Gewissen Auswüchsen der frühen Religiosität Annas standen sie nicht unkritisch gegenüber. Jedoch vertraten alle drei einen ähnlichen – pietistischen – Frömmigkeitstypus wie ihre Vorfahrin. Sie neigten deshalb zu ihrer Verklärung, etwa wenn Ninck vom ‹Segen der Ahnfrau› spricht oder der Schwiegersohn Franz Ludwig Zahn sie ein ‹heiliges Weib› nennt.[7] Annas Ehemann Hector Schlatter wird zwar als sympathisch geschildert, in seiner eigenständigen Bedeutung aber nicht erkannt und zu wenig gewürdigt. – Umgekehrt sah Albrecht Ritschl, einer der führenden Theologen des 19. Jahrhunderts, Anna Schlatter prinzipiell auf dem falschen Glaubensweg. Dennoch widmete er ihr in seiner umfassenden ‹Geschichte des Pietismus› dreiundzwanzig Seiten. Als Gegner des Pietismus sowie der Mystik, welcher Anna sich in ihren späteren Jahren zuwandte, war Ritschl freilich Partei. – Die neueren Darstellungen Anna Schlatters von Hans Martin Stückelberger und Peter Zimmerling fallen durch Ausgewogenheit auf. Allerdings sind sie sehr kurz und verzichten auf die Auswertung bisher nicht beachteter Quellen und auf neue Fragestellungen.

Was in der bisherigen Geschichtsschreibung über Anna Schlatter

# Einführung

nahezu völlig fehlt, ist die Einordnung in die damalige religiöse und geistige Atmosphäre. Wo genau stand sie innerhalb der pietistischen und erwecklichen Strömungen? Wie war ihr Verhältnis zu Aufklärung und Romantik? Gibt es Gemeinsames zwischen ihr und den Romantikerinnen? Wie äußerte sie sich zu den damaligen politischen, wirtschaftlichen und sozialen Umbrüchen? - Ein neueres Feld der Geschichtswissenschaft ist das Alltagsleben. Dieser Ansatz ist bei Anna Schlatter fruchtbar. Ihre zahllosen Briefe geben einen guten Einblick in ihr Ehe- und Familienleben. Schließlich wird Anna Schlatter in diesem Buch auch aus dem Blickwinkel ‹Frauengeschichte› betrachtet - ebenfalls ein neuerer Ansatz. Inwiefern war ihr Leben als Frau typisch für ihre Zeit, inwiefern ungewöhnlich, lautet eine Frage. Und - war Anna Schlatter emanzipiert?

Als Quelle für die vorliegende Darstellung dienen in erster Linie die Briefe Anna Schlatters an ihre Freundin ‹Nette› (Annette) Gessner-Lavater in Zürich. Die etwa vierhundert im Nachlass aufbewahrten und zum großen Teil - aber nur in Auszügen - edierten Briefe ziehen sich über 34 Jahre hin und vermitteln ein gutes Bild ihrer Persönlichkeit. Leider sind die Briefe Nette Gessners nicht erhalten. Wichtig sind auch die bisher nicht berücksichtigten, unedierten Briefe Annas an ihren Ehemann Hector Schlatter und dessen Manuskripte. Die ebenfalls nicht edierten Briefe Johann Caspar Lavaters an Anna und Annas an Lavater und diejenigen Johann Michael Sailers an die Freundin in St.Gallen sind von großem Interesse. Auch eine frühe Abschrift von Annas ‹Memorabilien› wurde für die vorliegende Biographie ausgewertet. Daneben beruht das Buch auf ihrem sonstigen Briefwechsel, den Gedichten und übrigen Schriften. Anna Schlatter, so die Absicht, soll möglichst authentisch zu Wort kommen. - Die Rechtschreibung der Quellentexte wurde behutsam den modernen Vorgaben angepasst.

# Herkunft der Anna Schlatter-Bernet und religiöse Sozialisation

Annas Vorfahren, die Bernet, waren ein altes St.Galler Geschlecht. Annas Großvater war Bürgermeister der evangelischen Stadtrepublik, und unter den früheren Vorfahren figurieren weitere Bürgermeister und Richter. ‹Aufrichtige Frömmigkeit, warme Vaterlandsliebe und nicht gewöhnliche geistige Rührigkeit› seien in dieser Familie von alters her üblich gewesen, schreibt Anna Schlatters erster Biograph. Das Vermögen ihres Vaters belief sich 1787 auf 61387 Gulden.[8] Aus ‹gutem Hause› stammte sie also, aus regimentsfähiger und wohlhabender Familie. Wie schon der Großvater betätigte sich auch Annas Vater, Caspar Bernet, als Musselinefabrikant. Musseline ist feines, durchscheinendes Baumwollgewebe. Zudem war er Mitglied des Großen, später auch des Kleinen Rates, gehörte also zum inneren Kreis des Regiments der Stadtrepublik. Er war ständiger Bauherr, Säckelmeister und ‹Siechenpfleger› (Vorsteher des Gesundheitswesens). Eine der älteren Schwestern Annas schildert ihn als ‹rasch und aufbrausend›, während die Mutter, Cleophea Weyermann, ‹still, sanft und anspruchslos› gewesen sei.[9] In späteren Lebensjahren sei der Vater milder geworden.[10] Anna erbte das impulsive, energische Temperament des Vaters. Die Schwester schreibt von der ‹feurigen, lebhaften, tätigen Anna›.[11] ‹Sie hat die Kraft zu lieben und wohl zu tun, aber ebenso hat sie die Kraft, tief zu verwunden, obwohl sie es nie böse meint!›[12] Von Freunden wurde Anna gelegentlich mit einem ‹feuerspeienden Berg› verglichen.[13]

Die Familie bewohnte das Haus im Loch neben dem ‹grünen Turm› an der Südwestecke der Stadt. Diese zählte damals um die 8000 Einwohner. Schöne Sommertage verbrachte man im Landgut Buchberg, einem barocken Bau, der an aussichtreicher Lage über der Stadt thront. Anna Bernet wurde am 5.November 1773 als Zweitjüngstes von zwölf Kindern geboren. ‹Mit großer Treue wurden wir in die Schule geschickt, und die Eltern sparten darin nichts. Oft sagte der Vater: Kinder, lernt doch, so viel ihr könnt, nur was ihr in euch selbst habt, ist et-

Caspar Bernet, Würdenträger der alten Stadtrepublik St.Gallen, portraitiert im Alter von 38 Jahren, d.h. 1773, in Anna Bernets Geburtsjahr. (Privatbesitz)

was Bleibendes, alles andere ist vergänglich.›¹⁴ Ihrer besten Freundin, Nette Lavater in Zürich, schrieb Anna, sie habe in der Schule Religion, Lesen und Schreiben gelernt, ‹so schlecht und unorthographisch, wie ich's heute noch kann›.¹⁵ In Privatstunden lernten die Geschwister Rechnen und Singen, die Schwestern auch Handarbeiten. Der Vater nahm die Kinder zu Ausflügen in die nahen Berge mit, was in jener Zeit nichts Selbstverständliches war. ‹Gerne ließ der Vater uns auch etwas Unterhaltendes oder Wissenschaftliches lesen [...].›¹⁶ Die bildungshungrige Anna hätte gerne Französisch gelernt, doch die vier Schwestern, die zwischen vierzehn und acht Jahren älter als sie waren und sie gerne bemutterten, hielten das für unnötig. (Ihre eigenen Töchter ließ Anna Französisch lernen!) Von sich schreibt sie: ‹Von Jugend auf liebte ich die Lektüre, aber Romane las ich sehr wenige, und ich wollte nicht, dass ich mehr gelesen hätte, denn ich habe ohnedies eine sehr lebhafte Einbildungskraft [...]. Besonders gern lese ich Kirchen- und Vaterlandsgeschichte, aber [...] habe [...] gar wenig Zeit, die ich auf wissenschaftliche Kenntnisse verwenden könnte.›¹⁷

So freiwillig, wie sie vorgibt, verzichtete Anna nicht auf die Lektüre von Romanen, denn diese wurden von den frommen Eltern für eine ‹verderbliche Pest› gehalten. Die Töchter mussten sich die Einwilligung der Mutter holen, wollten sie einen davon lesen.¹⁸ Im Verlaufe ihres Lebens erwarb sich Anna autodidaktisch ein staunenswertes Wissen, insbesondere auf biblischem und theologischem Gebiet.

Die Hauptlektüre von Annas Eltern bestand in der Bibel und in erbaulichen Schriften. Sie wollten die Kinder, ‹die sie dem Herrn geweiht hatten, [...] für ihn und sein Reich [...] erziehen. Zwar hielten sie eben keine besonderen Religionsübungen mit uns, außer dem Morgen- und Abendgebet, das der liebe Vater andächtig aus einem Buch vorlas. Nach demselben nahm uns die Mutter in die hintere Stube, wo sie uns schon sehr früh Gebete und Verschen auswendig lehrte.›¹⁹ Jeden Sonntag besuchte die ganze Familie zwei Mal die Kirche, ‹was freilich nicht allen lieb war›.²⁰

Bibel, Erbauungsschriften und Hausandachten zeigen: Die Familien Bernet und Weyermann hingen dem Pietismus an. Die Familie

Bernet, insbesondere die fünf Schwestern, pflegten schon in ihrer Jugend Beziehungen zum unkonventionellen deutschen Pietisten Johann Heinrich Jung-Stilling und, auf Initiative Annas, zu ‹frommen› Damen in Bremen.[21] In St.Gallen war Peter Stähelin, Pfarrer an der Französischen Kirche und später Antistes, ‹ein wichtiger Vertreter des Pietismus›.[22]

Der Pietismus[23] war eine breite religiöse Strömung innerhalb des Protestantismus. Buße, Heiligung und Nachfolge waren wichtige Motive. Angesichts einer als trocken empfundenen orthodoxen Frömmigkeitspraxis strebte er eine Verlebendigung des Glaubens an. Die Glaubenspraxis setzte er vor die Dogmatik (Glaubenslehre). Seit der Reformation war der Pietismus der umfassendste Versuch einer Verinnerlichung des Christentums. Wichtig war ihm insbesondere ein lebendiges Verhältnis zur Bibel, persönliche Glaubensentscheidung, eigene Erfahrung und die ‹Gotteskindschaft›, zunehmend auch der subjektiv erfahrbare ‹Durchbruch› der Gnade. Typisch war die Pflege der religiösen Gemeinschaft in kleinen Gruppen.

Die Familie Bernet bildete – ohne separatistisch zu sein – eine Art Hauskirche. Religiöse Feste spielten eine wichtige Rolle: Sie ‹[…] wurden uns dadurch doppelt feierlich gemacht, dass der Vater uns alle am Abend in seine Stube versammelte und uns dann mit unaussprechlicher Liebe und Rührung den Gegenstand des Festes ans Herz legte, uns Jesus und sein Verdienst für uns arme Sünder anpries und uns ermahnte, ihm unser Herz und unsere Liebe zu weihen, sodass wir beinahe in Tränen zerflossen; dann stund er auf und betete für uns alle mit vielen Tränen und reiner Inbrunst, die mir unvergesslich bleibt. Aus dem Zimmer des Vaters eilten die meisten von uns auf ihre Zimmer, zu beten um die Gnade, auch so dem Herrn leben zu können.›[24]

Die Tränen brauchen nicht zu erstaunen. Das späte 18. Jahrhundert war das Zeitalter der Empfindsamkeit. Man schämte sich seiner Gefühle nicht. Männer und Frauen, Pietisten und Nicht-Pietisten, weinten in aller Öffentlichkeit. Dem Pietisten Jung-Stilling flossen, wie er in seiner Autobiographie schreibt, in Momenten von Freude oder Schmerz und bei religiöser Erregung die Tränen über die Wangen.

Goethes unglücklich verliebter ‹Werther› weint oft und ausgiebig. Wie Goethe und sein Zürcher Freund Johann Caspar Lavater sich nach Jahren brieflichen Kontaktes persönlich treffen, fallen sie sich vor Rührung weinend in die Arme. Übrigens war Goethes Mutter eine Pietistin. Lessing, Kant, Schiller und Novalis wuchsen in pietistischem Milieu auf, ebenso der große Theologe Friedrich Schleiermacher. – Im nüchternen St.Gallen, wo die Pietisten eine Minderheit waren, die streng reformierte Orthodoxie noch immer den Ton angab und sich der Rationalismus eben erst zu regen begann, wird der Gefühlsüberschwang von Annas Vater eher die Ausnahme gewesen sein.[25]

Die religiöse Biographie Annas bewegte sich zunächst auf dem durch das pietistische Elternhaus vorgegebenen Pfad. Den Konfirmandenunterricht beim gelehrten orthodoxen Pfarrer David Anton Stähelin empfand sie als ‹kalt›.[26] Die 18-Jährige schreibt über sich selbst: ‹Früh in meiner ersten Jugend äußerte sich schon mein heftiger Charakter, wider den meine frommen Eltern arbeiten mussten und der mich auch schon manchen Kampf und manches Gebet kostete. Ach, früh entwickelte sich das Böse in mir! […] früh lernte ich, die Sünde als das schrecklichste Übel ansehen, ich weiß mich noch wohl an meine Kinderjahre zu erinnern, wie ich dann oft auf den Knien gebetet habe, dass mich Gott fromm machen wolle, ich weiß noch wohl, dass ich dann oft des Nachts nicht einschlafen konnte, bis ich Gott um Verzeihung gebeten hatte […]. sobald ich ein wenig verständiger wurde, gab man mir die Schriften des lieben Papas […]. Und in meinem 12. Jahre starb mir schnell und unvermutet ein liebenswürdiger, nur 5/4 Jahre älterer Bruder. Dieser Tod ging mir sehr zu Herzen […]! Doch an einem Bettage, ich kann nicht mehr gewiss sagen, in meinem 12. oder 13. Jahr, ging eine Hauptveränderung in mir vor; ich wurde durch Häfelis Bettagspredigt so erschüttert, dass ich Gott alle meine von früher Jugend an begangenen Sünden, deren ich mich noch erinnern konnte, bekannte, die tiefsten Falten meines Herzens entdeckte […] und so ernstlich um Kraft zu einem neuen Leben bat, dass ich glaube, seitdem nie so gebetet zu haben.›[27] Noch als 50-Jährige erinnert sich Anna in einem Gedicht an das Erlebnis, das ihrem jungen

Leben eine Wendung gab.[28] Häfeli, ein Freund Lavaters, war an diesem Tag Gastprediger. Er gehörte nicht zur St.Galler Pfarrerschaft.[29]

Ganz im Sinne ihrer religiösen Sozialisation erschrak Anna zutiefst über ihre Sündhaftigkeit. Annas Eltern waren von der strengen Richtung des Pietismus beeinflusst, die von August Hermann Francke in Halle ausging. Francke sah im Erschrecken über die eigene Sündhaftigkeit den Anfangspunkt auf dem Weg zum Heil. Zu den Lieblingsschriftstellern von Annas Vater gehörte Adam Struensee, 1732–1752 Prediger und Professor in Halle. Anna erlebte eine ‹Bekehrung› nach den Vorgaben aus Halle.[30] Dieses Erlebnis machte sie jedoch nicht zu einem ‹neuen Menschen›, wie sie in grosser Ehrlichkeit einige Jahre später feststellte.[31] Die anerzogenen streng-pietistischen Denkmuster wirkten noch viele Jahre bei ihr nach. Dem pietistischen Ideal eines persönlichen Glaubens und einer lebendigen Glaubenspraxis hing sie bis zu ihrem Tod an.

Ein neuer Lebensabschnitt begann, als Anna bei ihrer St.Galler Freundin Sabine Rietmann die junge ‹Nette› (Annette) Lavater kennen lernte. Nette war die ältere Tochter des genialen, charismatischen, in ganz Europa berühmten Theologen und Schriftstellers Johann Caspar Lavater (1741–1801). Sein wohl bekanntestes Werk sind die ‹Physiognomischen Fragmente›, in denen er Menschen nach ihren Gesichtszügen charakterisierte. Der Vater Sabines, Johann Jacob Rietmann, gehörte zu seinen frühesten St.Galler Freunden.

Lavater, Pfarrer zu St.Peter in Zürich, wird für seine Liebenswürdigkeit und Menschenfreundlichkeit gerühmt. Er war mit bedeutenden Persönlichkeiten in halb Europa befreundet und übte an vielen Menschen Seelsorge. Laut seinem Freund Johann Wolfgang Goethe war er eine heitere Persönlichkeit, die unzählige Menschen in ihren Bann zog. Er war ein frischer, begeisterungsfähiger, vielseitig strebender Mensch. Unter seinen Freunden und Bekannten befanden sich zahlreiche Pietisten. Bei ihm selbst sind pietistische Tendenzen auszumachen. Ein eigentlicher Pietist war er aber nicht. Vollends fühlte er sich abgestossen von der Engherzigkeit gewisser Pietisten, die glaubten, sich unschön kleiden, die Bildung vernachlässigen und den Natur-

und Kunstgenuss verachten zu müssen. Lavater hielt stets daran fest, dass das Christentum nicht im Gegensatz zur Lebensfreude stehe.[32] Weder gegen die Orthodoxie (die aus der Reformation entstandene Theologie und Glaubenspraxis, die bis etwa 1700 unangefochten blieb) noch gegen den Rationalismus schottete er sich ab.[33] Wie seine Freunde Johann Heinrich Pestalozzi und der geniale Maler Johann Heinrich Füssli war Lavater als junger Mann ein Aufklärer, verinnerlichte aber auch Facetten des ‹Sturm und Drang›. Zusammen mit Füssli und Felix Hess rebellierte er gegen die vorrevolutionäre autoritäre zürcherische Obrigkeit. Mit diesen beiden Freunden begab er sich als junger Mann auf eine ausgedehnte Bildungsreise nach Deutschland, wo er viele wichtige Kontakte knüpfte.

In ein Schema lässt sich Lavater nicht pressen. Er war ein origineller Denker, der aus verschiedenen Anregungen eine selbständige Lehre entwickelte: eine eigene Frömmigkeit, eine eigenständige Christologie, eine eigene Jenseitshoffnung und ein eigenes Verhältnis zur Welt.[34] Das Christentum, urteilt ein Kirchenhistoriker, habe in der damaligen Schweiz an einer ‹gewissen Herzlosigkeit und Verstandeskälte› gelitten, ‹an einem Mangel an Unmittelbarkeit, an einfacher Liebe zu Jesus Christus›. Mit Lavater sei ‹ein warmer Strom von Jesusliebe und Herzensfrömmigkeit› in die Schweiz gezogen.[35]

Schon zu seinen Lebzeiten war Lavater aber auch vielfach umstritten. Seine bisweilen fast kindliche Leichtgläubigkeit stieß selbst Freunde vor den Kopf. Er war begierig auf Berichte über Gebetserhörungen und Wunderheilungen und neigte dazu, in ihnen den Abglanz geheimnisvoller göttlicher Kräfte, Lichtspuren des Ewigen zu sehen. Der Magnetismus übte Faszination auf ihn aus – die Naturwissenschaft, für die sich Lavater sehr interessierte, war nicht rein mathematisch und materialistisch orientiert. Unbestritten ist, dass Lavater ein Anreger in viele Richtungen war.

Die Schwestern Bernet – nicht jedoch ihr Vater – waren von Lavaters gewinnendem Wesen und von seinem facettenreichen Denken und Wirken fasziniert. Annas Glaube wurde durch Lavater in eine neue Richtung gelenkt. Sie ist ‹die größte Kraft des Lavaterischen Christentums in St. Gallen geworden>.³⁶ Als Lavater 1801 nach geduldig ertragenem Leiden starb, schrieb Anna: ‹Der Herr sei gepriesen, dass ich ihn kannte und liebte [...].› In seiner Begräbnisstunde versammelten sich Anna und ihre Schwestern, weinten über ‹Papa› (wie sie Lavater nannten), und eine Freundin las aus seinen letzten Arbeiten vor.³⁷ Seiner Gattin – genannt ‹Mama› – war Anna ebenfalls sehr verbunden. In Lavaters Tochter Nette fand Anna ihre engste Freundin, ihr ‹Alter Ego›.

Neben guter Bildung und pietistischer Frömmigkeit gaben die Eltern Bernet ihren Kindern einen dritten Wert mit, dies allerdings unfreiwillig. In den 70er-Jahren des 18. Jahrhunderts zeichnete sich eine schwere Krise in der schweizerischen Textilindustrie ab. Die Konkurrenz wuchs, nachdem in Großbritannien die industrielle Revolution begonnen hatte.³⁸ Eine allgemeine Teuerung griff um sich. Annas ältere Schwester Helene schreibt: ‹Nun kam anfangs der siebziger Jahre die schwere Zeit, die für meine Eltern sehr drückend war, da sie es nicht nur schwer hatten, ihre zahlreiche Haushaltung zu ernähren, sondern auch die Not der Mitmenschen tief fühlten und mit beträchtlichem Schaden ihren vielen Arbeitern noch zusetzten [d.h. sie auf eigene Kosten unterstützten]. Uns stellte der liebe Vater täglich vor, wie gut wir es haben, und ermunterte uns zur Dankbarkeit und zum Mitleiden, ließ uns auch verschiedene Arten von grobem Brot kosten. [...] oft brachten wir Mädchen halbverhungerte Menschen oder Kinder halbnackt ins Haus, und jedes Mal wurden sie erquickt, gespeist oder gekleidet [...].›³⁹ Der Bericht zeigt, dass Vater Bernet das ‹Reich Gottes› in gut biblischem Sinn nicht nur geistig, sondern auch konkret und diesseitig verstand. Obwohl der Pietismus zum Individualismus und zur Innerlichkeit neigte, war ihm auch die Hinwendung zum Mitmenschen, die soziale Verantwortung, wichtig. Das ‹Reich Gottes›, auf welches hin die Eltern Bernet ihre Kinder erziehen wollten, war ein Schlüsselbegriff des Pietismus.

1785 drosselte Frankreich die Einfuhr vom Schweizer Waren. Dann brach die Französische Revolution aus und bald danach der Krieg. Caspar Bernet musste die Musselinefabrikation aufgeben. Die Familie lebte nun von den Zinsen seines Vermögens und vom kargen Gehalt seiner politischen Ämter. Das Vermögen schmolz rasch zusammen.[40] Anna schrieb 1792 an Nette Lavater: ‹Wir Kinder sehen es als eine Wohltat Gottes an, dass er unseren Eltern das Vermögen geschmälert hat, wären sie reich geblieben, wir wären gewiss nicht geworden, was wir sind; besonders ich, was wäre ich geworden? Ein eitles, stolzes, unerträgliches Geschöpf, unbrauchbar für diese Welt. Hingegen lernten wir alle den Wert irdischer Güter kennen, wir [...] lernten unsere Kräfte anwenden, mit wenigem zufrieden sein, Mitleiden haben mit andern [...].›[41] Wie ihre Schwestern musste Anna mit Hohlstichstickerei zum Familieneinkommen beitragen. Die Lebenstüchtigkeit, die sie sich erwarb, kam ihr später sehr zustatten.

# Hector Schlatter, der Bräutigam (1766–1842)

Im November 1793 ‹kam Herr Pfarrer Stähelin zum Vater, um mich für meinen Mann zu werben›, notierte Anna Bernet.⁴² Beim potenziellen Bräutigam handelte es sich um den St.Galler Stadtbürger und Kaufmann Hector Schlatter. Es war eine förmliche Werbung, wie sie in gutbürgerlichen Kreisen damals üblich waren.

Anna Bernet wurde durch den Heiratsantrag überrascht und verwirrt. Mehrfach, teils zweimal täglich, schrieb sie Briefe voll Unruhe an Nette Lavater: ‹Es wäre mir doch viel leichter ums Herz, wenn Jesus Christus, als er auf Erden lebte, auch in einem solchen Fall gewesen wäre. So kommt es mir immer zu Sinne, das weiß er nun nicht aus eigener Erfahrung, wie es mir in meiner Lage zu Mute ist.›⁴³ ‹Liebe, es ist abends 4 Uhr›, schreibt sie am 19. November, ‹du hast [...] ich hoffe, einen frohen Tag erlebt, ich einen bangen. Vielleicht ist mir allzu bange. Ach, es liegt eine Last auf meiner Brust [...]. Warum bin ich jetzt so kleingläubig, da mich doch Gott 20 Jahre so gut geführt hat [...].›⁴⁴

Vieles, so mochte es sich Anna rational zurechtlegen, sprach für Hector Schlatter. Er passte altersmäßig zu ihr (*1766). Er hatte sich eine gute Bildung erworben, schrieb und sprach fließend Französisch und Italienisch. Groß war sein Interesse an Literatur, Geschichte, Physik und Astronomie. Auch hatte er sich ‹in der Fremde› umgesehen. Es war ihm ein ausgesprochener Sinn für Humor eigen, wie seine Rede über ‹Die Phantasie› zeigt, die er als alter Mann vor gelehrten Freunden hielt.⁴⁵ ‹Er blickte weit über die Grenzen seines Krämerladens hinaus [...].›⁴⁶ Hector führte ein gut gehendes Geschäft für Spezereien und Tuche. An Markttagen wurde sein Geschäft von Marktteilnehmern aus der näheren und weiteren Umgebung St.Gallens aufgesucht. Selbst Leute von Diepoldsau fanden sich ein.⁴⁷ Wie Anna gehörte er einer alten St.Galler Familie an, die sich schon für das 15. Jahrhundert nachweisen lässt. Der Vater Hectors, Johannes Schlatter, der bereits das Geschäft an der Turmgasse geführt hatte, bekleidete ein Richteramt. Die Mutter, Anna Barbara, gehörte zum vornehmen Geschlecht der Zollikofer von Altenklingen. Sie stammte in direkter Linie vom Humanisten, Bürgermeister und Reformator Joachim von Watt, genannt Vadian, ab. (Dessen einziges Kind, Dorothea, hatte den Junker Laurenz Zollikofer geheiratet.) Vor allem aber war Hector allgemein geachtet wegen seines offenen, heiteren Charakters.⁴⁸ Anna schreibt: ‹Er ist gewiss einer der besten, edelsten Menschen in meiner Vaterstadt.›⁴⁹ ‹Wirken kann ich ungleich mehr, als wenn ich unverheiratet bleiben würde, denn da kann ich nichts tun, als vom Morgen bis an den Abend Hohlstich machen, hingegen künftig einem guten edlen Mann nach meinen Kräften das Leben versüßen [...].›⁵⁰ Anna hatte zu jenem Zeitpunkt ein konventionelles Verständnis von der Rolle als Ehefrau. Hector war Witwer und Vater eines kleinen Knaben namens Johann. Einem ‹mutterlosen Kinde Mutterstelle›⁵¹ zu vertreten, schreckte sie nicht, auch nicht die Aussicht, im Ladengeschäft mithelfen und das Haus mit den Schwiegereltern teilen zu müssen. Das Elternhaus zu verlassen, machte sie nicht untröstlich, obwohl sie ‹wehmütig› auf ihre ‹frohen Jugendjahre› zurückblickte.⁵² Zudem waren Mutter und Schwestern der Meinung, einen besseren Mann als Schlatter könne sie nicht bekommen.

Große Liebe für Schlatter konnte Anna noch nicht empfinden, sie kannte ihn ja kaum. Aber das war nicht die Ursache ihrer Unschlüssigkeit, sondern Hectors, wie sie zu wissen meinte, mangelhafter Glaube, und damit verbunden die leise Angst, selbst den Glauben zu verlieren.⁵³ Zwar sagte ihr Hector bei seiner Werbung, ‹er glaube an Gott, Christentum und die Bibel›, doch sie ‹fühlte gleich in der ersten Unterredung, er sei kein Christ›, und das erfüllte sie so mit Furcht, dass sie kämpfend und kniend vor Gott lag.⁵⁴ Eine Szene, wie sie Pfarrer Peter Stähelin von seiner Verlobung schildert – ‹Wir [Stähelin und seine Braut] fielen auf die Knie und beteten mit vielen Tränen zu Gott. [...] heiligste Versprechungen, innigste Bewegungen durchglühten uns, strömten von den Lippen, gingen in das Herz›⁵⁵ –, erlebte Anna während ihrer ganzen Ehe nicht.

Hector denke ‹mehr nach Zollikofers Art, aber er denkt selbst›, schrieb sie an Nette.⁵⁶ Das ist eine Anspielung auf den aufklärerischen

Anna Bernet und Hector Schlatter in jungen Jahren, vermutlich portraitiert aus Anlass ihrer Verlobung. (Aus: Johannes Ninck)

St.Galler Pfarrer und Dekan Christoph Zollikofer, vor allem aber auf Hectors Onkel Georg Joachim Zollikofer (1730-1788), Pfarrer der evangelisch-reformierten Kirche in Leipzig. ‹Die Predigten des liebenswürdigen St.Gallers fanden in der kultivierten, eleganten Stadt allgemeinen Beifall und wurden schon zu Lebzeiten Zollikofers bändchenweise gedruckt›, schreibt der ähnlich gesinnte St.Galler Theologe und Gelehrte Peter Scheitlin.[57] Hectors Mutter war eine eifrige Leserin der Predigten ihres Bruders. Täglich schloss sie sich für eine Stunde zu innerer Sammlung ein, jeden Abend las sie mit ihren Kindern und den Dienstboten etwas Erbauliches. – Engster Freund Georg Joachim Zollikofers war der bekannte Liederdichter Christian Fürchtegott Gellert, der bekannteste Vertreter der christlichen Aufklärung in Deutschland. Zu Zollikofers Vokabular gehörten Wörter wie ‹Tugend› und ‹Glückseligkeit› – typisch für einen Aufklärer. Doch verstand sich Zollikofer gleichzeitig als ein Hüter der christlichen Tradition. Er glaubte an die Auferstehung Jesu Christi. Die deutsche Aufklärungstheologie war im Gegensatz zur französischen kaum je deistisch, wie pietistische Kreise, auch Anna, fälschlicherweise annahmen. Schon als Kind brach Zollikofer ‹die unselige Freundschaft, so ich mit der Sünde gehabt, und kündige ihr alle Nachfolge auf, übergebe mich mit Leib und Seele, mit allen Kräften meinem Herrn und Heiland Jesu Christ [...].› In diesem Entschluss manifestiert sich der Einfluss seines pietistisch gesinnten Vaters.[58] Zollikofer war befreundet mit Lavater. Einmal weilte er neun Tage lang in dessen Pfarrhaus auf der Peterhofstatt.[59] Die beiden Theologen liebten den Gedankenaustausch. In seinen ‹Physiognomischen Fragmenten› charakterisiert Lavater seinen Freund als ‹feinen, hell denkenden, ruhigen, wohlüberlegenden, [...] Mann, der alles mit Weisheit, Anstand und Frömmigkeit tut. Hell durchscheinend, besonders durchs Auge, sind die Bescheidenheit und nüchterne Bedächtigkeit dieses Charakters. Jede Tat, jede Zeile, jedes Wort dieses Mannes hat das Gepräge edler und innerlich fester Sanftmut.›[60]

Hector Schlatter scheint einiges von diesen Charakterzügen in sich getragen zu haben. Wie Zollikofer hielt er den Glauben gut lutherisch für ein ‹Gnadengeschenk Gottes›.⁶¹ Die folgenden Verse Hectors zeigen, dass er wie sein Onkel Denken und Glauben miteinander zu versöhnen suchte:

> Glaube, köstlichste der Himmelsgaben,
> Wärst du nur des tiefen Forschers Teil?
> Oder können dich die Menschen alle haben,
> Die dich wollen nur zu ihrem Heil?
> Dein Gebiet, o ist es nicht verschieden
> Von des Denkers labyrinthschem Gang?
> Wärest du nur wenigen beschieden,
> Da so viel' dich suchen lebenslang?
> Ja du bist und bietest deine Rechte
> Der gesamten Menschheit freundlich dar,
> Bist der Leitstern durch des Lebens Nächte
> Und dein Licht, es leuchtet hell und klar.
> Alle sind wir Pilger auf der Erden
> Und die Reise geht der Heimat zu,
> Nur der Glaube, dass wir glücklich werden,
> Gibt der Seele Heiterkeit und Ruh. [...]⁶²

Hector stellt Fragen: Ist der Glaube nur dem ‹Forscher›, der sich andauernd mit ihm beschäftigt, zugänglich? Oder kommen alle Menschen guten Willens in seinen Genuss? Ist der Glaube völlig verschieden vom differenzierten Denken? Wäre es gerecht, wenn der Glaube nur wenigen, und nicht auch den vielen Suchenden beschieden wäre? Dann die Antwort: Der Glaube steht allen offen – und: Letztlich schenkt nur der Glaube dem Menschen Halt und Heil. Hector, das wird deutlich, war ein ernsthafter, nachdenklicher, suchender Mensch, nicht einer, der von sich behauptete, ‹es schon ergriffen zu haben›.

Lavater, den Anna in ihrer Heiratssache um Rat anging, riet ihr zur Verbindung mit Hector. Das dürfte sie beruhigt haben. Wenige Tage nur nach dem Heiratsantrag fällte Anna den Entscheid. Den Ausschlag gab das ‹Los›, das auf das Bibelwort in Römer 10, 14-15 fiel: ‹Wie sollen sie nun den anrufen, an den sie nicht gläubig geworden sind? Wie sollen sie aber an den glauben, von dem sie nicht gehört haben?

Wie sollen sie aber hören ohne einen, der predigt? Wie sollen sie aber predigen, wenn sie nicht ausgesandt worden sind? Wie denn geschrieben steht: «Wie lieblich sind die Füße derer, die Gutes verkündigen!»› Diese Stelle ‹war mir Stimme Gottes und bestimmte mich, zur Rettung meines Liebhabers ihm [...] mein Jawort zu geben!›[63] Dieses Heiratsmotiv mag befremden. Es muss es aber beurteilt werden vor dem Hintergrund von Annas religiöser Sozialisation. Sie fürchtete ernsthaft für das Seelenheil ihres Bräutigams. Dass sie noch am Tage ihrer Verlobung an Nette schrieb: ‹Vielleicht hat er etwas weniger Kenntnis und Empfindung für das Christentum als ich, aber er handelt christlicher als ich [...]. Ich glaube, in ihm einen sanften, redlichen, edel denkenden [...], mich zärtlich liebenden Gatten zu finden›, zeigt, dass sie nicht eingleisig dachte.[64] Tags darauf kehrte sie den Spieß sogar um: ‹Er ist gewiss zehnmal gutmütiger als ich, und es ist eigentlich, als ob Gott durchaus mir mein unsanftes Wesen abgewöhnen wolle. Erst gab er mir in dir eine so sanfte Freundin, und nun auch einen sanften Mann. [...] In eine Schule komme ich, da kann ich Geduld, Ordnungsliebe, Mäßigkeit, Unterwürfigkeit, Verleugnung des eigenen Willens [...] lernen.›[65]

Dass die Ehe trotz Annas Bekehrungsabsicht gut ging, ist mindestens so sehr dem liebesfähigen und toleranten Hector zuzuschreiben als ihr selbst. Gleich zu Beginn gab er ihr zu verstehen, ‹er denke nicht wie sie, wolle [ihr] aber volle Freiheit lassen.›[66] Anna hatte das Glück, einen selbst im Kontext der damaligen Aufklärung und der Romantik außergewöhnlich aufgeschlossen denkenden Mann zu ihrem Gatten zu bekommen.

Die Heirat von Hector und Anna fand am 18. Februar 1794 statt. Professor Sch. habe eine ‹herzliche, schöne Hochzeitspredigt› gehalten.[67] Lavater schrieb in seinem Gratulationsbrief an Anna: ‹Der Herr segne Ihre Verbindung mit dem wackeren Schlatter [...]. Segnen hieß vor alters [...] mit dem Zeichen des Kreuzes besiegeln und [...] heiligen, absondern, vor dem Verderben sicherstellen, als Gottes Eigentum und Heiligtum signalisieren. So segne [...] der Herr [...] das neu im Heiligen verbundene Menschenpaar Bernet und Schlatter. Denen, die Gott lieben, müssen alle Dinge zum Besten dienen.›[68]

# Hector Schlatter, der Bräutigam (1766-1842) 25

Über ihre Ehejahre schreibt Anna als ältere Frau: ‹Vom 21. Jahre, vom Eintritt in die Ehe an, musste ich Mutter sein [da aus erster Ehe ein Knabe da war], gebar in 16 Jahren 13 Kinder, die ich körperlich ganz verpflegen musste [d. h. voll stillen]; [...]. Dann war ich Hausfrau, die jeden Pfennig spalten musste und oft kaum wusste, wo diese Bedürfnisse für alle hergenommen werden sollten, ward' und musste sein Gehilfin im Laden, in den ersten Jahren mittwochs und samstags gewiss, während 6 Jahren, wo meine Schwester Maria bei uns war, ununterbrochen, und später, als das Ladenmädchen heiratete, wieder. Dabei war ich also immer selbst Kindermagd und Näherin fürs ganze Haus. Kein Hemd und kein Kleid, keine Matratze und kein Leintuch, kein Bett und keine Haube war im Hause, die meine Hand nicht selbst genäht hätte durch viele Jahre hindurch, die unzähligen Strümpfe nicht gerechnet, die ich gestrickt und geflickt hatte; oft musste ich auch kochen, waschen, aufhängen, plätten, alles selbst tun und in Krankheiten die Kinder pflegen.›[69]

Der Text gibt ein anschauliches Bild von ihrer riesigen Arbeit. Anna wurde mit ihrer Verheiratung nicht nur Ehefrau und Mutter, sondern auch Vorsteherin eines großen Haushaltes und zudem Geschäftsfrau. Was das Rappenspalten betrifft, so darf man sich das Geschäft und den Haushalt des Ehepaars Schlatter allerdings nicht allzu bescheiden vorstellen. Wohl mussten die Eheleute vor allem in den ersten Ehejahren sparen und persönliche Bedürfnisse zurückstellen, die Zeiten waren schlecht. Und Hector wickelte noch bis in sein Alter eigenhändig Seifenstücke und Kaffeepäcklein für die Kundschaft ein - in Makulatur.[70] Doch Anna möchte ihren Ehemann unter keinen Umständen gegen einen ‹Millionär› eintauschen, wie sie in einem frühen Brief schreibt.[71] Immerhin erwähnt sie bereits in den ersten Jahren der Ehe einen ‹Hausknecht› und eine ‹Magd› für Küche und Haus.[72] Im Jahre 1805 war das Ehepaar Schlatter wohlhabend genug, um eine recht stattliche Liegenschaft mit großem Umschwung, das ‹Äckerli›, erwerben zu können.[73] In diesem Landsitz am Sonnenhang unterhalb von Rotmonten konnten sich die Kinder am Sonntag austoben und die Eltern Ruhe und Erholung finden. Im Jahr 1814 baute sich das Ehepaar neben dem alten, schmalen, schattigen Stadthaus ‹hinter dem Turm› noch ein zweites, größeres Haus. Und nach dem Tode Annas kaufte Hector für seinen naturverbundenen Sohn Jacob einen Bauernhof. Besonders in seinen späteren Jahren leistete sich Hector manche kleinere Reise, nach Zürich, Basel und Luzern und nach dem Zollikofer'schen Schloss Altenklingen im Thurgau. Man kann von gutbürgerlichen Verhältnissen sprechen.

Dass es der ernsthaften Anna nicht an Humor gebrach, verraten folgende, an einen Freund gerichteten Bemerkungen über ihr häusliches Wirken: ‹Was du, Lieber, [...] von meinen höheren Schwingen [geistiger Beschäftigung] schreibst, macht mich lächeln, denn leider kriecht mein Geist in den Kleiderkästen und im Haushaltungsbuch, im Keller bei Äpfeln, Gemüse und Butter, in der Küche und im Laden, ja sogar in meines Mannes Schreibtisch und Geldsäckle viel mehr, als er müsste, herum und betreibt und betrachtet alle diese Dinge oft mit so ängstlichen Blicken, als würden sie dann noch gelten, wenn fünfzig Jahre mehr hinter mir sein werden. [...]. Du kannst gar nicht glauben, welch ein Staubkäfer ich zu meinem Herzeleid noch bin.›[74] ‹Schweizerische Lydia› wurde sie gelegentlich genannt – in Erinnerung an die Purpurhändlerin im Neuen Testament.[75]

‹Herzens-Nette›[76]: Brieffreundschaft mit Annette Gessner-Lavater

Anna Bernet war achtzehn Jahre alt, Nette Lavater zwanzig, als die Brieffreundschaft begann. Das war im Jahr 1792. Drei Tage vor ihrem Tod, am 22. Februar 1826, schrieb Anna ihrer Herzensfreundin den letzten Brief. Die 400 Briefe sind ein einzigartiges Zeitdokument. Sehr vieles lässt sich aus ihnen über das Leben Annas erfahren, indirekt auch über dasjenige Nettes, deren Briefe nicht erhalten sind. Die Initiativere und wohl auch Intelligentere der beiden war Anna. Doch auch Nette wird als geistig lebhaft geschildert.[77] Von Anfang an spürten Anna und Nette eine tiefe Seelenverwandtschaft. Seitenlang sind viele dieser Briefe. Anna beschrieb oft irgendwelche Zettelchen, die ihr gerade in die Hand fielen. Winzig klein, kaum drei Millimeter hoch, sind die Buchstaben. Und die Seiten sind dicht beschrieben. Anna wollte Papier und Porto sparen.

Brieffreundschaften unter gebildeten Männern und Frauen Europas, ob sie nun der Aufklärung, dem Pietismus, der Klassik oder der Romantik nahe standen, waren im 18. Jahrhundert und darüber hinaus gern gepflegter Brauch. Es ist schon gesagt worden, ‹dass das 18. Jahrhundert zum Jahrhundert der Briefkultur› wurde.[78] Johann Caspar Lavater stand mit seinen Zürcher Freunden Johann Heinrich Füssli und Johann Heinrich Pestalozzi, mit dem ihm geistig nahe stehenden Johann Heinrich Jung-Stilling, mit Fürstabt Marianus von Einsiedeln und dem katholischen bayrischen Theologieprofessor Johann Michael Sailer, mit dem Pädagogen Bernhard Basedow und dem jüdischen Philosophen Moses Mendelssohn in Berlin sowie mit Goethe, Herder und verschiedenen adligen Damen in brieflichem Kontakt. Er ist schon als ‹Kommunikationsgenie› bezeichnet worden.[79] Auch die belesene Zürcherin ‹Bäbe› (Barbara) Schulthess-Wolf, die im Hause Lavater mit Goethe bekannt wurde, pflegte Brieffreundschaften, ebenso die geistreiche Genferin Germaine de Staël.

Intensiv waren die Brieffreundschaften unter den Romantikerinnen. Themen waren Kunst und Literatur, dazu Persönliches und Familiäres. Es waren Briefe unter Gleichgesinnten, auch wenn die Autorinnen häufig charakterlich ungleich waren: Die Lyrikerin Karoline von Günderode wird als ernst und verschlossen bezeichnet, ihre um sechs Jahre jüngere Freundin Bettina von Brentano als munter und unangepasst.[80] Bettinas Verehrung für Karoline ging so weit, dass sie ‹Wurzel [...] fassen› wollte in ihr.[81] Nachdem sich Karoline plötzlich von ihr zurückgezogen hatte, schrieb Bettina: ‹Ach, erste Verzweiflung, erster grausamer Schlag, so empfindlich für ein junges Herz! Ich, die nichts kannte wie die Unterwerfung, die Hingabe in dieser Liebe, musste so zurückgewiesen werden.›[82] – Anreden wie ‹mein liebes Herz›, ‹Geliebte› und ‹liebe gute Seele› finden sich bei den Romantikerinnen häufig. Man hat es mit dem zeittypischen, teilweise erotisch gefärbten Gefühlsüberschwang zu tun. Es wurde schon vom ‹Freundschaftskult› jener Epoche gesprochen.

Die Parallelen zwischen den romantischen Briefschreiberinnen einerseits, Nette und Anna anderseits springen ins Auge. Nette war sanft, anschmiegsam und oft ängstlich, Anna lebhaft, energisch und leidenschaftlich. In zentralen Lebensfragen waren sie trotzdem gleichgesinnt. Auch ihr Briefwechsel ist geprägt vom zeittypischen Gefühlsüberschwang, vor allem in den ersten Jahren. Ihre Anreden gleichen denjenigen der Romantikerinnen aufs Haar, wie die Beispiele ‹Herzens-Nette› und ‹ewig geliebte Nette› zeigen. Es ging auch ihnen um Persönliches und Familiäres, im Gegensatz zu den Romantikerinnen aber vor allem um Austausch über den christlichen Glauben.

Am 12. April 1792, in ihrem ersten Brief an Nette Lavater, nennt sich Anna Bernet ‹nun einmal so ein Mädchen›, die, weil Nette ihr die Hand gegeben habe, ‹schnell nach dem Arm› greife. ‹[...] geben Sie mir auch den, so hätte ich gern die ganze liebe Lavater.›[83] Mit Entschiedenheit und Zielbewusstsein ging sie diese Freundschaft an. Ermutigt wurde sie durch ein Kärtchen Nettes. Denn: ‹Sie [Nette] unterschrieben sich ja in dem hertzlichen Blätchen [...] als meine fründin.› Unterschrieben ist Annas erster Brief mit ‹in zärtlicher Liebe und Hochachtung Ihre zukünftige Fründin Anna Bernet›.[84] ‹Es macht mir unbeschreiblich Freude, dass ich Ihnen nun schreiben darf, wann ich

Anna Schlatter-Bernet als verheiratete Frau – und deshalb ‹unter die Haube gekommen›. Sie trägt ein schwarzes Sonntagskleid, in der Hand hält sie das Kirchengesangbuch. Vermutlich befindet sie sich auf dem Weg vom Gottesdienst ins Landgut ‹Äckerli›. Die Türme des katholischen Münsters im Hintergrund und die goldene kreuzförmige Nadel an der Brust deuten auf ihre ökumenische Gesinnung hin. (Originalportrait in Privatbesitz)

Nette Gessner-Lavater als junge verheiratete Frau (Ausschnitt aus dem Gemälde ‹Lavaters Tod, Familienbild›). (Privatbesitz)

‹Freundschaftskärtchen›, von A.B. (Anna Bernet) ihrer Freundin A.L. (Annette Lavater) gewidmet. Vgl. dazu S. 32. (Aus: Nachlass Anna Schlatter, Vadianische Sammlung der Ortsbürgergemeinde St. Gallen)

will,› so der nächste Brief. Es sei ihr ‹Beweis, dass mich Gott lieb hat und mein Gebet erhört [...].›⁸⁵ Ihr Leben in St.Gallen sei einsam, schreibt sie weiter – die Schwestern waren viel älter, und Sabine Rietmann stand ihr nicht wirklich nahe. Kühn unterschreibt sie mit ‹Ihre Sie ewig liebende Anna›. ‹Ich las deinen lieben Brief wohl schon sieben Mal, und alle Male empfinde ich mit inniger Freude, dass ich nun endlich eine Freundin habe, der ich diesen Namen von ganzer Seele geben kann›, so in einem weiteren Brief.⁸⁶ Im Juni 1792 verwendet Anna erstmals das ‹trauliche Du›. Ihre eigenen Eltern sprach Anna stets mit ‹Sie› an, ebenso die Schwiegereltern.

Besiegelt wurde die Freundschaft durch ein hübsches vorgedrucktes Kärtchen mit einem Denkmal in antikisierendem Stil. Das Oval in der Mitte des Kärtchens, respektive des Denkmals, ist eingesetzt. Es zeigt ein Rosenbäumchen vor einer gebirgigen Landschaft. Vermutlich stammt die zarte Wasserfarben-Malerei von Anna. Auf den Sockel des Denkmals setzte sie die Buchstaben A. L. (Annette Lavater) und A. B. (Anna Bernet) ein. Das Oval lässt sich aufklappen. Darunter schrieb Anna in ihrer zierlichen Schrift: ‹Nimm Fründin an diesem schönen Tage, ein kleines Zeichelchen großer Liebe von der schwächsten deiner Fründinnen.› Und auf der Hinterseite des Kärtchens stehen die Worte: ‹Der, der unsere Hertzen zu unsterblicher Fründschaft verband, sehe heute mit Lust auf dich nieder! Und schenke auch mir einen segnenden Blick.›⁸⁷ Es ist anzunehmen, dass Anna ein entsprechendes Kärtchen von Nette erhielt. Die bescheidenen finanziellen Mittel der beiden Mädchen erlaubten es wohl nicht, sich gegenseitig eine kostbare ‹Freundschaftstasse› zu schenken, wie das damals bei adligen und reichen bürgerlichen Damen üblich war.

Ein Jahr nach Beginn der Brieffreundschaft bekennt Anna, dank Nette sei sie ‹viel sanfter und liebevoller, froher und glücklicher› geworden. ‹O, ich fühle es, dass unsere Herzen nichts trennen wird, [...] und dann wird uns der Tod zusammenbringen, [...] wie werde ich dann in deine Arme fliegen, wie ungehemmt [...] mich dir mitteilen und dich genießen können [...].›⁸⁸ Im Diesseits haben sich die Freundinnen nur wenige Male gesehen. – ‹Genuss›, ‹genießen› und ‹genuss-

Zwei Freundinnen. Zeichnung von Johann Friedrich Overbeck, 1812.

voll› waren Lieblingswörter der Zeit um 1800. Insbesondere bei den Romantikern und Romantikerinnen sind sie allgegenwärtig.⁸⁹ Die Pietistinnen und Pietisten sprachen vor allem von geistlichem Genuss: ‹In dem Umgang mit dem unsichtbaren Freund [Gott] fühlte ich den süßesten Genuss aller meiner Lebenskräfte›, lässt Goethe die fromme ‹schöne Seele› in seinem ‹Wilhelm Meister›, sagen.⁹⁰

Knapp zwei Jahre nach Beginn des Briefwechsels, kurz vor ihrer Heirat, nennt Anna ihre Freundin ‹Vertrauteste meines Herzens›, und – unüberbietbar und sehr romantisch – ‹Teil meiner selbst›.⁹¹ Der Ton wurde mit der Zeit nüchterner, aber es blieb bis zum Tode Annas bei der Vertrautheit. – Etwas hatte Nette schon am Anfang zur Bedingung für die Brieffreundschaft gemacht: Sie verbat sich jegliche Schmeichelei. Anna schrieb zurück: ‹Nein, schmeicheln will und werde ich Ihnen nicht […]. Aber das müssen Sie mir doch erlauben, Teure, dass ich, wenn ich sehe, dass Sie mutlos werden, Sie auf das Gute, so ich durch Ihre Briefe an Ihnen bemerke, aufmerksam mache, wie z. B. die Redlichkeit Ihres Herzens, die aus Ihrem ganzen Briefe hervorleuchtet […].›⁹² Lavater attestierte den Bernet-Schwestern, diesen ‹edlen Seelen›, ohnehin ‹Wahrheitsdurst›.⁹³ Anna selbst drängte es, der ‹christlichen Freundin› ihr ‹ganzes Herz, so wie es ist›, zu zeigen.⁹⁴ In einem mit ‹Bitte an Jesus› betitelten Gedicht Annas heißt es:

> Wahrheit! Dir lieg ich zu Füßen,
> Unterrichte mich aus dir!
> Alles, was die Menschen wissen,
> Scheinet immer trüglich mir.⁹⁵

Jesus ist der Adressat dieser Gedichtstrophe. Die ‹Wahrheit› erhält bei Anna eine religiöse Dimension. – Auch den Romantikerinnen war die Wahrheit ein Herzensanliegen, wenngleich kaum im christlichen Sinne. Rahel Varnhagen, die große Berliner Romantikerin, hatte einen ‹unendlich subtilen Sinn für Wahrheit›.⁹⁶ Sie habe ‹nichts verschweigen› und ‹bis zur Schamlosigkeit aufrichtig› sein, sich als ‹wahres Leben› mitteilen wollen.⁹⁷ ‹Wahrheit war Rahels Leitbegriff.›⁹⁸ Und die Günderode lobt Bettinas ‹Mut zur Wahrhaftigkeit›.⁹⁹

## Bekenntnisse zweier frommer Seelen

Der vom Pietismus herkommende Weimarer Philosoph, Theologe, Dichter und Lavaterfreund Johann Gottfried Herder forderte allen Menschen als Vernunftwesen die Arbeit der Selbstbeschreibung ab. Zweck ist ihm die ‹menschlich-wohltätige Wirkung, die Beförderung der Humanität.›[100] Der Romantiker Friedrich Schlegel wandte diese Forderung auf die Beziehung zwischen zwei Menschen an: ‹Eine Verbindung mit mir, die lange bestehen soll, muss auf gegenseitiger Anregung der Sittlichkeit beruhen.›[101]

‹Selbstbeobachtung› zur Verbesserung des einzelnen Menschen und der gesamten Menschheit lautete die Devise der Zeit. Sie war ursprünglich von den Pietisten in die Welt gesetzt, aber auch von aufklärerisch und romantisch eingefärbten Zeitgenossen übernommen worden. Autobiographien kamen auf, man denke an Goethe, Rousseau, Jung-Stilling und an den Toggenburger Ulrich Bräker. Wichtiges Medium für die Selbstbeobachtung waren auch Tagebücher und Briefe. Ein Beispiel bietet wiederum Rahel Varnhagen, deren Briefe sich zusammenhielten durch eine niemals abreißende Selbstreflexion.[102] Ihr und andern Romantikerinnen galt das ‹Herz›, die ‹Stimme des Innern› als Richtschnur zur Erreichung von Tugend.[103] Friedrich Schlegel sah ‹das Heranbilden des eigenen Ich zur Vollkommenheit [...] als das wichtigste Geschäft des Menschen an.›[104]

Das Menschenbild des Pietismus war das biblische und somit realistisch: Der Mensch trägt gute und böse Anlagen in sich. Das Ziel pietistischer Selbstbeobachtung ist nicht die aufklärerische Tugend, sondern die vertiefte Christlichkeit des einzelnen Menschen und letztlich Arbeit am ‹Reich Gottes›.

‹Verbesserung sollte doch, wie ich glaube, der Zweck der Freundschaft sein›, schrieb Anna in einem ihrer ersten Briefe an Nette.[105] Und weiter: ‹Was ich kann, will ich beitragen zu deiner Vervollkommnung.›[106] Sie hatte dabei vielleicht das Jesus-Wort vor Augen: ‹Ihr sollt vollkommen sein, wie euer himmlischer Vater vollkommen ist.›[107] Anna wollte umgekehrt von Nette ‹jede Belehrung mit Dank anneh-

Johann Caspar Lavater. Leicht karikierende Darstellung. (Aus: W. Hadorn)

men›.[108] Immer wieder versicherten sich die beiden Freundinnen ihrer gegenseitigen Fürbitte auf dem Weg der ‹Heiligung›.

Johann Caspar Lavater, Annas großes Vorbild, verfasste das ‹Geheime Tagebuch. Von einem Beobachter seiner selbst›. Es war Hectors Onkel Johann Georg Zollikofer, der das Tagebuch ohne Wissen des Freundes herausgab. Das Buch fand reißenden Absatz und steigerte Lavaters Popularität.[109] Es kam ihm auf die ‹Selbstveredelung› im christlichen Sinne, also auf die ‹Heiligung› an.[110] Darüber hinaus vertrat er, der ausgeprägt christozentrisch dachte, die These, dass sich jedem Menschen die Chance eröffne, Christus ähnlich zu werden. Diese Vorstellung geht auf das spätmittelalterliche Buch ‹Imitatio Christi› (Nachahmung/Nachfolge Christi) des Thomas a Kempis zurück. Von der ‹Imitatio› wurde auch der Gründer des Jesuitenordens, Ignatius von Loyola, angeregt und nach ihm der Pietist und Mystiker Gerhard Tersteegen. Doch auch Thomas a Kempis befand sich bereits in einer Tradition: In den Wundmalen von Franz von Assisi, dem großen Heiligen des Hochmittelalters, verkörpert sich die ‹Imitatio› nicht nur geistig, sondern auch leiblich. Letztlich geht die ‹Christusähnlichkeit› auf ein Paulus-Wort zurück, wonach diejenigen Menschen, die er zum Voraus ersehen hat›, vorherbestimmt seien, ‹gleichgestaltet zu sein dem Bilde seines Sohnes›.[111] Die ‹Christusähnlichkeit› erscheint bei Paulus allerdings nicht als Ergebnis der ‹Selbstveredelung›, sondern als Werk Gottes.

Lavater vertrat eine übersteigerte Form der ‹Imitatio›: Wer Christus ähnlich werde, könne Wunder tun, und seine Gebete würden erhört. In der geistigen Elite seiner Zeit sah er die Vorhut des, wie er hoffte, nahe bevorstehenden Christusreiches.[112] Damit gab er dem zeittypischen Konzept der Humanisierung der diesseitigen Gesellschaft eine eschatologische Dimension. Sein Freund Johann Wolfgang Goethe, der zeitweise an den ‹Physiognomischen Fragmenten› mitgearbeitet hatte, ging diese Frömmigkeit zu weit. Die Freundschaft erkaltete.

Im Jahr 1793 brach Lavater zusammen mit Nette zu einer geheimnisumwitterten Reise nach Dänemark auf. In St. Gallen machten Vater und Tochter Halt. Anna Bernet wurde in den Zweck der Reise eingeweiht: Lavater hoffte, in Kopenhagen ‹vom Geist Christi beseelte Menschen› zu finden. Er war von zwei dänischen Adligen eingeladen worden, die im Glauben waren, der Apostel Johannes sei wieder auf der Erde erschienen (nach anderer Version: Er wandle noch auf Erden). Anna hoffte mit. Lavater und Nette kehrten enttäuscht nach Hause zurück, christusähnliche Menschen hatten sie nicht gefunden.[113] Doch Anna ließ sich nicht beirren, sie strebte nach der ‹Christusähnlichkeit›, übernahm also die Lavater'sche übersteigerte Form der Perfektibilität: ‹Gott›, schreibt sie, ‹stellt mich an einen Platz, an dem ich's mit meinem Leben zeigen sollte, welche Menschen der Glaube an Christus und sein Evangelium bildet.›[114] In einem Brief an Lavater bekennt sie, dass die Menschen ‹durch nichts glücklicher werden› könnten als dadurch, dass man ‹ihm [Christus] ähnlich› werde.[115] Voll Begeisterung, aber auch Naivität, schreibt sie Nette: ‹O, Liebe, wie wird uns sein, wenn wir ganz gut sind, wenn es uns leicht sein wird, jede Sünde zu überwinden.›[116] Das erinnert sehr an den kühnen Satz Lavaters: ‹Ich, ich werde einst tun können, was ich tun will [...], alles ist uns möglich.›[117]

Anna schraubte die Ansprüche an sich selbst in Schwindel erregende Höhen hinauf. Das zeigen Briefe auch an Lavater. Selbstbewusst spricht sie den um eine gute Generation älteren berühmten Mann häufig nicht nur mit ‹Lieber Papa› oder auch mit ‹Liebster Papa› an, sondern als ‹Bruder›: ‹Sie, lieber Hr. Pfarrer, sind mein Vater und Bruder in dem Herrn Jesu.›[118] Gelegentlich geht sie vom Sie zum Du über: ‹Ja, du [...] und ich› sind eins im Glauben.[119] Sie zählt sich, ‹zu den glücklichen Seligen, die Christus seine ihm vom Vater Gegebenen› nennt, und wünscht Lavater, Jesus Christus möge sich ihm täglich mehr fühlbar machen, sie wolle für ihn beten.[120]

Lavater gab sich Anna gegenüber relativ distanziert. In allen seinen Briefen – sieben davon liegen in seinem Nachlass – sprach er sie konsequent mit ‹Sie› an. Doch in seiner menschenfreundlichen Art ging er geduldig auf ihre Fragen, Sorgen und Ängste ein. ‹Womit ich Ihre Liebe verdiene?› fragt sie ihn einmal.[121] Im Sommer 1794 ‹genoss› Anna ‹unvergessliche 6 Tage› im Pfarrhaus St. Peter in Zürich. Sie habe in diesen Tagen gelebt ‹als wäre [sie sein] Kind›.[122] Als Lavater fünf Jahre später nach einer Schussverletzung monatelang dahinsiechte und sein Tod absehbar war, wandelte sich Anna zur Trösterin: Sie bedauerte sein ‹langes großes Leiden›, rühmte seine ‹Geduld, Ergebung und Versöhnlichkeit›. Sie dachte an ihn, ihr Herz ‹seufzte› für ihn. Sie wünschte, dass ihm Jesus Christus ‹Erquickung und Trost und [...] einst ein herrliches «Vollbracht'!»› schenke.[123] Lavater selbst nahm sein Leiden geduldig hin. Er sah in ihm ein Zeichen seiner wachsenden Christusähnlichkeit.

Dem Selbstbewusstsein Annas, das gelegentlich zur Selbstüberschätzung wurde, stand nun aber ihr tiefes, vom Pietismus geprägtes Sündenbewusstsein entgegen. ‹Oh wie groß [...] und doch wie unaussprechlich klein komme ich mir vor, wenn ich dich, Jesus Christus [...] betrachte, [...] so klein und so schwach, so nichts, und doch [...] bist du eben um dieser Fehler und Sünde willen aus deiner Herrlichkeit auf die Erde gekommen, und mein – darf ich es aussprechen? – Bruder worden [...].›[124] Lavater gegenüber klagte sie: ‹Ach, mein Herz ist ein Labyrinth, aus dem ich nicht kommen kann, ich weiß nicht, welches mein größter Fehler ist, ich bin durch und durch verdorben.›[125] Sie sei ‹entsetzlich böse›, schreibt sie Nette.[126] In einer ‹Beichte› über ihre ersten 18 Lebensjahre hebt Anna ihre Sinnlichkeit hervor. Sie habe keine Kraft, sie zu überwinden, ‹und immer wieder tue ich, was ich doch so gerne nicht mehr tun würde.›[127] ‹Du glaubst, ich bete alle Tage wenigstens einmal mit Ernst, aber du irrst dich›, anvertraut sie Nette. ‹Freilich gehe ich jeden Morgen und Abend auf mein Zimmer, aber [ich] heuchle oft Gebet und bin mit meinen Gedanken an einem andern Ort [...].›[128] Auch sei sie oft neidisch, mürrisch, rasch und unbedacht.[129] Sie warf sich üble Laune, Stolz und Eitelkeit vor: ‹Vor ein paar Wochen beneidete ich meine Schwester, dass sie neue Kleider kaufen konnte und ich nicht. Und oft hänge ich ganze Tage lang den dümmsten Gedanken von der Welt nach, mache mir [...] Luftschlösser, träume von nichts als Glück und Freude und verderbe mir auf diese Weise die kostbare Zeit.›[130] Annas Sündenbewusstsein war übersteigert und wirkt gelegentlich angelernt.

Vor allem aber führte sie Klage gegen ihren ‹hochfahrenden Geist› und ihre Übellaunigkeit.[131] ‹Ich habe immer heiße Kämpfe mit mir selbst zu kämpfen [...].›[132] Sie verharrte damit im Schema des von Halle vorgegebenen ‹Bußkampfes›. Die Selbstanklage gipfelte 1803 – Anna war dreißig Jahre alt – in den Worten: ‹Ach, meine Seele ist unaussprechlich gedrückt, ich liebe das Leben, die Erde und die Menschen nicht mehr [...], und mich selbst kann ich am wenigsten lieben. Sieh, erstens leide ich sehr unter meinem Charakter, dass ich mit allem Kampf, Gebet und Ernst nicht Herr meines Stolzes und meiner Heftigkeit werden kann, [...] dass ich mich heute noch eben so weit zurück sehe, wie in meinem 16. Jahr. [...] ich stehe still [...]. Dies Gefühl macht mich oft bis zum Niedersinken traurig.›[133]

Anna scheiterte am Ideal der ‹Christusähnlichkeit›. Das jahrelange fruchtlose Bemühen stürzte sie in eine schwere religiöse Krise. Dabei spielte vermutlich ihre physische Erschöpfung mit – sie hatte unterdessen acht Geburten hinter sich und sah mit großer Angst der neunten entgegen. Das Jahr 1804 nennt sie das ‹kränklichste› ihrer bisherigen Lebensjahre.[134] Wohl schrieb Anna schon als junges Mädchen: ‹Ich fühle es tief, tief, es kann mich niemand retten als Jesus Christus.›[135] Doch das war vorerst eher ein Lippenbekenntnis.

Zum Zeitpunkt der Glaubenskrise war Lavater bereits gestorben. Anna hatte aber schon einige Jahre zuvor gespürt, dass ihre ‹Heiligung› nicht nach Wunsch verlief, und Rat beim ‹teuren, erfindsamen Erfreuer› gesucht[136]: 1793 hatte sie sich ihm gegenüber der ‹geistigen Trägheit› und der ‹Gleichgültigkeit› gegenüber ihren eventuellen zukünftigen Sünden bezichtigt. Lavater nahm sich damals die Mühe, ihr in einem achtseitigen Brief Antwort zu geben.[137] Nüchtern stellte er fest, es gebe einen Zusammenhang zwischen der ‹Schläfrigkeit des Körpers› und der ‹Trägheit des Geistes›. Anna ging spät zu Bett und stand früh auf: Einen der Briefe an Nette beginnt sie mit der Bemerkung, sie schreibe um fünf Uhr morgens, nachdem sie bereits gebetet und in der Bibel gelesen habe.[138] Der Tag, sagt sie ein anderes Mal, habe zwölf Stunden, und die Nacht lasse sich auch noch ‹einige› Arbeitsstunden ‹rauben›.[139] – Gegenüber dem Selbstvorwurf der

‹Gleichgültigkeit› mahnte er: ‹[...] diese Vorausfurcht der Gleichgültigkeit macht Sie gleichgültiger› und zitierte dazu die Bibel: ‹Sorgen Sie sich nicht für den folgenden Tag! Er wird für sich selber sorgen. Es ist einem jeden Tage seiner eigenen Plage genug›,[140] ihre Angst sei ‹unnütz›.

Auf Annas Frage, wer sich zu Christus zählen dürfe, antwortet Lavater: ‹Wen der Vater zum Sohne zieht – das ist, wer ein Bedürfnis nach Christus hat, [...] der gehört Christo an.› Diese Antwort lässt offen, ob die Initiative von Gott oder vom Menschen ausgeht. Lavater fährt fort, Christus frage: ‹Liebst du mich?› Wer von Christus abweiche, stehe in Gefahr, der Verzweiflung anheim zu fallen. Und im Schlusssatz des Briefes: ‹Wer ihn erwählt, der ist erwählt.› Anna hörte aus Lavaters Antwort vor allem die Aufforderung zu noch mehr Kampf gegen ihre Sünde heraus, was dieser nicht so gemeint haben kann. Gegenüber Nette Römer-Weyermann, einer Tante Annas, die zu seinem Freundeskreis in Zürich gehörte und die er auch getraut hatte, hob Lavater die Erlösung durch Christus stark hervor: Er schenkte ihr eine in Leder gefasste Schatulle mit winzigen, alphabetisch geordneten, von ihm mit geistlichen Sinnsprüchen beschriebenen Zettelchen. Frau Römer gab die kleine Kostbarkeit 1794 der ältesten Schwester Annas, der ‹Jungfrau Anna Barbara Bernet› weiter. Unter dem Buchstaben C finden sich tröstliche Sprüche wie: ‹Allgemeine Arznei für alle Übel ist Christus›, oder: ‹Christus lehrt uns lieben, wie Er uns liebte, wie Gott liebt›, und ‹Christus ist nicht Erfindung von Guten oder von Bösen.›[141] Nette Römer-Weyermann half Anna 1804 über ihre schwere Krise hinweg (vgl. S. 80/81).

Ermutigt fühlte sich Anna durch Lavaters Wort: ‹Seien Sie ohne Ängstlichkeit [...] so redlich und treu, als Sie können [...]! Jeder redliche Moment zeugt neue redliche Elemente, gebe Gott Ihnen eine eigne Freude! Er lasse Sie dafür in einer dunklen Stunde ein Wort finden, das ihren Geist erleuchtet [...].›[142] Und ‹unaussprechlicher Trost› war ihr seine Erinnerung an die ‹reinste, göttliche Liebe›.[143] ‹Ach, dein guter Papa ist so sehr mit Geschäften beladen, und doch kann er's nicht lassen, Freude zu machen und Segen um sich her zu verbreiten

[...]›,¹⁴⁴ berichtet sie Nette. ‹Mutig, Anna, fröhlich›, beginnt ein weiterer Brief. Dennoch: Lavaters Ratschläge an Anna wirken ambivalent. Er war sich offensichtlich nicht im Klaren über ihr ausgeprägtes Sündenbewusstsein und verkannte deshalb die Tiefe ihrer seelischen Not. Die Arznei, die er ihr reichte – neben der Warnung vor religiösem Übereifer das Streben nach ‹Christusähnlichkeit› –, erwies sich in ihrem Fall als verhängnisvoll. ‹Lavater [und andere] konnten mir nicht zur Ruhe helfen›, schrieb Anna in älteren Jahren.¹⁴⁵ Sie missverstand die Dialektik seines Ansatzes. Lavater persönlich hielt nichts von einem übersteigerten Sündenbewusstsein. Er bagatellisierte sogar den Sündenfall.¹⁴⁶ Auf längere Frist bewirkte er aber doch eine Entkrampfung und Vertiefung von Annas Glauben. Elf Jahre nach seinem Tod schreibt sie Nette: ‹Deines seligen Papas Ausrufungen: «Alles, alles ist nichts ohne ihn [Christus]», werden aus eigener Erfahrung mir immer verstehbarer.›¹⁴⁷

Vermutlich bemerkte Lavater nicht, dass auch seine eigene Tochter unter dem Auseinanderklaffen ihres Könnens und Wollens litt.¹⁴⁸ Die beiden Freundinnen steigerten sich gegenseitig in eine Sackgasse hinein, wobei Nette bereits kurz nach Beginn der Freundschaft mit Anna in eine existenzielle Krise geriet. Sie beklagte ihre ‹Unlust zum Gebete› und ihre ‹Gottesferne›, und – schlimmer noch – sie fürchtete um ihr Seelenheil.¹⁴⁹ Anna versuchte sie zu ermutigen: ‹Du fühlst das Traurige deines Abkommens vom Herrn so tief, und ich bin [...] doch gewiss viel kälter als du [...].›¹⁵⁰ Sie riet ihr, ihre Ängste und Zweifel ‹ganz kindlich und einfältig› vor Gott hinzulegen. Sie werde sehen, dass sich ihre Kälte dann in Wärme umwandle.¹⁵¹

Doch im Brief zu Nettes 21. Geburtstag schreibt Anna als treue Schülerin Lavaters: ‹Werde täglich Christus ähnlicher, seines Lebens gewisser, seiner Gemeinschaft mit ihm froher, strebe immer mehr nach unvergänglicher Freude, und lerne jedes Leiden, das dir Gott schickt, als zur ewigen Freude Führendes ansehen. [...] Er, der Übergute, gebe dir täglich neue Lust am Gebet, neuen Glauben an ihn, neue Liebe zu allem, was er liebt. Er mache dich von heute an täglich weiser und besser, so wirst du gewiss ruhig und glücklich sein. [...] Nicht wahr, Liebe, du hast schon ein schönes Stückchen Weg zurückgelegt? [...] wie viel hast du schon gewirkt, wie viel gelitten [...]. Wahrlich, du hast nicht umsonst gelebt.›¹⁵² – Lavater war von diesem Brief so angetan, dass er ihn in seiner ‹Sonntagsbibliothek› abdruckte, wo ihn Anna zu ihrem Schrecken, aber auch, wie sie gesteht, zu ihrer heimlichen Freude wiederfand.¹⁵³

Immer neu fiel Anna der ‹wehmütige› Ton in Nettes Briefen auf. Christus sei toleranter, als sie sich das vorstelle, versuchte sie sie zu trösten.¹⁵⁴ Als Nette sich in eine ‹entfernte Einöde› wünschte und sich sogar nach dem Tod sehnte,¹⁵⁵ wandte sich Anna besorgt an Lavater: ‹Ihre liebe Tochter [...] klagt mir nämlich so oft [...], wie sie ein schlechtes, fehlervolles, leichtsinniges Herz habe, und ich kann es doch unmöglich glauben, denn aus einem bösen Herzen können gewiss keine so christliche [...] redliche Briefe kommen [...]. Und darum bitte ich Sie, die liebe Seele auf das Gute, Schöne und Edle ihres Herzens [...] aufmerksam zu machen.›¹⁵⁶ – Das Streben nach Christusähnlichkeit und das gleichzeitige übersteigerte Betonen ihrer Sündhaftigkeit führte beide Freundinnen in eine tiefe innere Zerrissenheit.

Als scheinbaren Fremdkörper hat Goethe in seinen Entwicklungsroman ‹Wilhelm Meisters Lehrjahre› (1795/96) die ‹Bekenntnisse einer schönen Seele› eingefügt. Er wollte damit seiner früh verstorbenen, frommen Freundin Susanne von Klettenburg ein Denkmal setzen. Die Ich-Erzählerin spricht von ihrer Liebesbeziehung zum gebildeten, aufklärerischen ‹Narziss›. Während der Verlobungszeit beginnt sie, ihrer eigenen Seele nachzuspüren, und stellt fest, ‹wenn die nicht ganz in der geradesten Richtung zu Gott gekehrt war, so blieb ich kalt.›¹⁵⁷ ‹Ich zog die Maske ab und handelte jedes Mal, wie mir's ums Herz war.›¹⁵⁸ Die Verlobung mit dem oberflächlichen ‹Narziss› löst sie auf und weist weitere Bewerber ab. Sie malt, zeichnet und liest. Aus ihrer Frömmigkeit macht sie kein Hehl. ‹Ich genoss [...] eine unbeschreibliche Gemütsruhe.›¹⁵⁹ Davon lässt sie sich auch nicht vom ‹hallischen Bekehrungssystem›, mit welchem sie in Kontakt kommt, abbringen.¹⁶⁰ Ihrem Wesen ist der tiefe Schrecken über die eigene Sünde, welcher der Gnade vorangehen soll, völlig fremd. ‹Wenn ich Gott aufrichtig suchte, so ließ er sich finden und hielt mir von vergangenen Dingen nichts vor.›[161] Sie ist sich ihres Heiles gewiss. Den Tod fürchtet sie nicht: ‹Der Körper wird wie ein Kleid zerreißen, aber ich, das wohlbekannte Ich, Ich bin.›[162]

Einiges an Susanne von Klettenburg erinnert an Anna Schlatter. Als fromme, vom Pietismus beeinflusste Frauen ließen sich beide von ihrer innersten Überzeugung leiten. Beide verzichteten auf Tanz und Theater, nicht aber auf Musik.[163] Im Gegensatz zu Anna distanzierte sich Susanne von Klettenburg jedoch von einem übersteigerten Sündenbewusstsein. Sie war mit sich selbst im Reinen. Zurückgezogen von der Welt und ihren Zerstreuungen entwickelte sie einen großen inneren Reichtum. Sie war in der Tat eine ‹schöne Seele›. Allerdings hatte die innere Harmonie Susanne von Klettenburgs ihren Preis: Sie verabschiedete sich vom ‹normalen› Leben und führte gewissermaßen das Leben einer kontemplativen Nonne.

Weltflucht aber strebten weder Anna an noch Nette, die sich 1795 verheiratete. Beide äußerten sich kritisch über eine ihnen bekannte fromme Dame, die nach ihrem Urteil über der jenseitigen Zukunft die Gegenwart zu vergessen suche. Sie hielten sie für ‹schwärmerisch› und ‹überspannt›.[164] Sie selbst wandten sich als Christinnen bewusst dem Leben zu. Sie sammelten dabei Erfahrungen, die wiederum Einfluss auf ihren Glauben hatten. ‹Leben und Glauben› wurde zum großen Thema der beiden Freundinnen.

## Liebesehe

‹Anna war eine sorgliche Pflegerin ihrer Kinder und ach, die beste, treueste, innigst liebende Gattin, [...] ihr Leben war das stille Schaffen einer guten Mutter. Mütter tun mehr als mancher Held, König, Fürst, Gelehrte.›[165] So schreibt Hector Schlatter im Nachruf auf seine Frau. Der Text ist aufschlussreich.

Zunächst: Hector hat Anna sehr geliebt. Das geht neben diesem Nachruf indirekt aus Briefen Annas hervor (im Nachlass Annas findet sich nur ein einziger, dazu später Brief Hectors an Anna). Nachdem Hectors erste Frau, die Zürcher Pfarrerstochter Lisette Corrodi, gestorben war und er als Witwer mit einem kleinen Sohn dastand, fiel sein Auge auf Anna, zunächst vielleicht aus Vernunftgründen. Sehr rasch fasste er eine tiefe Zuneigung zu ihr – und sie zu ihm. ‹O Liebe›, schreibt Anna einige Wochen nach ihrer Verlobung an Nette, ‹erst jetzt fühle ich, wie sehr ich [...] von ihm geliebt werde; das Kleinste, was meine Liebe für ihn tut, bemerkt er schnell, rechnet es mir hoch an [...].›[166] Hector vermochte sich in seine Frau einzufühlen, wie ein nach der Hochzeit geschriebener Brief Annas an Nette zeigt: ‹Machtest du auch die Erfahrung, dass eine Kleinigkeit dich auf Tage [...] traurig stimmen kann? Siehe, ich bin so schwach und lieblos, dass ich auch nicht das Geringste, was mich drückt, vor meinem Mann verberge, und der Gute ist dann so zärtlich und schonend gegen mich, wenn ich so fatal mürrisch und weinerlich bin.›[167]

Hectors Liebe überwältigte Anna. Auch sie wurde von tiefer Liebe erfasst. Die Heirat wurde zur Liebesheirat. Wenige Tage nach der Hochzeit teilt Anna Nette mit: ‹Da müsst' ich dich aber sehen, wenn ich dir sagen wollte, wie glücklich ich mich fühle, Weib meines Schlatter zu sein [...], und nun kannst du dir's denken, was ich empfinde, wenn er mir's täglich zeigt und sagt, dass er mich so von ganzer Seele liebt, dass er sich glücklich mit mir fühlt.›[168] Als Hector im Sommer nach der Heirat für einige Wochen zur Kur im Bad Schinznach weilte, notierte Anna in ihr Tagebuch: ‹Oh, diese mir nirgends Ruhe lassende Sehnsucht! Ich weine heiße Tränen [...] aus heißer, heißer Sehnsucht nach ihm, ihm selbst. [...] Ihn nur einen Augenblick zu sehen, ist mein brennender Wunsch, für dessen Stillung ich alles hingäbe, was ich besitze.›¹⁶⁹

Doch die pietistisch erzogene Anna, welche noch zwei Jahre vor der Heirat ihre Sinnlichkeit als Sünde bezeichnet hatte, erschrak über sich selbst. Lavater gestand sie wenige Tage vor ihrer Hochzeit: ‹Ich [...] vergaß ihn [Jesus Christus] so sehr in meiner Liebe zu Sch.›¹⁷⁰ Ihre Gewissensbisse teilte sie auch Nette mit: ‹[...] liebe ich nicht meinen Sch. mehr als den Herrn? Weil ich immer an ihn denke und den Herrn oft Stunden und Tage lang vergessen kann.›¹⁷¹ Im Kontext ihrer Zeit sind Annas Bedenken nicht erstaunlich. Radikale Strömungen des Pietismus forderten vollständige Enthaltsamkeit. Und in der christlichen Tradition als Ganzer erfuhr die Sexualität immer wieder eine negative Wertung und wurde entsprechend tabuisiert.¹⁷² – Am Schluss ihres Briefes an Nette tröstet sich Anna mit dem Gedanken: ‹Herr, so du willst Sünde zurechnen, wer kann bestehn?›¹⁷³

1795 verlobte sich Nette mit dem Fraumünsterpfarrer und Lavaterfreund Georg Gessner.¹⁷⁴ Anna ermutigte die ängstliche Freundin mit den Worten:

‹Liebe, liebe Seele! Der Herr segne dich und deinen Geliebten mit allem Segen, den er je einer frommen Braut und Ehepaar gab. Ich kann vor Freude kaum die Feder halten. Du wirst glücklich, glücklich werden. Du kannst nicht unglücklich werden. [...] Ich freue mich wie ein Kind über dein Glück. Liebe, Teure, fürchte dich vor nichts. Gott wird für alles sorgen. Und wird dir helfen, wo du der Hilfe bedarfst. Ihr werdet gemeinschaftlich wachsen an Gnade und Erkenntnis. [...] Mein Geliebter und unsere Schwestern grüßen dich herzlich, grüße mir alle deine Lieben, besonders deinen Geliebten. Meine Liebe segnet und umarmt dich, deine Anna.›¹⁷⁵

So schreibt nur jemand, der eheliches Glück erfährt. Hector fügte dem Brief einige Zeilen bei: ‹Sie werden ihren Gatten beglücken, und wenn er Ihnen wird, was mir mein liebes Weib ist, so vermehren Sie beide die Zahl der glücklichen Ehen.›¹⁷⁶ So kam es denn auch: Hatte sich Nettes und Georgs Verhältnis bei der Verlobung ‹auf gegenseitige

Das alte Schlatter'sche Wohn- und Geschäftshaus ‹hinterm Turm› (links). Rechts das daran angebaute biedermeierliche, von Anna Schlatter entworfene, zweite Wohnhaus von 1814. (Aus: Johannes Ninck)

Achtung und Freundschaft› gegründet, so ‹gestaltete es sich bald gar lieblich›.[177] Auf der Hochzeitsreise nach Diepoldsau, wo das mit Georg verschwägerte Pfarrerehepaar Diethelm und Anna Schweizer-Gessner seine erste Wirkungsstätte hatte, machten Georg und Nette in St.Gallen Station. Der Lavaterschüler Schweizer und seine Frau waren bereits 1785 auf dem Weg in ihre erste Gemeinde Diepoldsau auf Empfehlung Lavaters bei den Schwestern Bernet eingekehrt.[178] Neben dem Ehepaar Gessner gehörte das Ehepaar Schweizer zu den besten Freunden des Ehepaars Schlatter.

Hector ging, was die eheliche Liebe betrifft, behutsam um mit seiner Frau. Das zeigen seine Verse:

> Jahre schwinden, aber nicht die Liebe,
> Denn sie stammt aus höhern Regionen.
> Wenn auch manche unbewachte Triebe
> Bloßer Sinnlichkeit so gerne fronen,
> Steht ein Genius an ihrer Seiten,
> Der das Ungeregelte bezähmt
> Und, auf Edleres den Blick zu leiten,
> Manche Torheit schon im Keime lähmt.[179]

Anna kann seit ihrer Begegnung mit Lavater, spätestens aber seit 1804, der aus dem Pietismus hervorgegangenen ‹Erweckungsbewegung› zugerechnet werden. Die ‹Erweckung› hatte ein relativ entspanntes Verhältnis zur Leiblichkeit, bejahte die Sexualität und pflegte eine innige Beziehung zur Natur. Das zeigt sich besonders schön in der Liebes- und Naturlyrik des von Hector sehr geschätzten Matthias Claudius, der als einer der Anreger der Erweckungsbewegung gilt. In einem Gedicht lässt Claudius die Braut nach der Hochzeitsnacht sagen:

> Ach Gottes Segen über dir!
> Weil du ihn mir gegeben,
> Du schwarzer Mann! Mein Herz schlug mir
> Nie so in meinem Leben.[180]

Wie Claudius verbindet Anna das Naturerlebnis mit dem christlichen Glauben: ‹Liebe, ich [Anna] schreibe dir [Nette] auf dem Landgut [d. h.

*Aufsicht des kleinen Brühls gegen dem Creuzberg bey St. Gallen.*

Das barocke Bernet'sche Landhaus ‹Buchberg› (am Horizont zweites Haus von links). (Vorlage Archiv der VGS, Verlagsgemeinschaft St.Gallen)

auf dem Buchberg], die Sonne ist schon untergegangen, es ist ein herrlicher Abend, aber es herbstelt schon sehr, es ist alles so still um mich her, und mein Auge blickt zum Himmel, wo unsere Heimat ist.›[181]
Auf dem Schlatter'schen Landgut, dem ‹Äckerli›, dichtet sie:

> Hier, auf dieser heil'gen, lichten Höhe,
> wo ich Deine schön geschmückte Welt
> So vom Sonnenlicht erleuchtet sehe,
> Ihre Pracht sich vor mich stellt.
>
> Hier, im Kreise dieser teuren Wesen,
> Welche Deine Treu und Zärtlichkeit
> Ganz zu meiner Freude auserlesen,
> Werde Dir mein Dank geweiht.
>
> Dir, Du Schöpfer dieser Herrlichkeiten,
> Schöpfer meines Herzens, Dir allein
> Möcht ich gerne jetzt im Spiel der Saiten,
> Wie einst David, Lieder weih'n.[182]

Staunend erlebt Anna die Natur – und ‹die teuren Wesen›, also Mann und Kinder, und beides ist verbunden mit der Güte Gottes, des Schöpfers. Vielleicht kannte Anna auch das humorvolle ‹ABC für junge Eheleute›, das Lavater 1789 als ‹Vater› und ‹Christ› seinem Sohn Johann Heinrich und dessen frisch angetrauter Frau Barbara auf den Abend ihrer Heimkehr von der Hochzeitsreise widmete. Einige Verse daraus lauten:

> So wären wir nun in der Eh'
> Wonach uns so sehr dürstete!
> So hätten wir das Ziel erreicht,
> Was oft dem wärmsten Wunsch' entweicht,
> Und wüssten nun, zu dieser Frist
> Was an der Sache wirklich ist,
> Das wär nun was, – doch nun genug
> Von dem! Wer's nicht merkt, ist nicht klug.
> Genug, wir wären Mann und Weib!
> Das heißt auf Deutsch: Ein Herz, Ein Leib.[183]

Das Schlatter'sche Landgut ‹Äckerli› am Hang unterhalb Rotmonten. (Aus: Johannes Ninck)

Im Sommer 1794, ein halbes Jahr nach der Hochzeit, erkrankte Hector Schlatter an ‹Knochenfraß› an einem Fuß, wohl eine Spätfolge der Rachitis, an der er als Kind gelitten hatte. Nicht nur den Sommer 1794 (vgl. S. 45/46) musste er deswegen zur Kur im Bad Schinznach verbringen, sondern auch die Sommer 1795 und 1796. Die Kuren wirkten, er wurde zwar nicht vollständig, aber einigermaßen geheilt. Den beiden Ehegatten kamen die mehrwöchigen Trennungen lange vor. Mindestens zwei Mal wöchentlich schrieben sie sich. Aus den Jahren 1795 und 1796 sind 22 Briefe von Anna an Hector erhalten, die bisher nicht publiziert worden sind. Es handelt sich um wunderschöne Liebesbriefe.

Überaus zärtlich sind die Anreden: ‹Liebes, liebes Männchen›, ‹Herzens-Männchen›, ‹Geliebtester›, und ‹Liebster, teuerster Herzens-Mann›.[184] Enden lässt Anna ihre Briefe etwa mit: ‹Adieu! Adieu! Ganz dein Weibchen Anna Schlatter›, oder: ‹Ich küsse dich und drücke dich innig an mein ewig treu und zärtlich dich liebendes Herz.›[185] – Natürlich schreibt Anna auch von Geschäftlichem, von Spesen, von der Kalkulation, von Obligationen. Sie fragt, was sie mit einem Ballen ‹Cottonen› machen solle, der – unbestellt – angeliefert worden und zudem ‹sehr altmödig› sei, und rapportiert den ‹Zustand des Ölfässchens› – sie musste Hector ja im Geschäft vertreten. Sie sorgt sich um seine Gesundheit, bittet ihn um ‹ausharrende Geduld› und hofft, ihren ‹teuren Einzigen ganz gesund› an ihr liebendes Herz drücken zu können.[186] Und natürlich schreibt sie vom kleinen Johann, der ständig nach dem Vater frage, ihr aber ziemlich zu schaffen mache: ‹Er ist auch gar so wild und will den ganzen Tag nur auf der Gasse sein [...], kaum wende ich den Rücken, so ist er über alle Berge.› Und sein ‹frohes fettes Bäbeli› (Babette) lasse sie nicht mehr einschlafen, wenn es sie einmal geweckt habe.[187] Selten wurde ein religiöses Thema angeschnitten. Einmal fragte Hector Anna nach ihrer Meinung zur Seelenwanderung. ‹Ich glaube nicht an die Seelenwanderung›, antwortete sie ablehnend, aber tolerant, ‹man mag die Idee einkleiden wie man will, so ist sie mir widerlich, indessen hat jeder Freiheit, darüber zu glauben, was er will.›[188]

Doch der Hauptinhalt der Briefe dreht sich um die Liebe. Ganz schlicht kann Anna Hector sagen: ‹O, ich kann dich so rein und innig lieben, so herzlich für dich beten.›[189] Oder: ‹O, wie möchte ich dir danken, dass du mir so oft, oft schreibst. [...] Du bist ein Mann, wie es wenige gibt. So oft ich einen sehe, kommt mir immer der Gedanke: Mein Mann ist doch viel besser als du.›[190] ‹Ja, Du bist noch der alte, liebe, teure Gatte, [...] der immer nur fragt, was hat sie gern? O mein Teuerster, wie möchte ich dir danken für deinen lieben Brief, mit dem du mich heute so sehr aufwühlst, für das aus deiner Seele geflossene Gedicht, ach, wenn ich eine Wohltat Gottes unverdient genieße, so ist es die, dich zum Manne zu haben.›[191] Als Hectors Briefe für einige Tage ausblieben, verfolgte sie ‹quälende Angst›. Er habe doch sonst immer geschrieben, auch wenn er nur einen Tag weg gewesen sei. Sie fürchtete um ihre Gesundheit und die ihres ‹verborgenen› Kindes – es war die Zeit ihrer dritten Schwangerschaft. Sie sei ‹unaussprechlich bekümmert›. Als am nächsten Tag immer noch kein Brief eintraf, regten sich bei ihr leise Zweifel, dies umso mehr, als er in einem seiner Briefe geschrieben hatte, er stehe in der Gunst der ‹Damen›: ‹Teurer, teurer Mann, du weißt nicht, was ich leide. Vergib mir, wenn du unschuldig bist.› Endlich, drei Tage später, teilt sie ihm eilends mit: ‹[...] all mein Kummer [ist] in die herzlichste Freude verwandelt [...], heute erhielt ich gottlob alle 3 Briefe auf einmal, sie müssen in Zürich liegen geblieben sein.›[192] – Und: ‹Liebes, übergutes, arges Männchen! Nein, so was dachte ich mir nicht, dass du mir solche Liebesbriefe schreibst [...], o, diese deine Liebe ist der köstlichste Schatz, den ich besitze [...].›[193]

Nach sechs Ehejahren schreibt sie ihrem Mann: ‹[...] sieh, wenn ich dich nicht hätte, so hätte mein Herz niemanden, dem es sich ohne Scheu, bös und gut wie es ist, zeigen könnte. Du verstehst mich ganz – und wenn ich in düstern Stunden alles Umgangs satt bin, so möchte ich mich, wie die Schnecke ins Häuschen, ganz nahe zu dir zurückziehen.›[194] Hector hat, wie diese Briefstelle zeigt, Nette Gessner-Lavater den Rang abgelaufen. Er ist Annas engster Vertrauter geworden. Noch etwas älter geworden, notiert sie: ‹Wir sind nun zwölf Jahre verbunden und lieben uns noch wie am Hochzeitstag.›[195] Wie Hector seinen fünfzigsten Geburtstag feiert, bekennt sie: ‹O, er gewinnt mit jedem Jahr, und seine Liebe zu mir beschämt und freut und rührt mich tief ins Herz hinein.›¹⁹⁶ An ihrer silbernen Hochzeit schließlich spricht Anna von dem ‹Meer voll Segens Gottes›, welches ihrem Trauungstage ‹entflohen› sei.¹⁹⁷ Und sie ist besorgt um seine – offenbar noch immer – ‹bösen Füße›.¹⁹⁸

Auch wenn der gefühlvolle Stil von Annas Äußerungen über ihre Ehe in manchem der damaligen Konvention entsprach, so besteht doch kein Zweifel: Es war eine Liebesehe. – Auch das Eheglück von Georg und Nette war von Dauer. Georg stellte ‹in freundlichem Scherze [...] seiner Gattin bei der Feier zur silbernen Hochzeit [...] einen vom alterobersten Ehegericht ausgefüllten [...] Rechtsspruch zu, durch welchen ihr gegenseitiges Eheversprechen [...] auf Lebzeit bestätigt wurde.›¹⁹⁹ Noch in alten Tagen, an einem Familienfest, reichte der Großvater ‹der Großmutter, die sinnend neben ihm saß, die Hand und schaute sie an und sie ihn.›²⁰⁰

Trotz aller Liebe zu ihrem Mann konnte Anna den Plan zu seiner ‹Bekehrung› nicht lassen.²⁰¹ Es schmerzte sie tief, in Glaubensdingen mit ihm nicht einig zu sein. In den Ehepaaren Lavater und Gessner vermeinte sie Beispiele von völliger Einigkeit in Liebe und Glauben zu sehen. Als Hector zur ersten Kur im Bad Schinznach weilte, machte ihm Lavater einen Besuch. Anna drückte danach die Hoffnung aus, dass der Besuch ihrem Mann ein ‹geistlicher Genuss› gewesen sein möge. ‹Er ist sonst so gut, macht mich so glücklich.› Aber sie habe ‹einen nicht ganz geistlichen Mann.›²⁰² – Doch Hector ließ sich nicht ‹bekehren›, auch nicht von Lavater. Die Freiheit in religiösen Dingen, die er Anna bei der Verlobung zugestanden hatte, beanspruchte er auch für sich selbst. ‹[...] als ich sah›, so Anna, ‹dass meine Glaubensbekenntnisse ihn ganz kalt ließen, [...] dass er alles an mir liebte, aber das Beste, ja das einzig Gute nicht, da fühlte ich oft mit heißem bangem Schmerz, dass meine Seele verschmachten müsse in diesem dürren Lande. Ich liebte ihn brünstig [heiß], denn er war voll Sanftmut [...] seiner Natur nach, aber eben dies sein glückliches Temperament [...] lernte ich aus Lavaters Belehrung [...] und meiner Erfahrung als das Hindernis seines Glaubens kennen, denn er erkannte sich nicht als

Sünder. Wozu bedurfte er eines Heilandes, er, den die Stadt den besten Mann nannte?›²⁰³

Anna sah ein, dass sie ihren Mann nicht zu dem machen konnte, was in ihren Augen ein ‹bekehrter› Christ war. Und so glücklich sie mit Hector war, so einsichtig war sie, dass es ‹kein vollkommenstes Glück› auf Erden gibt.²⁰⁴ Dabei war sie ehrlich genug, zu gestehen, dass Hector sie ‹oft weit, weit an Demut und Liebe› übertreffe.²⁰⁵ Von ihren halbwüchsigen Kindern musste sie sich sagen lassen, ihr Mann sei ‹besser› als sie.²⁰⁶ Anna gelangte auf den Boden der Realität. In späteren Jahren klagte sie sich an, zu viel geredet zu haben.²⁰⁷ Sie erkannte: ‹Ich soll warten lernen und glauben, lieben und beten.›²⁰⁸ – Beinahe unvermerkt begannen sich die beiden Ehepartner in Glaubensdingen einander sachte anzunähern. Hector las seinen Kindern gerne aus den Werken seines Lieblingsdichters Matthias Claudius vor. Es machte ihm großen Eindruck, wie Anna seinen sterbenden Vater pflegte und ihm geistlichen Trost spendete, sodass er ruhig starb: ‹[…] seit dem Tode seines Vaters […] lernte er Christum als das einzige Heil der Sünder erkennen und an ihn glauben; darüber bin ich [Anna] seiner Seele wegen nun beruhigt.›²⁰⁹ Sie selbst gelangte durch die Auseinandersetzung mit Hectors abweichenden Meinungen zu offenerem Denken in Glaubensdingen. Er veranlasste sie, ihre eigene Position zu hinterfragen.

Der folgende Abschnitt aus Annas Brief zum fünften Hochzeitstag vom 18. Februar 1799 spricht für die ‹Liebesehe› der beiden und für Annas wachsende Toleranz in Glaubensdingen:

‹Gewiss fühlst du, Teurer, mit mir: Ein weiser liebender Vater führte uns zusammen und verband unsere Schicksale genau. Ich kann das frohe Gefühl meiner Seele nicht beschreiben, mit dem ich an die immer gleiche treue innige Liebe, die […] bis jetzt uns begleitet, denke […]. Wir waren glücklich diese fünf Jahre […]. Mein unruhiges Herz lernte so oft schon Ruhe von dir, und deine edle Gleichmütigkeit wird auch mir ein Stab sein, wenn die Stürme gefährlicher werden. […] wie oft verwundete und drückte ich dich durch ungerechte, übel angebrachte Klagen und Tränen. Vergib, Lieber, denn sieh, ich kann nicht leben, wenn ich dir nicht alles sage [...]. O, ich fühle es, nichts wird unsre Herzen trennen. Nicht flüchtige Liebe – erprobte Freundschaft bindet uns – und herzliche, sich gern tätig erweisende Liebe. [...] Mag's auch dunkel um mich aussehen, mag mein schwaches Auge zuweilen weinen, nie werde ich es bereuen, dein Weib geworden zu sein; ruhig sehe ich jedem Schicksalsschlag, den der Herr mir mit dir bereitet, entgegen, und ruhig überlasse ich dir, im Fall meines Todes, unsere Kinder. Du liebst sie zu sehr, um nicht durch christliche Erziehung ihr Glück gründen zu wollen.›[210]

Die Möglichkeit, als Frau vor dem Mann zu sterben, war real, wie das nächste Kapitel aufzeigt. – In Hector Schlatters Nachruf auf seine Frau, erwähnt am Anfang dieses Kapitels, rühmt er ‹das stille Schaffen› von Anna. Das mag überraschen bei ihrem unglaublichen Aktivismus, ihrem raschen Temperament und ihrer Ungeduld. Doch was Annas eigene Bemühungen nicht zustande brachten, nämlich die Milderung ihrer angeborenen Heftigkeit, aber auch ihrer Selbstgerechtigkeit in Glaubensdingen, ist ihrem Mann ein Stück weit gelungen.

## Mutterschaft als Lebensschule

Im Sommer 1794 meldete Anna ihrem väterlichen Freund Lavater voll Freude, sie hoffe Mutter zu werden.[211] Anfang Januar 1795 notiert sie in ihren ‹Memorabilien›: ‹Nach heißen Kämpfen mein erstes Kind, ein Mädchen, zur Welt gebracht.›[212] Es war keine leichte Geburt. Das Kind starb zwei Tage danach. Anna war im ersten Moment wie versteinert vor Schmerz. Doch dann scheint sie sich zu trösten: ‹O, in der Stunde der Geburt und des Sterbens meines Kindes fühlte ich den Wert des christlichen Glaubens, und jetzt, da meine Tränen wieder fließen, freue ich mich des Wiedersehens einst im Angesicht der Engel und Jesu Christi. [...] sie sah ihrem Vater ähnlich [...]. Ach, mir war, ich schicke sie der seligen Lisette [Hectors erste Frau] zur Erziehung hin statt ihres Knaben, den sie mir da ließ.›[213] Dennoch: ihre Betroffenheit war tief: ‹Ich fürchte mich vor meinem Tod. Der Gedanke macht mir sehr bange: Diese Nacht ist vielleicht meine Todesnacht [...].›[214] Schwere Geburt, Tod des Kindes und Lisettes Schicksal machten ihr bewusst, wie nahe Leben und Tod einander sind.

Diese Erfahrung teilten sie mit vielen Frauen und deren Ehegatten. Der mit Anna befreundete Johann Heinrich Jung-Stilling verlor seine beiden ersten Frauen und mehrere Kinder. Einige Jahre nach der Geburt des Sohnes Friedrich aus dritter Ehe schreibt er beinahe ungläubig, er ‹lebt›, und ähnlich, nachdem seine kleine Christine das Säuglingsalter überstanden hatte: ‹[...] es lebt noch.›[215] Von den acht Kindern Lavaters erreichten nur drei das Erwachsenenalter, Johann Heinrich, Nette und Louise.

Anna wurde sofort wieder schwanger. Zehn Monate nach der ersten Geburt, im November 1795, brachte sie ein Töchterchen, Babette, zur Welt. ‹O Lieber, wie viel hat uns der Vater im Himmel an unseren Kindern geschenkt›, schreibt sie Hector in die Badekur.[216] Drei Monate vor der Geburt ihres nächsten Kindes – Caspar – drückt sie ihm gegenüber die Hoffnung aus, sie würden sich, ‹will's Gott, wieder [...] Vater und Mutter zu sein, herzlich freuen›. Sie sehe der Geburt ohne ‹Kummer und Sorgen› entgegen.[217] Dann folgten, im Abstand von je etwa einem Jahr, Cleophea, Margareta, Anna und Helene. Das achte Kind, ein Mädchen, kam 1802 zur Welt. Gerade weilte Johann Heinrich Jung-Stilling samt seiner dritten Frau, Elise, zu Besuch in St.Gallen.[218] Zu Annas Freude stand er dem Kind Pate. Nach ihm hieß es Henriette. (Stilling nennt sich in seiner Autobiographie stets nur Heinrich.) Er taufte das Kind gleich selbst. Auch knüpfte er die Freundschaftsbande mit den Schwestern Annas wieder neu, besonders mit Helene, mit welcher er in regen brieflichen Kontakt trat.[219]

Bei der Geburt Henriettes fühlte sich Anna überfordert: ‹[...] wenn ich allemal mein Kleinstes wieder auf dem Arm habe, sage ich oft leise und laut zum Herrn: Jetzt danke ich dir herzlich für dies dein Geschenk, das ich erst so ungern von dir annahm, jetzt weine ich vor Freuden, wie damals vor Kummer; und dann setze ich zuweilen hinzu: Aber lass mich [...] nicht murren, wenn du mir zwölf Kinder gibst.›[220] Sie ergab sich in das, was sie als Willen Gottes ansah.

Nach Henriette vergrößerte sich der Abstand zwischen den Geburten. 1804 folgte Christinchen, dann Stephan, Jacob, Gottlieb und zuletzt, 1811, ein Mädchen namens Maria Christine – Christinchen war mit zwei Jahren gestorben. Aus den Briefen an Nette geht nach jeder Geburt die Erleichterung, dass es gut ging, oft aber auch die Angst vor einer neuen Geburt hervor. Kurz nachdem das neunte Kind, Christinchen, zur Welt gekommen war, schreibt sie an Nette: ‹Sonnabend war es drei Wochen seit meiner Niederkunft, und denke dir, Liebe, jetzt sitze ich schon wieder in der Schreibstube da an meinem Pult, kann, gottlob, ohne Schwäche und Beschwerden wieder im Laden sein, [...] ich bin so wohl und stark. Die Leiden sind alle von Freuden verschlungen. Es war die höchste Wonnezeit, die ich in meinem Erdenleben genoss, diese vier Wochen.›[221] Es war das kritische Jahr 1804. Anna hatte vor der Geburt dieses Kindes Todesängste ausgestanden.[222]

Die zehnte Geburt war aber wieder schwer: ‹[...] ich habe mein zehntes Kind am teuersten erkauft. Mein Geist war sehr gedrückt und dunkel und Gottes Nähe mir unfühlbar wie noch nie.›[223] Doch Anna fasste das im Nachhinein als eine von Gott gegebene und deshalb gute Erfahrung auf. Ihr Brief nimmt deshalb eine optimistische Wende: ‹In meinem kleinen H. St. [Hector Stephan] hat mir der himmlische Geber wieder ein gesundes, wohlgebildetes, liebenswürdiges Kind geschenkt, dessen ich mich herzlich freue. Überhaupt sind mir meine Kinder immer lieber, je mehr ich bekomme.› Humorvoll schreibt sie zum Schluss: ‹[…] an die freilich sehr unbequeme Enge bin ich nun gewohnt, weiß schon, dass ich in der Stube immer Sorge tragen muss, auf kein Kind zu treten oder es umzustoßen, aber ich denke, es war auch eng im Stall und in der Krippe. Und es ist, wie du bemerkst, für meinen hochfahrenden Geist sehr wohltätig, dass ich so eingeschränkt leben muss.›[224] Anna schrieb diesen Brief am Weihnachtstag 1805.

Anna und Nette teilten in mehr als einer Hinsicht ein ähnliches Schicksal: Georg Gessner, der Ehemann Nettes, war in erster Ehe mit ‹Bäbe› (Barbara) Schulthess, der Tochter der gleichnamigen berühmten Barbara Schulthess-Wolf, verheiratet. ‹Bäbe› starb nach der Geburt ihres ersten Kindes. Nette hatte die schwächere Konstitution als Anna. Es ist häufig von ihren wochen- und monatelangen Krankheiten die Rede. Von 1813 bis 1817 war sie praktisch ununterbrochen ans Bett gebunden.[225] Doch auch sie bekam in ihren ersten Ehejahren ein Kind nach dem andern, im ganzen sieben, zwei Söhne und fünf Töchter. Anna nahm lebhaften Anteil an ihren Ängsten, die berechtigt waren, denn im ersten Wochenbett wäre Nette beinahe gestorben. Vor jeder neuen Geburt versuchte Anna, sie aufzurichten: ‹O, er [Gott] wird bei dir sein, wenn deine Stunde kommt, und wo er ist, ist Ruhe, Trost und Friede.›[226] Sie freue sich über ihre ‹glückliche Entbindung›, schreibt sie 1802 bei der Geburt der kleinen Maria. Sie möge ihr in ihrem Namen einen ‹Mutterkuss› geben. ‹O, der Herr weiß Lasten abzuheben und zu erleichtern und jedem zu helfen nach seinem Bedürfnis.›[227] Beide Mütter stellten mit ihren Kindern kleine Geschenke her, die sie nach Zürich respektive nach St.Gallen sandten. Einmal bedankt sich Anna ‹herzlich für die Freude, die du mit deinen lieben Kindern mir und meinen Kindern gemacht hast.›[228] Speziell erwähnt sie das ‹artige Netteli›.

Als die große Nette 1797 einem Sohn namens Caspar das Leben

schenkte, betete Anna, Gott möge ‹unsere beiden Caspar segnen› – ein Jahr zuvor hatte sie ja ebenfalls einen Sohn namens Caspar geboren. Doch dann folgt die besorgte Frage: ‹[...] kannst du diesmal dein Kind stillen?›[229] Und wie Nette ein Jahr darauf erneut ein Kind bekommt, gratuliert ihr Anna mit den Worten: ‹Der Herr sei gepriesen für alles [...] und auch für deine Mutterfreude, dein Kind stillen zu können.›[230] – Gestillt zu werden von der eigenen Mutter, war damals für das Überleben eines Kindes äußerst wichtig.

Anna konnte alle ihre Kinder ‹körperlich ganz verpflegen›, also voll stillen. Nach der Geburt ihres sechsten Kindes bekam sie in ihrer Schwester Maria und später in einer ‹Kindsmagd› Hilfe bei der Kinderbetreuung, allerdings musste sie dafür täglich im Geschäft stehen. Doch ‹hielt ich des Nachts alle Kinder, so lange sie klein waren, immer 5 an der Zahl, in meiner Kammer, weil ich meine Lieblinge nicht einer Fremden anvertrauen wollte, wo ich sie selbst pflegen konnte.›[231] Unvorstellbar, wie oft Annas knapp bemessene Nachtruhe gestört wurde, wie oft sie ein weinendes Kind zu trösten, ein hungriges zu stillen hatte! Und meistens war sie bereits wieder schwanger. Die groß gewachsene, stattliche Anna muss physisch sehr robust gewesen sein. Doch die ständigen Belastungen durch Schwangerschaften, Stillen und die langen Arbeitstage brachten sie mehrmals an die Grenze physischer und psychischer Erschöpfung. Dass Anna und teilweise auch Nette ihre Kinder selbst stillten und sich – so oft es ging – selbst um sie kümmerten, war jedoch ein wichtiger Grund, dass fast alle das Erwachsenenalter erreichten.

Zum Vergleich: Von den 21000 Säuglingen in Paris im Jahr 1780 wurden lediglich 1000 von ihren leiblichen Müttern gestillt, alle anderen für zwei bis drei Jahre zu Ammen gegeben, meist aufs Land. Die Sterblichkeitsrate war hoch.[232] Auch in der Schweiz war das Stillen um 1800 nicht selbstverständlich. Noch um 1917 stillten erst 58 von 100 St.Gallerinnen ihre Kinder. Wie ein Plakat an der schweizerischen Landesausstellung 1914 zeigte, starben von 100 Brustkindern 7 im ersten Lebensjahr, von 100 Flaschenkindern 14, obwohl es zu diesem Zeitpunkt schon relativ gute Ersatznahrung gab und die Mütter bes-

Die Wohnstube im älteren der beiden Schlatter'schen Stadthäuser. Der Raum ist wenig verändert worden. Geradeaus geht der Blick zum St.Laurenzen-Turm und zur Marktgasse. (Aus: St.Galler Kantonsbibliothek Vadiana, GS 0 2A/21)

ser über Hygiene informiert waren als hundert Jahre zuvor. In Berlin war noch in der zweiten Hälfte des 19. Jahrhunderts die Säuglingssterblichkeit bei Flaschennahrung sechs- bis achtmal größer als bei Muttermilchernährung.²³³ – Die Romantikerin Bettina von Brentano, die den Berliner Dichter Achim von Arnim geheiratet hatte, brach mit langjährigen Konventionen, wenn sie ihre sieben Kinder selbst stillte. Ebenso fiel es aus dem Rahmen, dass sie als adlige Dame – trotz vielem Personal – ihre Kinder selbst erzog. Sie steckte sie statt in die damals üblichen beengenden Kinderkleider in lockere Kittel. Bettina war wohl von Jean Jacques Rousseau beeinflusst, der für das Stillen und für eine natürliche Erziehung eintrat. Die sieben Kinder überstanden die gefährliche Säuglings- und Kinderzeit. Bettina steckte wie Anna voll Energie. Doch auch sie gelangte an ihre Grenzen. Ihrem Mann schrieb sie öfters, sie sei ‹abgespannt›, ‹zerschlagen›, ‹müde›.²³⁴

Eine Kinderheilkunde im eigentlichen Sinne des Wortes wurde erst im Verlauf des 19. Jahrhunderts entwickelt. Vor dieser Zeit drohten den Kindern, auch wenn sie das Säuglingsalter überstanden hatten und wenn die äußeren Bedingungen optimal waren, Gefahren von Krankheiten, die heute als harmlos gelten. Annas Briefe sind voll von Berichten über Krankheiten ihrer Kinder. [...] nichts greift mein Herz so an wie Kinderleiden.›²³⁵ ‹Hier an dem Krankenlager meiner 6 Kinder schreibe ich dir [Nette].› Das war im Jahr 1800. Die Kinder hatten die Blattern. Drei Ärzte wurden zugezogen.²³⁶ Im engen Schlatter'schen Haus, in welchem auch immer noch die Schwiegereltern lebten, mussten sich mehrere Kinder in ein Schlafzimmer teilen, die Ansteckungsgefahr war groß. Doch Annas Kinder genasen. Einige Jahre zuvor hatten die Blattern in St. Gallen reihenweise Kinder dahingerafft. Auch aus dem Nachbarhaus war ein totes Kind hinausgetragen worden, wie Anna der befreundeten Pfarrerfamilie Schweizer-Gessner, nun auf dem Hirzel wohnhaft, berichtete.²³⁷

Zu Anfang des Jahres 1800 schwebte Nettes kleine Louise in Todesgefahr. ‹Was das ist, weiß ich nun›, tröstet Anna. ‹O, in dieser Leidensprobe wurde ich diesen Winter lange geprüft. Und es tut mir wohl, dass ich so aus Erfahrung Teil an dir nehmen kann.›²³⁸ Ihr ‹Bäbeli›

‹Babette› und ‹Gritli› (Margarete) seien ‹beinahe tot› gewesen. Nie habe sie um das Leben der Kinder gebetet, sondern ihre Genesung dem Willen Gottes überlassen. Jetzt mache der Anblick der beiden ‹lieblichen› Kinder ihr und ihrem Mann täglich Freude. ‹Ich fühle tief, wie sehr schwer dir, Geliebte, der Tod Louischens sein müsste [...]. Aber ich weiß, auch in diesem schweren Falle wäre deine Seele Ergebung.›

Im Mai 1805, nachdem sie selbst vier Wochen lang bettlägerig gewesen war, berichtet Anna ihrer Freundin: ‹Lange schon lag etwas in dem Kinde [Cleophea] [...]; endlich entstand daraus eine [...] Lähmung der Glieder und hauptsächlich der Zunge, sodass sie kraftlos unter beständigen gichtischen Zuckungen daliegt, oft ganz stumm ist und nie ein Wort deutlich, wie vorher, auszusprechen vermag. Bisher scheint mir ihr Verstand noch nicht viel gelitten zu haben, denn sie äußert viel Zärtlichkeit und Besorgnis für mich, aber ihre Organe – und daher ist ihr Aussehen entstellt [sic]. Ihre Krankheit kann nur Gott heilen, das fühl' ich bei ihrem Anblick; bisher konnte sie den rechten Arm noch brauchen, aber heute Abend wollte sie mir ein paar Mal die Hand drücken und vermochte es nicht, sie zuckte nur krampfhaft. Wie mir's in der Seele zuckt, fühlst du mit mir, ach, ich leide alle ihre Schmerzen, ich verschlucke mit ihr die stinkende Assa foetida, die sie einnehmen muss. Bete für sie und mich.› Besonders litt Anna darunter, dass sie, als sich die Krankheit in die Länge zog, zu müde war, um jede Nacht am Bette ihres Kindes zu wachen.[239] – Später schreibt sie, ihr Mutterherz leide und weine heiß und tief, aber der Glaube halte sich an den, der das Machtwort: «Du stummer und lahmer Geist, fahre aus von ihr», zu sprechen vermöge.›[240] Der Arzt allerdings machte Anna keine Hoffnung auf baldige Genesung, er rechnete – wie er Anna erst später eröffnete – mit dem Tod des Kindes. Nach Auskunft eines heutigen Kinderarztes litt das Mädchen vermutlich an Kinderlähmung.[241]

Doch Anna gab nicht auf. Cleophea wurde wieder gesund: ‹Wie gern und freudig sag' ich dir›, so einige Wochen später an Nette, ‹[...] dass der Herr jede drückende Sorge [...] von mir genommen hat. Er segnete augenscheinlich und über alle Erwartung den Gebrauch des nachgemachten Schinznacher Bades an ihr. Ohne einen Fuß stellen [das Kind konnte nicht stehen] oder die linke Hand auftun zu können, setzten wir sie neben dem Bett ins Bad, und in acht Tagen konnte sie mir bis an die Stubentür entgegen gehen. Letzten Sonntag ging sie fast eine halbe Stunde in unser neues Landgütchen, [...] wo es meinem Mann [...] und den Kindern königlich wohl ist.›242 Anna hielt diese Heilung für ein Wunder. Die Krankheit und die Genesung Cleopheas wurden ihr zur Gotteserfahrung.

Die schwersten Tage in Annas Leben traten Ende des Jahres 1806 ein: Drei ihrer Kinder, Gritli, Lene und Christinchen, schwebten ‹in Todesgefahr›, wie sie Nette in Eile schrieb. Es handelte sich, wie sie in ihren ‹Memorabilien› notierte, um ‹Scharlachfieber›243, das bei Helene im Spätstadium ins ‹Faulfieber› übergegangen sei: ‹Bisher stärkte mich die Hand des Allmächtigen, dass ich [...] alles tragen [...] konnte; das Bitterste für mich war, meiner lieben Lene mit dem kranken, schwarzen, wunden Mund die Arzneien beizubringen. [...] Du betest für mich, das weiß ich, und ich bitte dich auch noch darum: Bete um ausharrende Geduld [...].›244 Wenige Tage später folgt in zittriger, zerfahrener Schrift die Nachricht, dass Helene nach langem hartem Todeskampf gestorben sei. Anna empfand den Tod dieses Kindes als Erlösung.245 Kaum habe sie Lene die Augen zugedrückt und es ‹eingesegnet›, sei sie zu Christinchen gerufen worden, das – eine Viertelstunde später – sanft ‹ins Land des Friedens› hinübergeschlummert sei. ‹O, Geliebte, könnte ich dir diese beiden Engelsleichen auf einem Bettchen nebeneinander [...] zeigen. [...] Den heißesten Tag meines bisherigen Lebens habe ich gestern zurückgelegt; so litt mein Herz überhaupt noch nie, als bei Lenchens Kämpfen und Leiden [...].› Anna bittet Nette, vor Gott an sie zu denken, ‹dass er mir meine noch kranke Gritte, die, Gott Lob, zu bessern scheint, [...] erhalte, und mich alles, was er dabei im Auge hat, in dieser Prüfung verstehen lehre.›246 Anders als einige Jahre zuvor bei Babette und Margareta betete Anna dieses Mal sehr wohl um die Genesung ihrer Kinder.

Margarete wurde wieder gesund, hingegen erkrankte Hectors ‹geliebte einzige Schwester, die meines [Annas] Herzensfreundin war› an derselben Krankheit wie die Kinder und starb wenige Tage nach Helene und Christinchen. Anna Barbara Girtanner-Schlatter war nicht nur die einzige Schwester, sondern auch das einzige Geschwister Hectors. Sie hatte bei der Pflege der Kinder geholfen. ‹Der Schlag war hart.›[247] Anna selbst bekam am Todestage ihrer beiden Mädchen Halsweh, und kurz darauf begann auch Hector über Müdigkeit, Kopf- und Halsweh zu klagen. ‹Ja, Liebe, da ward mein Blick für einige Stunden dunkel, es schien mir gar zu viel [...].›[248] Doch die Eheleute erholten sich wieder. Anna vermochte dem Tod der beiden Kinder und der Schwägerin Heilsames abzugewinnen: ‹Meine großen inneren Erfahrungen haben mein Vertrauen auf den Herrn sehr gestärkt.› ‹Überhaupt, Herzens-Nette, tut der Herr Unaussprechliches an deiner schwachen Anna.›[249] An Weihnachten bestätigt sie: ‹Es war ein Segensjahr für mich. – Nur der Herr allein weiß ganz, wie er mich auch durch Leiden nur segnete.›[250]

Auch die folgenden Jahre waren von Krankheiten der Kinder überschattet, doch ohne böse Folgen. Als der kleine übermütige Jacob vom dritten Stockwerk des Hauses hinunterfiel, verlor er zwar für einige Stunden das Bewusstsein, trug aber keinen bleibenden Schaden davon. – Nette verlor, nachdem sie den ersten ihrer beiden Söhne jung verloren hatte, 1814 die Tochter ‹A.› – das inzwischen groß gewordene ‹artige Netteli›. Anna tröstet sie: ‹Es wäre mir eine große Wonne, nur eine Stunde mein Herz an das deine legen zu können und Lob und Preis Jesu Christi in dasselbe hinüber strömen zu lassen.›[251] Nette möge den 103. Psalm oder den Lobgesang der Maria lesen.

Die Pädagogik war ein wichtiges Thema sowohl der Aufklärung als auch des Pietismus und der Erweckungsbewegung. Anna berichtet, in dreißig Ehejahren hätten Hector und sie für Haushalt und Erziehung der Söhne und Töchter ‹70000 Gulden irdisches Geld› aufgewendet. ‹Wir fingen [...] ohne Kapitalien an, aber mein Mann stand in einem nährenden Beruf.›[252] Bei der Geburt ihres ersten Kindes schreibt sie: ‹O, der Herr lehre mich, es gut, es ihm zu erziehen!›[253] Sie wollte die Zügel straff halten, dabei aber liebevoll sein. Von Anfang an war sie sich bewusst: ‹Wir können freilich unsere Kinder herzen [...]. Gott muss das Gelingen geben›.²⁵⁴ Ihre eigenen Bedürfnisse stellte Anna während vieler Jahre zurück. An Nette schreibt sie, sie habe wenig Zeit zum Beten und Bibellesen und fügt bei: ‹So dünkt mich auch, sollen wir jetzt ganz unsern Kindern leben und all unsere Kraft auf ihre Erziehung verwenden. [...] Gott verleiht unserem Geschlecht als Jungfrau eine Sammlungszeit und als Matrone eine Erholungszeit, in der Zwischenzeit sollen wir mit Geist und Körper nicht uns, sondern den Unsrigen leben.› Zwar komme sie sich vor wie ein Acker, auf dem die Dornen den Samen des Wortes Gottes erstickten. Aber sie glaube, dass in der intensiven Mutter-Phase ‹auf eine unerklärliche Weise die Frucht› in ihnen beiden reife.²⁵⁵ Für die Kinder allerdings nehme sie sich Zeit zum Beten, für sie könne sie am ‹gläubigsten› beten.²⁵⁶

‹Alle meine Kinder hangen mit inniger Liebe an mir. [...] oft freut sich meine ganze Seele über diesen Reichtum.›²⁵⁷ Nicht ohne Stolz vermerkt sie: ‹Ich werde im Allgemeinen meiner gesunden, verständigen Kinder wegen beglückwünscht, obschon sie auch als sehr lebhaft, oft wild bekannt sind.›²⁵⁸ Annas Kinder waren in der Tat ganz ‹normale›, laute und recht eigenwillige Kinder. Von der flinken und intelligenten Cleophea, die Annas Temperament geerbt hatte, sagte sie einmal, sie sei ‹eine Fegbürste›.²⁵⁹ Jacob, der Drittjüngste, wurde als Zwölfjähriger aus disziplinarischen Gründen von der Schule gewiesen, worüber Anna kummervolle Tränen vergoss. ‹Die Unarten meiner Kinder drücken mich so tief›, klagt sie Nette.²⁶⁰ Bei der Geburt des ersten Kindes hatte sie die Hoffnung geäußert: ‹O, dass es nie seine Unschuld verlöre! Mir wäre es der schrecklichste Gedanke, ein ungeratenes Kind zu bekommen.›²⁶¹

Hectors Sohn aus erster Ehe, Johann, war rachitisch wie einst sein Vater. Sie werde durch ihn ‹oft am Lesen und einsamen Nachdenken gestört›, ärgerte sich Anna.²⁶² Nette gegenüber machte sie ihrem ‹Herzen [...] Luft. [...] Ach Liebe, seine Erziehung macht mir vielen Kummer, kostete mich oft heiße Tränen.›²⁶³ Sie konstatiert bei ihm ‹Gefühllosigkeit›, beeilt sich allerdings anzufügen, man könnte jetzt denken, sie liebe Johann nicht. An Hector schreibt sie hingegen, er könne sich nicht vorstellen, wie lustig der Bub sei, er wünsche sich ein

Häschen oder ein Pferdchen oder eine Kuh: ‹Trachte ja, Lieber, dass du ihm eins von diesen Tieren alsbald heimbringen kannst.›[264] Und als Johann vier Jahre alt wurde, suchte sie ‹seinen Geburtstag so froh als möglich zu machen›.[265] Sie bittet Hector, es nach seiner Heimkehr ‹mit ihm zu probieren›.[266] Und sie will sich mit ihm über Johann ‹mündlich beratschlagen›.[267]

Johanns wegen rief Anna Lavater an, der sich neben allem anderen intensiv mit Pädagogik beschäftigte und verschiedene Erziehungsschriften und religiöse Kinderbücher verfasste: ‹Wie kann ich meinen 5-jährigen, nicht sehr geistreichen und sehr kalten Knaben von seinen starken Anlagen zu Neid und Geiz heilen? […] sein Neid äußert sich besonders stark, […] wenn eines seiner Geschwister sein Spielzeug, wenn es unbenutzt daliegt, berührt.›[268] Der Brief verrät, dass Anna keine geborene Psychologin war und zu jenem Zeitpunkt noch in engen pietistischen Mustern dachte.

Lavater formuliert an Annas Adresse ‹Hauptgrundsätze› der Erziehung: ‹Nimm so wenig wie möglich Notiz von den Fehlern der Kinder!› Durch öfteres Vorhalten derselben bewirke sie das Gegenteil von dem, was sie beabsichtige. Sie solle das Gute und Gesunde in den Kindern wahrnehmen und fördern. Gelegentlich könne sie zwar vom Neid sprechen als einem ‹abscheulichen Laster›, aber nur ganz allgemein, ohne ‹Applikation› auf ein bestimmtes Kind.[269] Die Anwendung auf ‹sich selbst […] müssen sie [die Kinder] allein machen.› – Lavater besaß ein erstaunliches Einfühlungsvermögen in die kindliche Psyche. Als er einmal einen Pfarrer predigen hörte, die kleinen Kinder seien eine Behausung des Teufels, war er aufs Höchste empört.[270] Er plädierte, wie die folgenden Verse zeigen, für Fröhlichkeit, Weisheit und Liebe in der Erziehung:

Zieht euer junges Völklein früh
Zur menschlichsten Philosophie
Der Glaubens- und Gehorsams-Pflicht,
Und künstelt an den Kleinen nicht!
Zur Ordnung, Wahrheit, zum Geschäft
Übt frühe schon die jungen Kräft',

In froher Laun' und Harmonie
Bewahrt vor übler Laune sie!
Die weiseste Erziehungsart
Ist, die vor Langweil sie bewahrt,
Und mäßig ihre Kräfte übt,
Und wenn sie nimmt, und wenn sie gibt,
Empfinden lässt, wie sehr man liebt.[271]

Nach Lavaters Tod war es sein katholischer Freund, der Theologe Johann Michael Sailer, der Anna ‹unvergesslich über Erziehung› belehrte.[272] Als Professor unter anderem für Pastoraltheologie beschäftigte sich Sailer mit Rousseau, Kant, Basedow und Pestalozzi. In seinem pädagogischen Hauptwerk ‹Über Erziehung und Erzieher› setzte er sich für eine ganzheitliche Bildung der menschlichen Kräfte von Geburt an ein. Diese müsse sowohl von der Natur des Kindes als auch von seiner religiösen Bestimmung geleitet werden.[273] Auch Sailer vertrat also moderne Ideen. – Es besteht kein Zweifel, dass Anna unter dem Einfluss ihrer Freunde Lavater und Sailer die ursprüngliche Strenge ihrer Erziehungsmethoden milderte. – Wenn es zu Konflikten zwischen ihr und den Kindern kam, war es oft auch Hector, der die Wogen glättete.

Sie ließ nun, wie sie selbst betont, die Kinder ‹gerne ihre Kinderjahre froh genießen; lernen müssen sie doch ihr ganzes Leben hindurch, und diese vergehen ihnen so bald auf immer›. Sie sah sie ‹ungerne kostbar, aber gerne artig gekleidet›.[274] Im absolutistischen Zeitalter, bis ins 18. Jahrhundert hinein, hatte man die Kinder nicht als Kinder, sondern als eine Art verkleinerte Erwachsene wahrgenommen. Annas Kinder durften Kinder sein. An diesem Punkt dachte sie jetzt durchaus aufklärerisch. – Der Pietist August Hermann Francke, der an sich ein bedeutender Pionier der Kindererziehung und -bildung war und um 1700 in Halle nebst seinem berühmten Waisenhaus eine ganze Bildungsstadt errichtete, hatte das ‹unnütze Spiel› und die weltliche Musik noch verboten.[275] – Annas Kinder tollten an den Sonntagen im ‹Äckerli› herum und spielten nach Lust und Laune. Die Mädchen errichteten moosige Sitze im nahen Wäldchen und ließen sich darauf

Kupferstich von Daniel Chodowiecki von 1791. Vgl. S. 70.

zum Bücherlesen nieder.²⁷⁶ Das erinnert an Rousseaus ‹retour à la nature› und an sein Erziehungsbuch ‹Emile›. Annas Kinder besaßen kindgemäßes Spielzeug. Im Stadthaus stand ein Klavier. In der Familie Schlatter wurde musiziert und gesungen.

Kurz nach dem Tod Helenes und Christinchens erinnert sich Anna: ‹[...] ach, sie freuten sich allemal so innig am Geburtstage ihrer Eltern, hingen so kindlich zärtlich an unserem Hals [...]. Weiß ich arme Mutter an jedem Feste neue Freuden für meine Lieblinge zu erdenken, was wird er [Christus] können und wissen, der die Quelle aller Liebe und aller Kraft ist?›²⁷⁷ Die Szene erinnert an eine Illustration des zeitgenössischen Malers Chodowiecki. – In der Familie Schlatter wurde jeder Geburtstag fröhlich gefeiert. Oft schrieb Anna für das Geburtstagskind ein Gedicht. Weihnachten gestaltete sie als Freudenfest: ‹So lange ich Mutter bin, ging von diesen Tagen aus ein leuchtender Faden durchs ganze Jahr, und die Arbeiten, die ich im Dezember allemal zur Freude der Kinder, meinen übrigen Geschäften unbeschadet, in mancher späten Nachtstunde unternahm, waren mir selbst die süßeste Freude.›²⁷⁸ Noch 1814, als die größeren Kinder den Kinderschuhen entwachsen waren, teilte sie ihnen mit ihrem ‹lieben Mann zusammen die Neujahrsgeschenke aus›.²⁷⁹ Annas Kunst, Feste zu gestalten, erinnert an die Rosalinde in der Kindergeschichte ‹Die Ostereier› des ihr befreundeten Christoph von Schmid: ‹Ich will›, so Rosalinde, ‹auf den kommenden Ostertag ein kleines ländliches Kinderfest geben. Denn es ist gar schön, dass man solche Festtage den Kindern, so gut man immer kann, zu Freudentagen mache.›²⁸⁰

Die Kinder eiferten der Mutter nach: Dem befreundeten Pfarrer Johann Caspar Stumpf schildert Anna ihren 36. Geburtstag: ‹Bei meinem Herunterkommen in die Stube empfing mich die Liebe der Meinen. Meine Babette kam mit einer Gitarre am Arm und sang mir ein Liedchen, das der Vater dichtete [...]. Mein Herz musste tief gerührt werden bei ihrem kindlichen Gesange, den eheliche Liebe dichtete, Kindesliebe sang und wozu die Freundschaft die Gitarre lieh. [...] hernach tranken wir Kaffee, und alle Kinder kamen, ihre kleinen Gaben, aus eigener Kasse gekauft [sie bekamen also Taschengeld], mir zu bringen.

Dann ging ich in die Kirche [es war Sonntag] [...], dann aßen wir froh zu Mittag, und nach dem Essen gingen mein Mann und ich eine Stunde zu Hubers, [...] hernach besuchten wir die lieben Geschwister Girtanner. Dann kehrten wir zu den Kindern zurück, die ich bald dem vorlesenden Vater ließ, nun noch eine Stunde der Einsamkeit im Oberstübchen zuzubringen [...].›[281]

Die religiöse Erziehung lag Anna besonders am Herzen. Nette gegenüber äußerte sie einmal die Meinung: ‹Was können wir wohl Heiligeres tun, als dem Herrn seine Kinder erziehen?›[282] Sie ließ es sich trotz aller Arbeit nicht nehmen, jeden Abend mit den Kindern zu lesen (wohl meistens aus der Bibel), mit ihnen zu beten und sie dann zu Bett zu bringen.[283] Bei der religiösen Unterweisung auferlegte sie sich eine gewisse Zurückhaltung, weil sie Hector nicht provozieren wollte. Dieser ging jeweils hinaus, weil er fühlte, dass sein Widersprechen den Kindern schaden würde. Er selbst ließ sich gelegentlich aber ebenfalls auf ein religiöses Gespräch mit den Kindern ein.[284]

Ausgerechnet hinsichtlich der religiösen Erziehung kam es zu einem für Anna äußerst schmerzhaften Konflikt mit den fünf älteren Töchtern. Im Jahr 1818 schlossen sie sich dem Appenzeller Bauern und Naturarzt Hans Jacob Schäfer an. Anna selbst hatte zunächst große Stücke auf diesen Mann gehalten, der nun aber das Ende der Welt erwartete und sich in jeder Hinsicht religiös radikalisierte. Voll Entsetzen und Bitterkeit meldet Anna ihrer Freundin, ihre fünf ‹erweckten Töchter› wähnten, auf ‹einer viel höheren Stufe der Erkenntnis› zu stehen als sie, Anna. Sie seien der Meinung, ‹die Zukunft Christi› sei schon da, weswegen sie sich im Zustand der Heiligkeit und Sündlosigkeit befänden. In ihrer ‹Geisteskrankheit›, so Anna, hielten sich die Mädchen für gesund, sie, die Mutter, aber für krank. Die Mädchen seien ‹feurig jubelnd, wie im Rausch.›[285] Annas Versuch, die Töchter zur Vernunft zu bringen, reizte sie zu noch größerem Fanatismus. Anna beschloss zu schweigen. Einer der Töchter sagte sie Jahre später: ‹Von jenem Sonntage an, wo ihr 5 im Äckerli euch von mir wegwandtet und erklärtet, ihr gehet jetzt nach Herisau, da sah ich euch nach und lehnte mich an einen Baum und sprach zu meinem Jesus: Herr, da gehen sie alle 5 von mir weg zu den Feinden ihrer Seele, ich kann nichts für sie tun, aber ich lege sie alle in deine Arme, schütze du sie, lass mir keine verloren gehen.›[286] Ein halbes Jahr später begannen sich die Mädchen zur Erleichterung Annas von ‹ihren sectirischen Freunden› zu lösen. Nach dieser Erfahrung setzte sich Anna noch entschiedener als bisher von separatistischen und sektiererischen Tendenzen und ‹falschen Propheten› ab.

Die Mutterschaft wurde für Anna zur Lebens- und Glaubensschule. Das zeigt sich in Worten an einen befreundeten Pfarrer: ‹[...] ich wollte sie [die Erbsünde] abschleifen an meinen Kindern, und das geht nicht, dafür schleifen sie aber mich ab, ein bisschen langsam, weil der Rost im alten Eisen tief gefressen hat.›[287] Und an Nette: ‹Gewiss fühlst du auch oft tief mit mir die Schwere der rechten Erziehungskunst. Es gibt Fälle, wo ich mir kaum zu helfen weiß, um die Fehler meiner lebhaften, verständigen Kinder zu bestrafen. [...] Um keinen Preis möchte ich ihr Vertrauen verlieren, aber noch weniger Sklave ihrer Launen werden, wie es viele Eltern sind. Gebet ist und bleibt meine Zuflucht.›[288] Als ältere Frau gestand sie ihrer Tochter Anna: ‹Er [Gott] sah mich oft unter Tränen fragend zu ihm aufblicken: Herr! Warum mir so viele Kinder, da ich doch äußerlich und innerlich so ungeschickt [...] bin, sie dir zu erziehen?›[289] Anna, die Tochter, die zu diesem Zeitpunkt Erzieherin im gräflichen Hause von der Gröben war, bat ihre Mutter trotzdem um Ratschläge zum Umgang mit den ihr anvertrauten Kindern. Anna, der Mutter, wurde es je länger je mehr bewusst, dass in der Erziehung nicht alles ‹machbar› ist und dass sie selbst als Erzieherin oft versagt hatte. Gelegentlich meinte sie zu spüren, die älter gewordenen Kinder seien der Meinung, sie als Erzieherin sei nichts, könne nichts, habe keine Liebe, keinen Glauben und ‹keine Weisheit›.[290] Umgekehrt machte sie die Erfahrung, dass ihr ‹Jesus›, wie sie sich ausdrückte, immer neue junge Menschen zuführte und dass es ihr möglich war, ‹Segen in ihre Herzen› zu legen. ‹Was ich meinen Kindern nicht ausrichten konnte, können nur Freunde [tun] [...], so bekomme ich an Fremden Kinder meines Herzens, und meine Kinder an Fremden geistliche Väter und Mütter.›[291]

# Leben und Glauben im Einklang

‹Mein Herz ist mir ein Rätsel, aber der Glaube ruht darin, alles Disharmonische wird seine Erbarmung einst in Harmonie verwandeln. [...] siehe, Liebe, dies Herz schwatzt immer [...] so viel von sich selbst.›[292] So äußerte sich Anna gegenüber Nette zur Zeit ihrer religiösen Krise 1803. ‹Ein Schrei, ein Durst nach Gott, nach dem lebendigen Gott ist jetzt meine Seele, und eine Pfütze vor Härte und Heftigkeit und Stolz und Lieblosigkeit und Trägheit mein Herz.›[293] So lautet eine Briefpassage von 1812. Die Reihenfolge hat sich umgekehrt. Nicht das sündhafte Ich, das ständig unter dem Zwang steht, sich heiligen zu müssen, steht im Mittelpunkt, sondern der Schrei nach Gott. Anna schildert ihre Seele zwar bildhaft als Sündenpfuhl, aber – sie wirft ihre Sünden auf Gott. Ihre verbissene Selbstüberforderung und Selbstüberschätzung und damit auch ihre Selbstzweifel milderten sich. Das zeigt ein anderer Vergleich:

| ‹Schenke Glauben, o Herr! Glauben, der durch alles dringt.› | ‹Gott stellt mich an einen Platz, An dem ich's mit meinem Leben zeigen sollte, welche Menschen der Glaube an Christus und sein Evangelium bildet.›[295] |
|---|---|
| Anna Schlatter[294] | |
| Ungefähr 1820 | 1794 (Vgl. S. 38) |

Stand früher der Mensch Anna im Zentrum, so jetzt Gott. Er ist es, der den das Leben durchdringenden Glauben schenkt, während Anna zuvor gemeint hatte, mit ihrem Leben gleichsam den Gottesbeweis antreten zu müssen. Die Erfahrungen als Ehefrau und Mutter lehrten sie, sich auf Gott allein zu verlassen. Ihr Leiden von 1803 und 1804 bezeichnet sie nun als ‹wenig segensreich›.[296] Sie gewann, wie sie es ersehnt hatte, an innerer Harmonie und an Zuversicht.

Viele Selbstzeugnisse unterstreichen Annas religiöse Reifung: ‹[...] die Last meiner Sünden drückt mich oft tief und heiß, aber eben mit dieser Last werfe ich mich in die Arme, zu den Füßen meines Herrn, umfasse ihn und weiß, er wird mich erlösen [...]. Ich bin elend in mir und selig in ihm [...], ich gehöre mehr meinem Herrn an als noch vor einigen Jahren.›²⁹⁷ – ‹[...] ich muss immer beten: reiß mich hin zu dir, mein Erbarmer! Von selbst lauf ich nicht [...].›²⁹⁸ – Im Jahr 1808, als sie erneut von der Angst, ihr Tod stehe unmittelbar bevor, geplagt wurde, stellt sie fest: ‹Ich ‹finde aber keine Ruhe, als wenn ich mich ganz unter das Kreuz unseres Erlösers in den Staub lege und ihn anflehe, dass er mit seinem Blute mich rein wasche. Ich konnte nicht völlig mit mir selbst einig werden, was ich durch eigene Schuld dazu beigetragen habe, dass die Angst so in mir überhand nahm›, [...] es ‹wäre mir unmöglich gewesen, sie wegzukämpfen, wegzubeten; ich sollte es lernen, auch durch Wolken und Nebel meine Hand nach ihm auszustrecken›. Ein knappes Jahr später ist die Angst verflogen: ‹[...] die Idee meines Todes scheint mir wie ausgelöscht [...].›²⁹⁹ – Und schließlich noch ein spätes, besonders anschauliches Bild von Annas Wandlung: ‹Es ist mir gleichsam, als hätte ich genug Arbeit, eine glänzende Schlangenhaut an mir abzustreifen und nackend, arm und bloß von der Fülle Christi Gebrauch zu machen.›³⁰⁰

Ein Gedicht Annas, das den schlichten Titel ‹Morgenlied› trägt und nach der Melodie von ‹Befiehl du deine Wege› zu singen ist, beginnt mit den beiden Strophen:

> Erwach zu neuem Morgen
> Mein Herz, zu Gottes Preis;
> In Ruhe, ohne Sorgen
> Schlief ich auf Dein Geheiß;
> Und alle meine Lieben
> Sind froh mit mir erwacht:
> Dies sei Dir zugeschrieben,
> Du Hüter in der Nacht.
>
> Von Dir, aus Deiner Quelle,
> Fließt jedes Gut mir zu;
> Drum ruft die frohe Seele:
> Wie gut, o Herr, bist Du!
> Du segnest Deine Kinder
> Auf dieser Erde gern,
> Und bleibst dem schwächsten Sünder
> Mit Gnade niemals fern.³⁰¹

Dank des neuen Vertrauens in Jesus Christus kam es bei Anna zu einer intensiven gegenseitigen Durchdringung von Leben und Glauben. Doch sie wusste, dass der Glaube kein fester Besitz ist. Die letzte Strophe des obigen Gedichtes endet mit den Versen:

> Es fällt von meinem Haupte
> Kein Haar, eh' du es weißt;
> Wenn ich dies immer glaubte,
> Wie selig wär mein Geist![302]

Und in einem anderen Gedicht, überschrieben mit ‹Die Klage›, bekennt sie:

> In mir selber finde ich
> Zweifel ohne Zahl;
> Deine Nähe, ach Herr, Dich!
> Fühl' ich kaum einmal.[303]

Anna steht zu ihren Glaubenszweifeln. Letzte Gewissheit gibt es nicht. Das ist die Erfahrung vieler großer Gestalten der Kirchengeschichte. – Auch nachdem Anna gelernt hatte, ihr Vertrauen ganz auf Gott zu setzen, also von 1804 an, blieb ihr Glaube gelegentlich angestrengt. In alte Denkmuster scheint sie zurückzufallen, als sie 1818 meint, keines von ihren Kindern sei wirklich ‹bekehrt›. Das war zur Zeit, als ihre fünf älteren Töchter dem schwärmerischen Prediger Schäfer nachliefen. Doch relativierte sie ihre Bedenken umgehend: ‹Im Ganzen bin ich wegen meiner Kinder ruhig, denn ich sehe, wie sehr sie sich nach der Vereinigung mit Gott sehnen.›[304] Nach wie vor werden ihre Briefe von religiösen Themen dominiert, und häufig schiebt sie ihre ‹Sündhaftigkeit› in den Vordergrund, da sich ihr rasches und aufbrausendes Temperament nur wenig milderte. Ihre Tendenz zu religiöser Skrupelhaftigkeit machte sich auch in der Zeit ihrer Reife gelegentlich bemerkbar: Noch als sie fünfzig Jahre alt war, plagte sie sich mit der Frage, wie sie Gott ‹von ganzem Herzen› lieben könne.[305] Doch ließ sie sich von Freunden sagen, dass man als Christ ‹im Werden› begriffen und totale Liebe zu Gott Illusion sei.

Auch von ihrem st.gallischen Puritanismus konnte sie sich nicht völlig lösen: Die ‹Schönheit der Meubels und Kunstsachen› in den ‹Großstädten› Mannheim, Darmstadt, Stuttgart und Frankfurt, die sie 1821 besuchte, nimmt sie zwar wahr, doch sie empfindet sie als ‹etwas Drückendes›. Sie ‹muss weinen›, wenn sie ‹Gruppen von Lachenden, Tanzenden, lustigen Leuten› auf der Straße sieht und ‹lärmende Musik› und ‹witzige Gespräche› hört.[306] ‹Äußerst widrig› ist ihr in Tübingen ‹der Anblick solcher Studenten, die mit roten Mützen, herabhängenden Haaren, Bärten, offenen Hälsen und kurzen schwarzen Röcken nebst weiten weißen Beinkleidern herumschwärmten [...]›. Sie kann es nicht fassen, dass aus solchen Leuten ‹Regenten und Richter, Lehrer und Erzieher, Ärzte und Wundärzte› werden sollen.[307]

Trotz dieser ‹Rückfälle› wird der geistliche Reifeprozess deutlich sichtbar. Sie verdankte ihn neben ihrer Familie dem Einfluss guter Freunde. Unter ihnen ist Johann Caspar Lavater abermals an erster Stelle zu nennen. Ein halbes Jahr vor ihrem Tod schrieb sie: ‹Lavater war der Stahl, durch welchen Gott in meinem Herzen in früher Jugend Funken schlug.› Doch dann fügt sie kritisch bei: ‹Seine Wundersucht war ein Fehler. Er suchte Gott zu sehr im Äußern [...].›[308] – Nach Lavaters Tod 1801 standen ihr Nettes Mann, Georg Gessner, zur Seite, sodann ihre Tante Nette Römer-Weyermann und schließlich die katholischen Freunde, insbesondere Johann Michael Sailer.

Bei dieser Aufzählung fehlt Johann Heinrich Jung-Stilling. 1802 weilte der mit Goethe befreundete Schriftsteller, Universitätsprofessor und Arzt in St.Gallen. Er gab ärztliche Konsultationen und führte eine Staroperation durch. Dafür war er international berühmt. Wie erwähnt, wurde er Pate von Annas Tochter Henriette (vgl. S. 58). Doch zu ihrem neuen ‹geistlichen Vater› mochte sie ihn nicht machen: ‹Jung-Stilling war mir als Mensch, als Christ und als Freund sehr lieb und teuer und sein Umgang sehr angenehm und gesegnet. Aber in seinen Schriften sind Dinge, die ich gar nicht annehmen kann.›[309] ‹[...] ich glaube, [...] dass man die Sprache der Demut übertreiben, ja sie sogar aus Stolz führen kann. Allein bei Jung, dem lieben, wahrhaft demütigen Mann, glaube ich, sei diese Sprache Wahrheit; der lebhafte Mann sah auch seine Fehler so groß an, und sein zu Schwermut geneigtes

Johann Heinrich Jung-Stilling, 1740–1817. (Aus: Geschichte des Pietismus, 2. Bd., hrsg. von Martin Brecht u. a.)

Gemüt malte sie ihm so schwarz aus, dass er sich wirklich über die Erbarmung Gottes verwundere. [...] Bei mir ist das Sündengefühl oft auch groß, aber so demütig bin ich nicht, mich für die größte aller Sünderinnen zu halten; bei all diesem Gefühl fühle ich's doch auch mit Dank und Entzücken, dass ich von Gott geliebt und begnadigt bin.›³¹⁰

Es missfiel Anna, dass Jung-Stilling in der baltischen Freifrau Juliane von Krüdener eine ‹herrliche Seele› sah und dass er sich ‹innig› mit ihr verband.³¹¹ Die schöne, exaltierte Aristokratin hatte in ihren jüngeren Jahren Vergnügungsreisen nach Westeuropa gemacht, in Genf mit M$^{me}$ de Staël und in Frankreich mit Chateaubriand verkehrt. Ihren autobiographischen Roman ‹Valérie› verfasste sie in französischer Sprache. Im Jahr 1804 erlebte sie eine ‹Erweckung› und vertrat von da an, wie Anna sagt, eine schwärmerische Jesusfrömmigkeit und Marienverehrung. Sie sah in Jung-Stilling ihren Mentor. In den beginnenden Revolutionskriegen von 1792 hatte dieser ein Anzeichen des nahen Weltendes zu erkennen geglaubt. Seinen Anhängern prophezeite er einen irdischen Bergungsort im Osten.³¹² Juliane von Krüdener nahm die Idee auf und plante, in Russland ‹urchristliche Gemeinden› zu gründen. Das westliche Europa bereiste sie nun als ernste Bußpredigerin und als Heilerin. Sie engagierte sich sozial und hielt Erweckungsversammlungen ab. Selbst Zar Alexander I. nahm eine Zeit lang an ihren Gebetszirkeln teil. Die Idee zur ‹Heiligen Allianz› von 1815 verdankte er Frau von Krüdener.

Anna schloss sich Frau von Krüdener nicht an, obwohl sie von dieser in ‹langen Briefen› inständig dazu aufgefordert wurde. Bei ihr habe sich ‹viel Ungöttliches mit eingeschlichen›.³¹³ [...] es war mir, als sähe ich Satans Krallen unter Taubenflügeln.›³¹⁴ Sie verbat es sich aber, sie ‹lieblos zu beurteilen›,³¹⁵ und war überzeugt, dass in großem Maße Glauben und Liebe ‹in dem Herzen dieser Frau liege›.³¹⁶ Im Jahr 1817 trat die Krüdener in Arbon auf. Anna ging ihr aus dem Weg und machte ihr sogar einige ‹Jünger› abspenstig. Der gelehrte St.Galler Theologe Peter Scheitlin hingegen wollte sich ein Bild von ihr machen. Den Gasthof, in welchem die ‹sonderbare› Frau mit ihrem

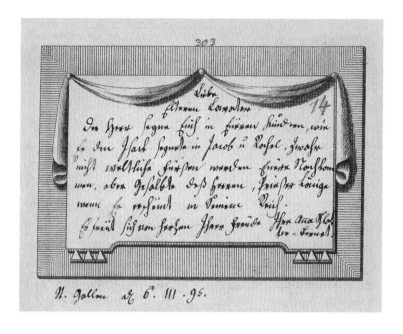

Kärtchen vom 6. März 1795 von Anna Schlatter-Bernet an: ‹Liebe Eltern Lavater› (in Nachahmung von ähnlichen Kärtchen Lavaters). (Aus: Nachlass Lavater, Handschriftenabteilung ZB, Zentralbibliothek Zürich)

Gefolge wohnte, fand er von Anhängern überfüllt vor. Im Hausgang und auf der Treppe traf er auf eine predigende Frau und einen predigenden Jüngling. Die lange Predigt der Gräfin selbst sei ‹ohne neue Gedanken› gewesen. Frau von Krüdener blieb in St.Gallen noch lange das Tagesgespräch.[317]

Jung-Stilling hatte sich, wie er in seiner Autobiographie bezeugt, von seinen engen pietistischen Wurzeln gelöst.[318] Der liebenswürdige Mann beeindruckte nicht nur Goethe und Herder, sondern auch die Romantiker und später sogar Nietzsche. Doch seine Begeisterungsfähigkeit machte ihn gelegentlich blind. Die nüchterner gewordene Anna bewies ihm und Frau von Krüdener gegenüber ein eigenständiges Urteilsvermögen. Annas Schwester Helene hingegen schloss sich eng an Jung-Stilling an. Sie war die Mutter von Daniel Schlatter, der wegen seiner Missionierung in Russland ‹Tatarenschlatter› genannt wurde. Er heiratete in zweiter Ehe Annas Tochter Henriette.

Georg Gessner wird von Jung-Stilling als ‹christlich-froh› bezeichnet.[319] Christus war ihm alles in allem – wie schon seinem Vorbild und Schwiegervater Johann Caspar Lavater. Als Anna 1803 in ihre religiöse Krise geriet, besuchte er sie in St.Gallen und sprach lange mit ihr. ‹Er beruhigte mich sehr, ermunterte mich brüderlich zur Heiterkeit›, schrieb Anna der Freundin. ‹O, ich freue mich, dass ich mein armes, verwundetes, gedrücktes Herz ihm geöffnet hatte.›[320] Die Beruhigung wirkte allerdings nicht auf Dauer. Der Tiefpunkt der Krise folgte ein Jahr später: ‹[...] ich kämpfte täglich [...] und netzte mein Lager mit Tränen. Mein Mann, welcher die Herzensgüte selber war, beruhigte mich immer, nannte mich sehr fromm und gut [...].› ‹Endlich 1804 erwartete ich meine neunte Entbindung und mit derselben meinen gewissen Tod.›[321]

Nette Römer-Weyermann, eine Tante Annas, weilte zu diesem Zeitpunkt in St.Gallen. Frau Römer wohnte in Zürich und hatte jahrelang zum engsten Kreis um Lavater gehört. Sie und ihr Mann, Melchior Römer, waren von Lavater getraut worden.[322] Anna ging zu der in Glaubensdingen erfahrenen Frau. ‹Mir ist gewiss, du stirbst nicht, aber wenn du auch stirbst, so schläfst du in Jesu Armen ein›, tröstete sie die

# Leben und Glauben im Einklang

verzweifelte Anna.³²³ So habe sie ihr ‹den Schleier vom Auge› gerissen, die ‹wunden Stellen› ihres Herzens aufgedeckt und ‹auf den Arzt› (Christus) hingewiesen: ‹Sie schnitt mir tief ein, und ich hatte sie eine Zeit lang nicht lieb.› Frau Römer tadelte vor allem Annas ‹Neigung, Recht zu haben›. Durch ihre Einwirkung erlebte Anna ihre, wie sie sagt, eigentliche ‹Erweckung› – nicht im Sinne des engen hallischen Pietismus, sondern im Sinne Martin Luthers und Lavaters: ‹Jetzt wusste ich, dass Jesus Christus auch mein Herr und Heiland sei, und ward aus einer Hölle von Angst in einen Himmel voll Freude versetzt [...], alles Kämpfen hatte ein Ende [...].›³²⁴ Als Frau Römer drei Jahre später starb, weinte Anna ‹um die, die in mancher Hinsicht mir mehr als Mutter war. [...] Ihre Briefe sind mir ein unbezahlbarer köstlicher Schatz.›³²⁵ Doch sie fühlte, dass sie ihres Beistandes nicht mehr bedurfte.

Der lange innere Leidensweg war abgeschlossen, die tiefe Krise überwunden. Anna Schlatter ging gestärkt aus dem schmerzlichen Prozess hervor. Ihre Kräfte wurden frei, sich auch außerhalb ihrer Familie für andere zu öffnen.

## Erweckung, Pietismus, Rationalismus

Wie Juliane von Krüdener gehörte Anna Schlatter der europäischen ‹Erweckungsbewegung› an, der Nachfolgebewegung des Pietismus ab etwa 1800. Anna berichtet wiederholt, auch nach 1804, durch eine Predigt, ein Buch oder durch die Begegnung mit frommen Menschen ‹erweckt› worden zu sein. Sie erlebte die ‹Erweckung› als einen lebenslangen Prozess. Erweckungsstunden sind ‹Erquickungsstunden›, sagte sie.[326] Innerhalb der Erweckungsbewegung ist Anna Schlatter die ‹wohl interessanteste Gestalt im deutschen Sprachraum›, wie der Kirchenhistoriker Martin H. Jung formulierte.[327]

Es ist sinnvoll, an dieser Stelle eine Begriffsklärung vorzunehmen. Wie, so ist zunächst zu fragen, ist die ‹Erweckung› vom Pietismus abzugrenzen?[328] Zu einem Fachausdruck wurde ‹Erweckung› erst im frühen 19. Jahrhundert. Gemeinsam ist allen erwecklichen Strömungen im deutschen Sprachgebiet die Betonung der unverdienten Gnade in Jesus Christus. Die Neubesinnung auf Luther war bereits von Graf Zinzendorf vorgenommen worden. Seine Herrnhuter Brüdergemeine nimmt deshalb eine Brückenfunktion zwischen dem eher gesetzlichen hallischen Pietismus und der Erweckung des 19. Jahrhunderts ein. Als eigentliche Wegbereiter der Erweckung gelten in der auf Zinzendorf folgenden Generation Matthias Claudius, Jung-Stilling, Lavater, Herder und – Germaine de Staël![329] Mit seiner Schrift ‹Erweckung zur Buße zu Gott und zum Glauben› wurde Lavater zum wichtigsten frühen Anreger der Erweckungsbewegung.

Bis vor wenigen Jahren bestand ein weitgehender Konsens, wonach der Pietismus ein Epochenbegriff sei. Er wurde auf das 17. und 18. Jahrhundert beschränkt und auf eine Frömmigkeitsbewegung, die sich vorwiegend innerhalb des protestantischen kirchlichen Raumes im kontinentalen Europa abspielte. Zum Pietismus wurden Spener, Francke, Tersteegen und Zinzendorf gezählt sowie die radikalen Pietisten (die oft weltflüchtig waren und sich in Zirkeln neben der offiziellen Kirche sammelten). Gemeinsam war den pietistischen Strömungen die Abwehrhaltung gegen die als starr empfundene Orthodoxie und umgekehrt der Wille, den Glauben zu verlebendigen. Die Erweckungsbewegung tritt nach dieser Vorstellung die Nachfolge des Pietismus im 19. Jahrhundert an als eine zwar verwandte, aber eigenständige Bewegung. – Neuerdings weiten einige Forscher den Begriff Pietismus zeitlich bis ins 20. Jahrhundert, räumlich auf England und die USA und inhaltlich auf die Erweckungsbewegung, den Evangelikanismus und den Fundamentalismus aus.[330]

Sicher ist: Die Erweckungsbewegung weist hinsichtlich vieler Fragen des Glaubens und der Lebensführung ein hohes Maß an Kontinuität zum vorangehenden Pietismus auf, unterscheidet sich jedoch in wesentlichen Punkten von ihm. Sie akzentuierte die schon im Pietismus vorhandene Christozentrik, die persönliche Glaubenserfahrung und den Individualismus sowie den Sozietätsgedanken. Sie rief auf zu praktischem Handeln in der Inneren und Äußeren Mission und in der Diakonie. Und sie entwickelte ein endzeitliches Bewusstsein. Neu – wenn auch von Herrnhut vorbereitet – war die grundsätzliche Gleichberechtigung von Mann und Frau und von Angehörigen verschiedener sozialer Schichten. Neu war auch die positive Wertung der Leiblichkeit des Menschen und die Freude an der Natur. Zusammen mit der späteren Romantik wandte sie sich gegen den unterdessen aufgekommenen Rationalismus. Schließlich näherte sich die Erweckung wieder der Orthodoxie an. In vielfacher Hinsicht war sie eine Aufbruchbewegung.

Einige heutige Kirchenhistoriker sind der Meinung, dass die ‹Diskontinuität zwischen Aufklärung und Erweckung weniger tief [war], als die Erweckten vorgaben und die Forschung bis vor kurzem annahm›.[331] ‹Die Frommen, die sich in den Werken des neueren Pietismus [d.h. in der Erweckungsbewegung] engagierten, waren [...], so paradox dies auf den ersten Blick scheinen mag, ebenso wie ihre Gegner [die Rationalisten] Kinder der Aufklärung.›[332] Gemeinsamer Nenner war der Optimismus, der die Welt für verbesserungsfähig hielt.[333]

Auch die erweckte Anna hielt den Graben zum Rationalismus für tief. Dem Theologen Johann Michael Fels, der als Professor auch angehende St.Galler Pfarrer ausbildete und nach eigenem Bekunden eine

‹Vernunftreligion› vertrat, hielt sie dezidiert ‹Herabsetzung› Jesu Christi, ‹unseres alleinigen Seligmachers› und ‹Herabminderung der Bibel› vor.[334] Johann Michael Fels scheint Jesus auf eine sittliche Größe reduziert und ihm die Gottessohnschaft abgesprochen zu haben. In einem Nekrolog heißt es, er sei für seine Vaterstadt ein ‹Held des Rationalismus› gewesen.[335] Anna befürchtete, dass ‹alle Jünglinge, die als künftige Lehrer unserer Gemeine aus seiner Schule ausgehen, Christum nicht kennen lernen› könnten.[336]

Wegen ihrer Bedenken gegenüber der Theologie von Johann Michael Fels korrespondierte sie mit dem Basler Dogmatikprofessor Wilhelm Martin Leberecht de Wette, der – so Karl Barth – den ‹historischen Rationalismus einerseits und Offenbarungsgläubigkeit anderseits kombinieren wollte›.[337] Nach Barths Urteil war de Wette der bedeutendste evangelische Theologe des 19. Jahrhunderts neben Friedrich Schleiermacher, dessen Kollege in Berlin er vor seiner Basler Zeit gewesen war. De Wette war auch Alttestamentler und kam auf diesem Gebiet zu fundamentalen neuen Erkenntnissen.[338] Aus Annas Brief an de Wette geht hervor, dass sie dessen Dogmatik las und erkannte, dass seine Position eine vermittelnde war. Eben deshalb hoffte sie, er könne dem ‹am Abgrund wandelnden Bruder [gemeint ist Fels] den Weg zeigen›.[339] De Wette wurde von ‹den Pietisten angefeindet und von den vulgären Rationalisten als Pietist verschrien›.[340] Interessant ist eine Bemerkung Annas an die Adresse eines Freundes: ‹Weißt du schon, dass de Wette Professor in Basel wurde? Die frommen Basler Freunde sind traurig darüber, aber ich denke, es ist gut, wenn ein gewisser Hebel [Sauerteig] unter sie kommt, denn wie leicht bleiben auch die besten bei immerwährendem Ruhestand auf der Hefe eigener Meinung liegen. Wahrer Glaube geht nicht unter im Streit, und halber muss gesichtet [geprüft] werden.›[341] In ihren Memorabilien notierte sie: ‹Heute erhielt ich einen Brief von Herrn Doktor de Wette, welcher mich [...] freute als ein Gnadengeschenk Gottes.›[342]

Die These, die Tiefe des Grabens zwischen Erweckten und Rationalisten sei übertrieben worden, hat gerade hinsichtlich Annas viel für sich. Sie war fähig, selbständig über schwierige theologische Fragen nachzudenken, ganz im Sinne von Immanuel Kant, der die Aufklärung als Ausgang aus der Unmündigkeit definierte. Sie wollte dem Rationalismus das Gespräch nicht verweigern (vgl. S.134, unteres Kärtchen). Auch als Erzieherin rang sie sich zu aufklärerischen Grundsätzen durch. Sie stand - oder rückte - Hector in religiöser Hinsicht näher, als sie lange meinte. Die beiden bedeutendsten Freunde Annas, Lavater und Sailer, waren als junge Männer Aufklärer und haben die dort gewonnenen Überzeugungen nie ganz verleugnet. Lavater betonte des Öfteren, dass er ‹vernünftig› glauben wolle, und anerkannte die Unverzichtbarkeit der Theologie für das Glaubensleben.[343]

Ohne Berührungsängste lud Anna Schlatter den gelehrten, gemäßigt rationalistischen St.Galler Pfarrer und Professor Peter Scheitlin zum Essen ein: ‹[...] jener Krug Roten›, schreibt sie beinahe übermütig einem Freund, ‹welchen du die Güte hattest [...], zu uns heraufzubringen, [wird] dem Professor Scheitlin an unserm Tische munden [...]. Dieser Krug war schon lange in Gefahr, genossen zu werden, aber sein Leben wurde bisher gerettet, um endlich einen Professor der Physik und Philosophie zu begeistern (als Pfarrer werde solch ein Geist für ihn nicht hinlänglich sein). In Erwartung dieses feinen, freundlichen, gelehrten und religiösen Mannes mit seiner Frau, [...] danke ich dir allererst schwesterlich dafür [...].›[344] - Als reife Frau lernte Anna auch die Kirchenlieder von Christian Fürchtegott Gellert schätzen. Bis auf den heutigen Tag behaupten diese Lieder ihren festen Platz in den Kirchengesangbüchern. Der aufgeklärte Christ Gellert, Professor der Poetik, Rhetorik und Moral in Leipzig, war Hectors Onkel und Lavaterfreund Georg Joachim Zollikofer eng verbunden (vgl. S.22).

Anna Schlatter gehörte zur frühen, relativ offenen und weitherzigen Erweckungsbewegung. Im Gegensatz zu einigen führenden zeitgenössischen erweckten Frauen und Männern verwarf sie das Schwärmertum, die Endzeiterwartung und den Separatismus (vgl. S.72 u.78). Sie dachte auch innerhalb der Erweckungsbewegung unabhängig. Ihre Nüchternheit und Aufgeklärtheit teilte sie mit den Bremer Freundinnen und Freunden und mit dem Hamburger Buchhändler und Verleger Friedrich Christoph Perthes, einem Schwiegersohn von

Matthias Claudius.³⁴⁵ Perthes und einige der Bremer Freundinnen besuchten sie in St.Gallen.

Gemeinsam war den Erweckten und den Aufklärern ein großes Maß an Weltoffenheit, zudem die Ablehnung des Konfessionalismus, den einen aus Gründen der Vernunft, den andern auf der Grundlage der Heiligen Schrift. In der Ablehnung des Konfessionalismus profilierte sich Anna mehr als die meisten evangelischen Erweckten. Vielleicht spielte dabei mit, dass sie zwar innerhalb der Mauern der ausschließlich evangelischen Stadtrepublik St.Gallen geboren worden war, aber mit Blick auf das nur durch eine niedere ‹Schiedmauer› abgetrennte altehrwürdige Kloster St.Gallen. An Markttagen kam sie mit katholischen Bauern aus der Umgebung in Berührung, die in dem die Stadt umgebenden fürstäbtischen Staat lebten. Katholiken und Protestanten der beiden St.Gallen hatten also seit der Reformation auf engstem Raum miteinander zurecht kommen müssen. Das Schlatter'sche Landgütchen unterhalb Rotmonten befand sich auf ehemals äbtischem Gebiet. Anna hielt auch dann noch an der Ökumene fest, als sich sowohl ‹erweckte› Lutheraner und Reformierte wie auch ‹erweckte› Katholiken nach einer Phase des Zusammengehens wieder in ihre eigene Konfession einzukapseln begannen. Davon im nächsten Kapitel.

## Pionierin der Ökumene

Im Jahr 1982 fand in Regensburg eine Ausstellung zum 150. Todestag von Johann Michael Sailer (1751–1832) statt. Er sei ‹die große geistliche Gestalt – Seelsorger, Universitätslehrer und Bischof› gewesen, liest man im Ausstellungskatalog.³⁴⁶ ‹Er ist in seiner Zeit – weit über Süddeutschland, ja über die deutschen Landesgrenzen hinaus – der Erwecker eines religiösen Katholizismus schlechthin›, sagt Sailers Biograph.³⁴⁷ Aber nicht nur katholische, sondern auch evangelische Christen hätten dank Sailer ‹wieder beten gelernt›.³⁴⁸

Neben Lavater war Sailer der bedeutendste Freund Anna Schlatters. Sie nannte ihn gerne ‹Abba›, Vater. Sie besitze ‹einen großen Pack› Briefe von ihm, schreibt sie einmal.³⁴⁹ Fünf dieser Briefe Sailers sind – bisher unediert – in Annas Nachlass erhalten geblieben, einige weitere in Sailers großer Biographie publiziert. Die Bekanntschaft mit Sailer verdankte Anna Johann Caspar Lavater respektive dessen Tochter Nette.

Sailer und Lavater begegneten sich erstmals im Jahr 1778. Wenige Wochen später schrieb Sailer in bereits vertraulichem Ton an Lavater: ‹Meiner Schwester sprach ich eines aus Ihren 100 Liedern vor, das Gebetlied der Eltern für ihre Kinder [...]. Mein Gott! Wie sich die gute Mutter freut!›³⁵⁰ Von Lavater erhielt Sailer Anstöße für seine spätere religionspädagogische Arbeit. 1782 spricht er ihn mit ‹Den meine Seele ehrt und liebt, Lavater!› an: ‹Das kann ich Ihnen ohne Vergrößerung sagen und das können Sie ohne Eigenliebe glauben, dass ich durch Ihre Schriften täglich mehrere Seelen, auch betagte Männer und aufliegende Jünglinge, dem Bibelstudium gewinne [...] und bei vielen dadurch Christusglauben und Christusliebe gewecket habe [...]. Das sage ich Ihnen mit christlicher Offenheit und sag es nur Ihrem Herzen, weil ich mit unglaublicher Verschlossenheit wirken muss.›³⁵¹

Der letzte Satz zeigt es: Sailer musste befürchten, wegen seiner Freundschaft mit dem evangelischen Zürcher in ein schiefes Licht zu geraten. Sailer erhielt von dem zehn Jahre älteren Lavater wichtige Anregungen zu einer biblisch fundierten christozentrischen Religiosität.

Johann Michael Sailer als Theologieprofessor, Portrait aus dem Jahr 1794.
(Aus: Hubert Schiel, Johann Michael Sailer, Leben und Briefe, 1. Bd.)

Beide waren lebhaft und liebenswürdig. Lavaters Schwiegersohn Georg Gessner konstatierte aber auch Unterschiede: Sailer falle durch ‹ungemeine Klugheit und Abwägen der Worte› auf, während Lavater ‹das Herz immer auf der Zunge› trage, was dann oft gegen ihn ausgelegt werde.³⁵² Als Lavater 1794 mit Nette nach Kopenhagen reiste, um dem Gerücht des angeblich noch lebenden ‹Johannes› nachzugehen, warnte ihn Sailer als guter Freund ‹vor Fehlgriff und Missgriff›.³⁵³ Das lange Leiden Lavaters nach seiner Schussverletzung ging Sailer nahe. Im vermutlich letzten Brief schreibt er ihm: ‹Liebster Lavater, dein Gebetbuch und dein nach Erlösung schmachtendes, schwarz eingefasstes Portraitchen, und deine Leiden – und deine Geduld, und dein Andenken an deine mitleidenden Freunde, und die Sympathie mit den Deinen – Mutter, Luise, Nette, ihrem Manne [...] nötigt mich zur Fürbitte für dich und alle Leidenden, und für mich, und lässt dein Bild nie aus meiner Seele kommen. Gott vergelte dir, liebster Lavater, was du mir warst und bist [...]!›³⁵⁴

Nach Lavaters Tod war es neben Nettes Schwester Luise, Georg Gessner und dem Schaffhauser Johann Georg Müller³⁵⁵ vor allem Anna Schlatter, welche die Freundschaft zu Sailer weiter pflegte. Sailer hatte auch in Deutschland evangelische Freunde, unter ihnen adlige Damen und Herren sowie Johann Heinrich Jung-Stilling. Zu Matthias Claudius knüpfte er den Kontakt an, nachdem er den Gedanken dazu ‹schon mehrere Jahre› in seinem Herzen getragen hatte.³⁵⁶ – Anna und Sailer sahen sich erstmals im Herbst 1805 bei Nette in Zürich. Seit 1807 wechselten sie Briefe.

Geboren wurde Sailer 1751 in einem bayrischen Dorf als Sohn eines Schusters und Kleinbauern. Und Bayern blieb er sein Leben lang treu, obwohl er später Berufungen als Erzbischof nach Köln und nach Breslau erhielt. Er absolvierte das Jesuitengymnasium in München und studierte an der Universität Ingolstadt, wo er auch seine erste Lehrtätigkeit ausübte. Seine Entlassung 1781 hing mit der Aufhebung des Jesuitenordens durch Papst Clemens XIV. zusammen. Bis 1784 erlebte er seine, wie er es nennt, ersten ‹Brachjahre›. Er nutzte sie zur Abfassung des ‹Vollständigen Lese- und Gebetbuches›. Auf Vermittlung Lavaters wurde das volkstümliche Erbauungsbuch mit Stichen von Daniel Chodowiecki ausgestattet. Es erlebte weite Verbreitung, auch in evangelischen Kreisen. – 1784 trat Sailer eine Professur in Dillingen an. Seine theologische Aufgeschlossenheit und sein unkomplizierter Umgang mit den Studenten erweckten Neid und Missgunst. Unter widersprüchlichen Vorwänden – er sei heimlicher Jesuit, verkappter Protestant und ungläubiger Aufklärer – wurde er erneut entlassen. – In den zweiten ‹Brachjahren› 1794–1799 übersetzte er die ‹Imitatio Christi› von Thomas a Kempis ins Deutsche.

In dieser Zeit trat er der katholischen Allgäuer Erweckungsbewegung bei, die von seinem ehemaligen Schüler und Freund Martin Boos, einem Dorfpriester, ins Leben gerufen worden war. Boos hatte sich als junger Mann strengster Askese unterzogen, schlief auch im Winter auf dem Steinboden und geißelte sich bis aufs Blut.[357] Ein sterbendes Gemeindeglied wies ihn auf Christus, den Erlöser, hin. Boos erlebte eine ähnliche Bekehrung wie einst Martin Luther, ohne diesen schon gelesen zu haben. Die Gnade in Jesus Christus wurde zentraler Inhalt seiner Predigten. Auch Sailer erlebte nun seine eigentliche persönliche Erweckung: ‹Du Mensch! ist denn die Sünde dir wirklich vergeben?› Diese Frage, die den 46-Jährigen plötzlich überfiel, mündete nach Tagen des ‹Todeskampfes› und Betens ein in die biblische Erkenntnis: ‹Der auch seines eigenen Sohnes nicht schonte, sondern ihn für uns alle hingab: wie sollte er auch nicht alles mit ihm uns geschenkt haben?›[358] Nach seiner Glaubenskrise formulierte Sailer das schöne Wort: ‹Das Evangelium Jesu Christi ist unsere Landkarte in der Wüste, unser Polarstern auf der See.›[359] – 1799 wurde Sailer Theologieprofessor in Ingolstadt, und nach der Verlegung der Universität im Jahr 1800 in Landshut.

Im Jahr 1806 weilte Sailer erstmals in St.Gallen. Von da an verbrachte er hier alle zwei Jahre einige ‹Ferientage›.[360] Gut dokumentiert ist der Besuch vom Herbst 1810. Sailer, ‹der Mann Gottes›, wie Anna sich ausdrückt,[361] traf mit drei ehemaligen Schülern ein, die alle Priester waren und zur Allgäuer Erweckungsbewegung gehörten. Sailer und Christoph von Schmid wurden bei Annas Schwester Judith

Der erweckte Priester Martin Boos. (Aus: Geschichte des Pietismus, 2. Bd., hrsg. von Martin Brecht u. a.)

Altersbild des von der katholischen zur evangelischen Kirche konvertierten Johannes Evangelista Gossner, Gründer von Sozialwerken in Berlin. (Aus: W. Hadorn)

Pionierin der Ökumene 93

untergebracht, die mit dem Waisenhausvater Laurenz Hess verheiratet war. Schmid war Jugendschriftsteller: ‹Deinen Kindern habe ich eine Freudenbotschaft zu melden: Christoph Schmid lässt eine kleine Schrift, die Ostereier, drucken; [...] ich habe sie gestern unter vielen Tränen gelesen.› So eine Nachricht Sailers an Anna.[362] – Xaver Bayr und Johannes Evangelista Gossner logierten bei Anna.

‹Keinen Augenblick waren wir gehemmt›, beschreibt Anna das Nachtessen mit den beiden Gästen. ‹Am Morgen darauf tranken mein Mann und ich den Kaffee mit ihnen um halb sieben droben im Stübchen, [...] und gingen nach acht Uhr sämtlich zu Sailer und Schmid; erst sprach dort jede von uns allein mit Sailer in seinem Zimmer, indessen sangen die anderen, lasen und sprachen; um zehn Uhr gingen die vier Freunde mit uns vier Frauen [Anna, Judith, Helene und vermutlich die älteste Schwester, Anna Barbara] über den Rosenberg durch die Stadt, jedes Geschlecht allein, dann hieß Sailer lustig jeden sich eine Begleiterin wählen; mich führte G., und offen lag sein Herz, das ich vorher schon verstand, vor mir, ewig unvergesslich wird mir's sein. Beim Hinabsteigen [...] kam ich zu Sailer [...]. Nach Tisch besahen wir uns die Klosterkirche, dann ging's ins Äckerli. [...] am Mittwochmorgen [...] um neun Uhr kam Sailer mit Schmid zu mir, wo er mir eine Viertelstunde allein widmete; dann führte ich meine Gäste durch die Stadt. [...] nach Tisch besahen wir unsere Kirche [die evangelische Stadtkirche St. Laurenzen], dann das neue Waisenhaus [der Prachtsbau wurde 1811 eröffnet] [...]. Gossner musste seiner Gesundheit wegen das neue [und deshalb noch feuchte] Haus schnell verlassen und bat mich, mit ihm nur sehr langsam vorauszugehen. Auf diesen Spaziergängen lernte ich ihn am besten kennen und hochachten und lieben. Der Abend war herrlich, und das Heimgehen an Sailers Arm gab mir noch manche tröstliche Belehrung. Nun war schon das letzte Nachtessen da, und wir nahmen Abschied, weil sie am Morgen so früh verreisen mussten.›[363]

Vier ‹erweckte› Frauen und vier ‹erweckte› Männer fanden sich in ihrem Bekenntnis zu Jesus Christus. Nicht nur die Schranken zwischen den Konfessionen, sondern auch zwischen den Geschlechtern hoben sie auf. Man kann sich vorstellen, welches Aufsehen der Besuch der Bayern in St.Gallen erregte: Anna und ihre Schwestern spazieren am Arm katholischer Geistlicher durch die Stadt! Der Bericht macht deutlich, dass Anna in Sailer ihren Lehrer sah. Übrigens, sagt sie, hätten auch ihr Mann und die Kinder die Gäste ‹sehr lieb› gewonnen.

Der erste der noch erhaltenen Briefe Sailers an Anna wurde an einem Pfingsttag geschrieben, ist aber undatiert. Er stammt wohl aus der ersten Zeit ihrer Bekanntschaft. Jedenfalls duzte Sailer Anna noch nicht:

‹Liebe am † Christi
hochgeborene Anna!
So nenne ich Sie mit freudigem Herzen [...], denn ich sehe es ja mit Augen und [...] sozusagen mit Händen, dass Sie hoch oben geboren sind, weil Sie nicht mehr suchen, was drunten ist, sondern was droben ist. [...] Er [Christus] ist Tag und Nacht zu jeder Stunde gegen jeden die lebendige Liebe Gottes. [...] mein Herz ist noch so [...] zänkisch [...], so dass nichts als meine Begnadigung, meine Erlösung, [...] meine Verherrlichung [...] mir dann wieder Mut machen, [...] um ins Gnadenwort des lieben Jesus zu kommen [...]. Er wartet nicht, bis wir ihn lieben, Er kommt vorher und wirft einen Blutstropfen uns ins Herz, dass wir in unserer Ohnmacht niedersinken und mit weinenden Augen aufsehen [...]. O, Freude! [...] ja, wenn Jesus dies Herz mit seiner Gnade und seinem Blute nicht anrührt [...], so ist und bleibt es [...] kalt und tot.
Ihr begnadigter<br>Sünd. Michl.›[364]

Sailer hält Anna für eine ihm ebenbürtige Christin. Er beichtet ihr seine Zanksucht und weist auf den einzigen Retter, Jesus Christus, hin. Vertraulich wirkt seine Unterschrift. Auffallend ist die Formulierung: ‹und wirft einen Blutstropfen uns ins Herz›: Sailers Beitrag zur Allgäuer Erweckungsbewegung ist die Mystik. In einem seiner späteren Briefe an Anna zitiert er 1. Joh. 4,16, eine für die christliche Mystik besonders wichtige Stelle aus dem Neuen Testament: ‹Gott ist die

Liebe, und wer in der Liebe bleibt, der bleibt in Gott und Gott in ihm.›365 In Annas Briefen tauchen nun ähnliche Wendungen auf: ‹Er [Christus] leide in dir; dein Ich verschwinde ganz in ihm!› schreibt sie der wegen ihrer kranken Tochter betrübten Nette.366 Angeregt durch Sailer, begann Anna im Jahr 1811 Texte des evangelisch-reformierten Pietisten und Mystikers Tersteegen zu lesen: Das ‹Einssein mit Christus› wurde ihr ‹die Sprache, die ich […], Gott sei Lob und Dank, in Tersteegens Schriften fand und innig genoss›.367 Bestimmt kannte sie sein Gedicht ‹Gott ist gegenwärtig›. Die berühmtesten Strophen lauten in der originalen Fassung:

> Luft, die alles füllet, drin wir immer schweben
> Aller Dingen Grund und Leben,
> Meer ohn Grund und Ende, Wunder aller Wunder,
> Ich senck mich in dich hinunter
> Ich in dir,     du in mir;
> Lass mich gantz verschwinden,
> dich nur sehn und finden.
>
> Du durchdringest alles: Lass dein schönstes Lichte,
> Herr, berühren mein Gesichte:
> Wie die zarten Blumen willig sich entfalten,
> Und der Sonnen stille halten;
> Lass mich so,     Still und froh,
> deine Strahlen fassen,
> Und dich wirken lassen.368

Und so lauten einige Strophen aus Anna Schlatters Gedicht ‹Mein Verlangen›:

> In Gott hinein!
> Da fließt so rein und hell
> Der heil'gen Liebe süßer Quell;
> Er schuf die Blümlein auf der Flur,
> die ganze liebende Natur.
> Warum? – Weil Er die Menschen liebt,
> Und selig ist, indem Er gibt.

In Gott hinein!
Da findest du mein Herz,
In deiner heißen Sehnsucht Schmerz
Befriedigung, und reine Lust
Für deinen Hunger in der Brust.
In Gott sinkst du ins Liebesmeer,
Und alles schwindet um dich her.

In Gott hinein!
Wo findest du sonst Raum? –
Auf Erden nicht, im Himmel kaum.
Er ist für dich und du für Ihn,
Sich selber will Er dich erziehn;
In Seinem Schoße sollst du ruhn:
So glaub' es denn, und freu' dich nun!

In Gott hinein!
O Herz, du dürstest sehr!
Du trinkst und dürstest immer mehr.
Was ist's, das deinen Durst dir stillt?
Nur, was aus Gottes Herzen quillt;
Drum wirf dich in den Quell hinein,
So wird dein Durst gestillet sein.[369]

Anna bezeichnete sich selbst als Mystikerin. Ihr neuer Freund, der Priester Johannes Evangelista Gossner, auch er ein Mystiker, verband mit seinem knappen Credo ‹Christus für uns und in uns› die reformatorische Rechtfertigungslehre mit christlich-mystischen Aspekten.[370] Anna notierte in ihren ‹Memorabilien› den Geburtstag Gossners. Er war bis auf wenige Wochen gleich alt wie Anna.[371] Gossner wurde ein treuer Brieffreund. Noch wenige Tage vor ihrem Tod erhielt Anna einen Brief von ihm.

Die Freundschaft zwischen evangelischen und katholischen Erweckten gelangte 1814 auf den Höhepunkt. Seit Beginn dieses Jahres wirkte der junge Doktor Herenäus Haid als Professor am katholischen Seminar für angehende Priester und als Prediger am Münster, der Klosterkirche, in St.Gallen. Sailer und Gossner schickten ihn zu Anna, und er wurde, wie sie Nette schreibt, ‹unser Hausfreund, der uns recht oft zu allen Tageszeiten ohne alle Meldung besucht, sich unter uns setzt, uns einen Psalm, ein Kapitel der Schrift oder eine seiner Predigten vorliest, [...] die Kinder auf seinen Schoß nimmt, welche ihn unbeschreiblich lieb haben [...] er ist der ungenierteste Mensch, den ich je sah, voll Lebendigkeit und Heiterkeit und voll gelehrter Sprachkenntnis [...].› Er aß mit der Familie Suppe am Mittag oder am Abend, oder was sonst gerade auf den Tisch kam.³⁷² Hector war vor allem von seiner philosophischen Bildung beeindruckt. Anna scheute sich nicht, gelegentlich von der Sakristei aus Haids Münsterpredigten zu lauschen. Nette scheint Anna Schwärmerei vorgeworfen zu haben. Vorübergehend kam es zu einer Trübung der Freundschaft. Die ‹Gute› [Nette], so Anna, müsste doch aus zweiundzwanzigjähriger Erfahrung die ‹feuerfangende und feuerspeiende Anna› kennen. Ihr, Annas, Herz hüpfe eben vor Freude, wenn es den Namen eines ‹erleuchteten Christen› auch nur nennen höre. Ein halbes Jahr später sah sich Anna genötigt, das Gerücht, ihr Mann und ihre Kinder litten unter ihrem Umgang mit Haid, Nette gegenüber zu widerlegen.³⁷³

Im Mai 1814 bezog die Familie Schlatter das neue geräumige Haus, das sie neben dem alten schmalen Riegelhaus hatte bauen lassen. Endlich hatte Anna mehr Platz für Gäste. Bei ihrer Bewirtung gingen ihr nun die älteren Töchter zur Hand. Über den Besuch Sailers und seiner Freunde im September 1814 schreibt sie: ‹Sailer aß am 22. bei uns, wo achtzehn Personen mit unseren größeren Kindern am Tische saßen. [...] nach Tisch beim Kaffee waren zwölf Geistliche in unserer Stube, elf katholische, und am Abend hielt Sailer eine Rede [...] in unserer Gaststube [dem Gesellschaftsraum], wo etwa 38 Personen beisammen waren, und dadurch wurde sie zum Tempel eingeweiht. [...] Auch Professor Haid war täglich unser Gast. So war es eine wahre Versammlung der Heiligen bald in diesem, bald in jenem Zimmer unseres Hauses [...]. Dankend und fröhlich ließ ich alle ihre Straße ziehen und finde sie täglich in Christo.›³⁷⁴

Evangelische und katholische Erweckte taten viel zur Verbreitung der Bibel und erwecklicher Schriften unter Katholiken. Auch Anna beteiligte sich daran. In diesem Zusammenhang erwähnt sie ihre ‹englischen Bibelfreunde›.[375] Im Sommer 1815 sprach es sich herum, dass eine Ladung Bücher bei ihr eingetroffen war. Der wieder versöhnten Nette berichtet sie: ‹O, ich wollte, du könntest dir eine Idee machen von einem Auftritt […] am Sonntag, wo mehrere hundert katholischer Kinder sich in mein Haus und Zimmer drängten und mit Tränen und ängstlichem Flehen mich um ein Psalmbuch baten, bis ich 200 Exemplare ganz ausgeteilt hatte. Sie erdrückten mich fast und mein etwas angegriffener Körper zitterte und fror in ihrem Gedränge, ich war ganz allein zu Hause […].›[376]

Aufschlussreich für den unbefangenen Umgang zwischen Erweckten beider Konfessionen ist folgende Episode: Das Landshuter Mädchen Anna Zeiler wünschte Nonne zu werden. Sailer schickte sie in Begleitung eines jungen Freundes, Kaplan Baumann, in das Kapuzinerinnenkloster ‹Maria Opferung› in Zug. Sailer besuchte dieses Kloster mehrmals und beriet die Schwestern in pädagogischer Hinsicht – sie unterhielten seit dem 17. Jahrhundert eine Mädchenschule. Auf dem Weg nach Zug besuchten Anna Zeiler und Kaplan Baumann die Sailerfreundin Anna Schlatter in St. Gallen. An die Begegnung knüpfte sich ein Briefwechsel zwischen ihr und den beiden jungen Menschen. Als die Zeit ihrer Einkleidung nahte, schrieb die Novizin in Zug, die nicht zu wissen schien, dass Anna evangelisch war: ‹[…] ich bitte, Sie wollen mich, wenn es Ihre Umstände erlauben, als eine geistliche Mutter zum Altar zu meinem gekreuzigten Heiland führen […].›[377] Anna glaubte, ablehnen zu müssen, worauf die ‹wohlehrwürdige Frau Mutter› Maria Theresia eine ‹Statthalterin› für sie stellte. Die Töchter der Pfarrfamilie Schweizer im nahe gelegenen Hirzel hingegen gingen zur Feier. Sailer hielt die Predigt. Anna schickte den Nonnen eine Anzahl Neue Testamente, welche diese dankbar entgegennahmen. Den Kindern Annas schenkten sie dafür ein Kruzifix aus Wachs. Vielleicht hat Anna die goldene Nadel in Kreuzform, die an ihrem puritanischen Sonntagskleid steckt (vgl. ihr Portrait, S. 29), von einem katholischen Freund oder einer Freundin geschenkt bekommen. Schmuck in Kreuzesform war bei evangelisch-reformierten Frauen unüblich. – Auch Kaplan Baumann sah in Anna eine ‹geistliche Mutter›. Er schrieb sie an mit ‹geliebteste, liebreichste Herzensmutter›.[378]

# Pionierin der Ökumene

Anna Schlatters Kontakte zu Katholiken ließen das Gerücht entstehen, sie sei im Begriff, katholisch zu werden, was für sie allerdings nie eine Option war. Noch immer ging sie jeden Sonntag in St. Laurenzen zur Kirche. Pfarrer Peter Scheitlin sah sich jedoch bemüssigt, sie förmlich, wenn auch in aller Freundschaft, anzufragen, ob etwas an dem Gerücht wahr sei. Sie habe die Lüge widerlegt, notierte sie in ihren Memorabilien, den Wunsch, sich durch eine Schrift zu verteidigen, aber abgelehnt.[379]

Unterdessen stieg der Druck katholischer Instanzen auf die Erweckten in Bayern. Auch Sailer war davon betroffen. Die Zeit der Restauration begann und damit eine konservative Trendwende nicht nur im politischen, sondern auch im gesellschaftlichen und im kirchlichen Bereich. Dass man sich unter Erweckten gegenseitig tröstete, war ein Stück weit Konvention wie das gegenseitige Bekennen der Sünden. Es wirkt aber echt, wenn sich Sailer hinsichtlich der Bedrängnis von innen und von außen von der Duzfreundin Anna aufrichten ließ: ‹Allerliebste Anna! [...] Groß-groß ist Satans Gewalt, freilich ist die Macht Jesu noch größer.› Annas köstlicher Trost habe ihn erquickt. ‹[...] von ganzem Herzen danke ich [...] dem kleinen Jacob für sein Gebet für mich. Der Herr segne ihn und dich für diese Liebe! Verzeih mir mein Schweigen [...], denn ich kann jetzt nichts als [...] rufen: Herr, rette mich! – Dein armer Michl.›[380] Sailer fasste eine besondere Zuneigung zu Annas Sohn Jacob. (Vgl. S. 170/171)

Auch in einem weiteren Brief zeigt sich das Trostbedürfnis Sailers: ‹Liebe Mutter Anna!› (Vom Alter her hätte Anna Sailers Tochter sein können.) ‹Ich glaube fest, dass du oft für mich betest, [...] ich danke dir viel tausendmal für deine betende Liebe, ja bete du nur fort [...]. Ich danke [...] für deinen Trostbrief. Der liebe Gott bewahre dich u. deine lieben Kinder, besonders den kleinen Jacob [...].›[381] In seinem Weihnachtsbrief von 1814 lässt Sailer speziell Annas ‹mir innigstgeliebten Gemahl› grüßen.[382] Drei Jahre später schrieb ihm Jacob ein ‹liebes Brieflein›, für das sich Sailer herzlich bedankt. Man kann von einer beinahe familiären Vertrautheit des geistlichen Herrn zur evangelischen Familie Schlatter in St. Gallen sprechen.

In besonderem Ausmaß litt Martin Boos unter Verdächtigungen. 1797 wurde er erstmals inhaftiert, konnte 1806 aber das stattliche Pfarramt Gallneukirchen in Oberösterreich antreten. Er las jetzt Luther, trug sich aber nie mit dem Gedanken, evangelisch zu werden. Als es in der Gemeinde zu einigen Erweckungen kam, erfolgten neue Anschuldigungen. Aus Sorge um Boos wandte sich Sailer mehrmals brieflich an Anna.[383] Im Jahr 1814 trat Anna in eine ausgedehnte Korrespondenz mit Boos ein. Seinetwegen liefen nun einige Fäden bei ihr zusammen. 53 Originalbriefe von Boos an Anna werden in Gallneukirchen aufbewahrt.[384]

Sie, Anna, müsse bekennen, dass ihr ‹das Stützen auf eigene Tugend bei vielen Christen eben das zu sein› scheine, ‹was bei den Katholiken das Stützen auf gute Werke. [...] Werden sie nicht alle sagen mit Augustin: Herr, vergib mir meine guten Werke. Werden sie nicht alle bekennen müssen: Nur Jesus Christus hat uns mit seinem Tod den Himmel verdient, wir empfangen alles aus Gnaden. Aus eben dieser Gnade werden ihnen aber die guten Werke nachfolgen [...]. Es kommt mir manches, das ich früher selbst glaubte, sprach und schrieb, recht katholisch, recht schriftwidrig vor, seitdem ich mit den Katholiken über den Glauben kämpfend so recht ins Wort Gottes hineingeführt werde.›[385] Ausgerechnet der katholische Martin Boos lehrte Anna die reformatorische Rechtfertigungslehre voll verstehen.[386] Plötzlich tauchen in ihren Briefen die Namen Luther, Zwingli und Calvin auf.[387]

Im März 1815 wurden bei Boos Briefe konfisziert, unter anderen jene Annas. Aufgrund der Persönlichkeiten, die sie darin nennt, konstruierte man den Anklagepunkt, Boos sei ‹ein Hauptmitglied von einer geheimen pietistischen Gesellschaft›. Er wurde für mehrere Monate arrestiert. Unter abenteuerlichen Umständen – Anna schreibt von einem ‹Mausloch›[388] – gelang es, Briefe für und von ‹Zobo› (Decknamen für Boos) ins Gefängnis hinein- und hinauszuschmuggeln. Boos wurde auch vorgeworfen, nichts zu Annas Konversion beigetragen zu haben. ‹Die Herren Bischöfe, geistliche Räte, Canonici›, schreibt Anna belustigt an Nette, ‹sagten, weil ich so edel, so heilsbegierig und so erleuchtet sei, so sei's jammerschade um mich [...]. Die hochwürdigen gnädigen Herren sind sehr freundlich gegen mich, nennen deine arme [...] Anna: ‹Edle Frau, vortreffliche Frau, beste Frau, liebe, gute Frau, versichern mich ihrer Hochachtung» [...].›[389] An einen von ihnen, den Domscholasticus Waldhäuser, hatte sich Anna brieflich zugunsten von Boos gewandt. Auf Intervention von Kaiser Franz I. wurde Boos schließlich freigelassen. Jedoch wurde er seiner Pfarrei für verlustig erklärt.[390]

Trotz der Verfolgungen breitete sich die Erweckung in Bayern weiter aus. Im Sommer 1816 brach Anna zu ihren dortigen Freunden auf. Sie verfasste einen von Begeisterung sprühenden Bericht über ihre Erlebnisse. Überall wurde sie herzlich empfangen. Neben Xaver Bayr traf sie den ihr bis zu dieser Stunde nicht persönlich bekannten Pfarrer Ignaz Lindl in Baindlkirch. Zu dessen Predigten sollen bisweilen 8000 bis 10 000 Menschen zusammengeströmt sein. Anna hörte von ihm eine Predigt, ‹wie in meinem Leben noch keine, ich war zerschmolzen im Feuer der Andacht.›[391] Beim Essen im Pfarrhaus Lindl wurde Anna zu ihrer Freude neben Martin Boos gesetzt. Sie sah ihn zum ersten Mal. Er lebte jetzt als Hofmeister auf dem Gut des erweckten Barons Josef von Ruffin, der ebenfalls anwesend war wie auch Baron Gumppenberg, ein enger Freund Sailers. Eine Magd, die hereintrat, wurde sogleich eingeladen, mitzuessen. An dieser Tafel waren nicht nur die Trennlinien zwischen den Geschlechtern, den Konfessionen und Nationen, sondern auch zwischen den Ständen aufgehoben.

Über München, wo sie Gossner wiedersah, reiste Anna mit Kaplan Baumann weiter nach Schwabhausen, wo sie Gumppenberg, Ruffin, Boos und Lindl – nicht aber Sailer – vorfand. ‹Da blieben wir nun alle einmütig beisammen in einem Saale, sangen, sprachen, aßen, freuten uns und weinten und beteten zusammen nach Herzenslust, wie es vielleicht im ersten Jahrhundert geschehen sein mag. Der Herr war uns nahe.›[392] Das war der Höhepunkt von Annas Reise. Carl von Gumppenberg begleitete sie noch ein großes Wegstück Richtung Schweiz. Nicht nur dieser Adlige korrespondierte nun mit ihr, sondern auch bayrische Mägde. – Wenige Monate später setzte man sich in Bayern das Ziel, so Boos an Anna, ‹die Secte auszurotten›.³⁹³ Boos wich nach Düsseldorf aus und wurde schließlich Priester in Sayn in der Nähe von Trier, wo ihn Anna auf ihrer zweiten Deutschlandreise besuchte.

‹Liebe Nette! Hast du auch die betrübende Erklärung Sailers gelesen, welche er an seinem letzten Geburtstage dem Drucke übergab? Ach, es tut so weh, dass er das Wort römisch dem apostolisch-katholisch immer beifügt und sich unbedingt dem Papste unterwirft, und alles frühere, was anders gelautet hat, widerruft. Wenn ich das große Pack seiner Briefe an mich durchgehe und überlese, so kann ich mich der Tränen nicht enthalten über ihn. Ich richte ihn nicht [...], aber ich beklage ihn, wie einen geistlich verlorenen Vater. Er war immer klug in Stellung seiner Ausdrücke, aber die heilige, allgemeine verborgene Kirche Christi in allen Konfessionen bekannte er als seine Mutter, und nun die römische.›³⁹⁴ – Sailer, durch Anfeindungen wegen seiner Kontakte zu Protestanten und wegen seines ‹Mystizismus› in die Enge getrieben, hatte sich am 17. November 1820 so gerechtfertigt: ‹Ich erkläre vor dem Auge der ewigen Wahrheit, dass, wenn es mir wider all mein Bewusstsein und all mein Wollen begegnet sein sollte, in meinen Büchern, Schriften Gesprächen irgend etwas von der Wahrheit Abweichendes, irgend einen Irrtum zu behaupten, ich denselben verwerfe und in allem mich dem Urteil des höchsten Oberhauptes der Kirche unterwerfe.›³⁹⁵

Sailer hatte nie ein Hehl daraus gemacht, dass er der katholischen Kirche treu bleiben wolle. Es war Boos, der bei Anna um Verständnis für Sailer warb: ‹Dem Sailer scheinst du [...] nicht verzeihen zu wollen. [...] Sieh, S. stand mir in allen meinen Inquisitionen [...] getreulich bei – wie kannst du glauben, dass ein solcher Mann [...] vom apostolischen Glauben an Christus abgefallen sei [...].› Der Papst und der Nuntius in München seien nicht seine Freunde.³⁹⁶ Sailer bewahrte trotz seines behutsamen Abrückens von der Erweckungsbewegung seine Anhänglichkeit an Anna. Kurz vor seiner ‹Erklärung› hatte er sie noch besucht und sie seiner ‹immer gleichen Gesinnung› versichert.³⁹⁷ Im Jahr seiner Bischofsweihe, 1822, gratulierte er ihr schriftlich zum Namenstag und erinnerte sie an das, was beiden so unendlich wichtig war: die ‹vollkommene Einigung [...] mit Gott in Christo›. Er schloss den Brief mit Grüßen vom ‹alten Michl›.[398] Die bereits schwer kranke Anna berichtete 1824 Nette vom – letzten – ‹liebevollen Besuch› des ‹ehrwürdigen Sailer›: ‹Ja, das rechne ich dem väterlichen Freunde hoch an, dass er in seiner jetzigen Würde und in dem schwierigen Verhältnis, in dem die Katholiken hier zu uns stehen, uns besuchte. Wenn nicht die Liebe Christi [...] in seinem Herzen nach wie vor lebte, so hätte er Gründe genug gehabt, diesen Besuch zu unterlassen; und diese Versicherung ist der Grund meiner Freude.›[399]

Nach seiner Bischofsweihe besuchte Sailer auch weiter die Freunde in Zürich. Vor dem Pfarrhaus des Fraumünsters verabschiedete er sich von seinen geistlichen Begleitern. ‹[...] oben an der Treppe aber wartete Gessner, und die Freunde fielen einander in die Arme und hielten sich lange, Freudentränen in den Augen, umschlungen.›[400] – Marianne von Willemer charakterisiert den Bischof an die Adresse des ihr befreundeten Goethe: ‹Sailer, neuerwählter Bischof von Regensburg, hielt sich einige Zeit hier und am Rhein auf; welch ein liebenswürdiges Naturell, ein wandelndes Herz mit einer Bischofsmütze!›[401]

Gossner ging einen anderen Weg. Als seine Lage innerhalb der katholischen Kirche schwierig geworden war, konvertierte er zur evangelischen Kirche. Er wurde Pfarrer in Berlin und gründete bedeutende religiöse und soziale Werke: die erste ‹Kinder-Warte-Anstalt› (Kinderkrippe) der Geschichte, die Gossner-Mission und das Elisabeth-Krankenhaus. – Herenäus Haid ließ nach seinem Weggang nach München nichts mehr von sich hören. Anna war tief enttäuscht. Doch plötzlich tauchte er wieder in St. Gallen auf: ‹Ob Doktor Haid der alte sei? Das weiß ich nicht – wenigstens freute es mich sehr, dass er mir so froh und frei ins Gesicht sah, so herzlich nach allen fragte. Beim letzten kurzen Besuch erzählte er mir den Inhalt seiner hier gehaltenen Predigt, auf welches ich erwiderte: «Das freut mich, wenn Sie noch Christum predigen, da ich gehört habe, Sie seien ganz römisch geworden.» «So», sprach er lachend: «Haben Sie auch gehört, ich sei ein Jesuit und alles mögliche Schlimme – nein, nein, ich bleibe beim alten Evangelio [...] und im Gebete blieb ich immer mit Ihnen vereint.»›[402]

Anna blieb konsequent bei ihrer ökumenischen Haltung. Die christlichen Konfessionen ließ sie nur als vorläufige Institutionen gelten: ‹Ich ‹weiß von keiner Scheidewand und trage an meiner Seite, was ich kann, bei, die Scheidewand niederzureißen. Lehre auch meine Kinder so denken. Nur der Glaube und die Liebe bildet Christen.›[403] Zuversichtlich drückte sie noch kurz vor ihrem Tod die Hoffnung auf ein geeintes Christentum aus: ‹[...] einst werden alle Formen doch hinfallen.›[404] – Anna Schlatter zog reichen Gewinn aus ihrer Begegnung mit erweckten Katholiken.

## Innerlichkeit, Gefühl und ganzheitliches Leben als gemeinsamer Nenner von Romantik und Erweckung

‹Das Herz ist der Schlüssel der Welt und des Lebens›, so eine Äußerung des Romantikers Novalis (Friedrich von Hardenberg).[405] Die Religion sei wesentlich ‹Gefühl›, sagt der eng mit der Romantik verbundene Theologe Schleiermacher.[406] Sowohl Erweckung wie Romantik betonen den zentralen Stellenwert des Gefühls. Beide Bewegungen, wenigstens in ihrer Spätzeit, verwarfen den Rationalismus. Romantiker und Romantikerinnen suchten nach einer ‹höheren Vernunft›.

Die Kirchengeschichtsschreibung begann vor gut zwei Jahrzehnten, den Zusammenhang zwischen Erweckung und Romantik zu entdecken: ‹Nicht zu übersehen sind die ganz starken Einwirkungen der Romantik, welche die Vorherrschaft der Aufklärung gegen Ende des 18. Jh. erschüttern und der aufkommenden Erweckungsbewegung nicht nur den Weg öffnen, sondern sie auch formen. Auch dort, wo die Erweckungsbewegung sich diesen Einflüssen von Anfang an oder nach gewissen Wandlungen verschließt, war sie deren Fragestellungen, ihrem Lebensgefühl […] verhaftet.›[407] Neuerdings werden gemeinsame Wurzeln von Erweckung und Romantik postuliert: ‹Lavaters ‹Apotheose von Empfindsamkeit und Subjektivität› wirkte auf Sturm und Drang, Romantik […] sowie Erweckungsbewegung ein.›[408] Die Aussage: ‹Die strukturell moderne, weil subjektbezogene Modernitätskritik der Romantik verband sich mit einem entschiedenen Antirationalismus und der von Traditionen der Mystik […] geprägten Hervorhebung des Gefühls als des wahren Ortes der Selbstwahrnehmung und Gottesbeziehung des Individuums›,[409] gilt auch für die Erweckung. Und: Die Französische Revolution habe ‹ein elementares religiöses Leiden an der modernen Zivilisation und die Suche nach einem neuen sinnhaft erfüllten ganzheitlichen Leben› provoziert.

In der Literaturwissenschaft denkt man schon seit Jahrzehnten über das Thema ‹Romantik und Religion› nach, ohne jedoch in der Regel die Zusammenhänge mit der Erweckung zu berücksichtigen.[410]

Einen pantheistischen Ansatz vertritt die junge Bettina von Brentano, wenn sie ihrer durch Selbstmord aus dem Leben geschiedenen Freundin Karoline von Günderode vorwirft, sie hätte noch lernen müssen, dass die Natur Geist und Seele habe und mit den Menschen verkehre und dass Lebensverheißungen in den Lüften die Menschen umwehten.[411] Als genuin christlich wird man diese Weltanschauung nicht bezeichnen können. Wohl aber ergeben sich Berührungspunkte zur Mystik. Auch war der Romantik wie der Erweckung die ‹Religion als Eigenerfahrung› wichtig.[412]

Verschiedene Romantiker lasen die Schriften des Mystikers Jakob Böhme: ‹Wo willst du Gott suchen? In der Tiefe, über den Sternen? Du wirst ihn nicht finden. Suche ihn in deiner Seele [...].›[413] Der Dichter Novalis rang um eine ‹neue Ganzheit des Lebens, um eine Wiederversöhnung von Gott und Welt›. Er ersehnte die ‹himmlisch-irdische Durchdringung›. In seinen Augen fallen ‹die Begriffe Christentum und Religion zusammen›.[414] Man spricht gelegentlich vom ‹mystischen Christentum› des Novalis.[415]

Für romantisch-christliche Innerlichkeit steht der Maler Caspar David Friedrich. In zarten Tönen malte er meditative Traumlandschaften. Manchmal setzte er, sparsam und unauffällig, Kreuze und gotische Kirchenruinen in seine Landschaften ein. Eines seiner Bilder zeigt die Rückansicht einer Frau vor sanfter, gewellter Landschaft. Die Menschen in Friedrichs Bildern schauen in die Weite hinaus, in die metaphysische Unendlichkeit, letztlich in ihr Inneres. Der Maler sprach damit die Grundgewissheit der Romantik aus, dass nämlich ‹das Mysterium ganzen göttlichen Lebens› in diesem Zeitpunkt der geschichtlichen Wirklichkeit nicht zu ergreifen sei und deshalb ‹Abkehr vom Außen und Einkehr in das Innen› notwendig sei.[416]

Zwischen Persönlichkeiten der Romantik einerseits und der Erweckung anderseits bestanden enge verwandtschaftliche und freundschaftliche Beziehungen. Novalis und Sailer vereinigten beide Bewegungen in ihrer Person. Der Theologe Sailer war nicht nur erweckter Theologieprofessor, sondern auch der Kopf der Romantikergruppe in Landshut. Besonders eng war er dem Rechtsprofessor Karl von Savigny

Caspar David Friedrich: Rückenansicht einer Frau vor weiter Landschaft.

verbunden, der während einiger Jahre an der dortigen Universität wirkte. Als eine Schlüsselfigur der Romantik stand Savigny in Gedankenaustausch mit Karoline von Günderode und mit den Berliner Romantikern und Romantikerinnen: den Brüdern August Wilhelm und Friedrich Schlegel, Rahel Varnhagen, Friedrich Schleiermacher und Achim von Arnim. Savignys Frau ‹Gunda› (Kunigunde) von Brentano war eine Schwester der Bettina. Er knüpfte Fäden zwischen Sailer und den Berliner Romantikern und der Familie Brentano.

Bettina von Brentano schreibt: ‹Ich habe in dem Kreis edler katholischer Männer gewohnt ein ganzes Jahr in Landshut, Sailer an der Spitze. [...] einmal sagte ich zum Sailer, ich habe auch einmal Christus geliebt und zu ihm gebetet, aber jetzt sei diese Neigung vorüber. «Ach», sagte er, «lass gut sein, wer ihn einen Augenblick liebt, dem ist er ewig dankbar, und wo er einmal Liebe geschmeckt hat, da lässt er sich nicht abweisen, er kehrt immer wieder unter tausend Gestalten, jede Erkenntnis ist ein Erfolg deiner Liebe zu ihm; du brauchst ihn nicht zu nennen, nicht zu bekennen, wenn du ihn nur genießen magst.»›[417]

Angesichts der schweren Krankheiten ihrer Kinder nahm Bettina, die inzwischen Achim von Arnim, den engsten Freund ihres Bruders Clemens, geheiratet hatte, dann doch Zuflucht zum christlichen Gott: ‹Unser armer Friedmund war krank›, schreibt sie ihrem Mann, er habe ‹den ganzen Mund, Lippen und Zahnfleisch voll erbsengroßer gelber Schwämme› gehabt, ‹er konnte nicht mehr saugen, [...] und da musste ich, wenn er schlief, ihm die Milch in den Mund spritzen, [...] dann fing er an zu saugen, hundert Mal gelang es aber nicht, mit Herzklopfen legte ich ihn immer an die Brust, [...] ach Gott, lass mich nicht verzweifeln, hab ich immer gebetet.›[418] Vielleicht handelte es sich um ‹Mundfäule›, eine heute leicht zu behandelnde Krankheit.

Bettinas Ehemann nahm an der romantisch-patriotischen ‹Christlich-deutschen Tischgesellschaft›[419] in Berlin teil, welcher auch Savigny (unterdessen in Berlin) angehörte. Die ganze Tischgesellschaft öffnete sich nach und nach den geistlichen Idealen der Allgäuer Erweckungsbewegung: ‹Das Christentum ist hier à l'ordre du jour, die Herren sind etwas toll.›⁴²⁰ Von Arnim und seine Ehefrau Bettina waren befreundet mit dem aus pietistischen Kreisen stammenden Friedrich Schleiermacher, der als der größte evangelische Theologe des 19. Jahrhunderts – oder sogar als der größte evangelische Theologe seit Calvin – gilt. Das ‹Wesen der Religion› definierte er – im Gegensatz zu Orthodoxie und Aufklärung – weder als ‹Denken› noch als ‹Handeln›, sondern als ‹Anschauung und Gefühl›, als ‹Sinn und Geschmack für das Unendliche›.⁴²¹ Es ging ihm um ‹personale Ganzheit gegen allen Dualismus›.⁴²² Die Religion müsse wie ‹Musik das Leben begleiten›.⁴²³ Wie Lavater und Sailer dachte Schleiermacher stark christozentrisch. In seinen frühen Jahren gehörte er zum engsten Kreis der Berliner Romantik. Er und Friedrich Schlegel, mit dem er als Junggeselle die Wohnung teilte, waren regelmäßige Gäste im Salon Rahel Varnhagens. Mehreren Frauen der Romantik stand er als seelsorglicher Freund nahe. Auf einer seiner vielen Reisen besuchte Schleiermacher Sailer in Landshut.

Die Romantiker und Romantikerinnen suchten nach einem ‹Leben, das das ganze Leben ist, nach einer Wahrheit, die mehr als nur die Wahrheit des Geistes ist. Ihnen dämmerte die Einsicht in das Verhängnis der radikalen Trennung von Gott, Mensch und Welt [...].› ‹Die Romantik ist eine christliche Welt; sie ist es [...] ihrer geistesgeschichtlichen Struktur nach. Denn mit dieser ist sie tief in der christlichen Erinnerung verwurzelt: in der Erinnerung, dass einmal das Göttliche im Irdischen Wirklichkeit geworden ist [...].›⁴²⁴ Sie strebe, so Joseph von Eichendorff, ‹den halbvergessenen Wunderbau der alten Kirche aus seinem Schutte wieder emporzuheben›.⁴²⁵ Berühmt ist der Essay des Frühromantikers François René de Chateaubriand mit dem Titel ‹Le Génie du Christianisme› und der Aufsatz ‹Die Christenheit oder Europa› von Novalis, der mit den Worten beginnt: ‹Es waren schöne glänzende Zeiten, wo Europa ein christliches Land war, wo *eine* Christenheit diesen menschlich gestalteten Weltteil bewohnte [...].›⁴²⁶ Das Mittelalter erschien in goldenem Licht.

Es entbehrt nicht einer gewissen Konsequenz, dass der Schriftsteller Graf Friedrich Leopold von Stolberg, der mit Goethe und Lavater befreundet war, zur katholischen Kirche übertrat. Lavater, der konfessionalistisches Denken ablehnte, schrieb an Stolberg: ‹Ich verehre die katholische Kirche als ein altes, reichbeschnörkeltes, majestätisches, gotisches Gebäude, das uralte, teure Urkunden bewahrt. Der Sturz dieses Gebäudes würde der Sturz alles kirchlichen Christentums sein.›[427] – Clemens von Brentano kehrte in den Schoß seiner Kirche zurück. Den Anstoß dazu gab Sailer: ‹Du kannst noch›, schreibt er ihm, ‹zu der Gemütsstimmung kommen, in welcher dir Gott, Gott in Christus [...] alles ist [...].›[428] Brentanos engster Freund, Achim von Arnim, war und blieb Protestant. Doch auch er forderte die Erneuerung des deutschen Geistes durch Rückbesinnung auf die Geschichte und durch religiöse Vertiefung.

Auf reizvolle Weise zeigt die Kindergeschichte ‹Die Ostereier› die Verschränkung von Romantik und Erweckung auf. Verfasst wurde sie vom erweckten Allgäuer Priester Christoph von Schmid, einem Freund Anna Schlatters (vgl. S. 93). Die Geschichte spielt im christlichen Mittelalter, an lauschigem, romantischem Ort: ‹Oben im Tale brach aus rötlichem Marmorfelsen ein Bächlein hervor, stürzte sich schäumend und weiß wie Milch, von Felsen zu Felsen, und trieb eine Mühle, die gleichsam am Felsen dort hing [...] von Kirschbäumen lieblich beschattet.› In das Kapitel ‹Das Fest der gefärbten Eier, ein Kinderfest›, flicht Schmid mit erwecklicher Absicht die ganze christliche Ostergeschichte ein und liefert für die Auferstehung auch gleich noch den Beweis: ‹Alles, was ihr, meine lieben Kinder, zu dieser schönen Frühlingszeit hier im Garten und dort im Tale und auf den Bergen [...] erblickt, bestätigt das, was Jesus Christus von der Auferstehung [...] gesagt hat.› Die Geschichte hat also auch eine aufklärerische Dimension.

Außer Johann Michael Sailer und einigen seiner Freunde kannte Anna Schlatter die Romantiker und Romantikerinnen nicht persönlich. Laut Johannes Ninck, Annas Urenkel und Biograph, wurde sie von Friedrich Schleiermacher in St. Gallen aufgesucht.[429] Fest steht, dass Schleiermacher seinen Freund de Wette in Basel besuchte.

In der Schweiz gab es keine nennenswerte romantische Bewegung.

Es versteht sich deshalb fast von selbst, dass sich Anna Schlatter im religiösen Kontext, konkret in der hier präsenten Aufbruchbewegung der Erweckung entfaltete. Doch waren, wie in diesem Kapitel dargestellt, die Grenzen zwischen Erweckung und Romantik fließend. – Anders als die meisten Romantiker und Romantikerinnen wurzelte Anna Schlatter jedoch von ihrer Kindheit an fest im Glauben. Die Erfahrung einer radikalen Trennung von Gott, Mensch und Welt, welche die Romantiker als so schmerzhaft empfanden, blieb ihr erspart. Sie teilte den sehnlichen Wunsch der Romantiker nach einem ganzheitlichen, wirklichen Leben und nach der ganzen Wahrheit. Sie musste sich den Weg dahin zwar nicht wie jene von Grund auf suchen, von ihrem dualistischen Jugendglauben her aber – das zeigt ihre Krise von 1803/1804 – ebenfalls erkämpfen.

Anna Schlatter teilte ihre mystischen Neigungen mit einigen Romantikerinnen und Romantikern. Die Innerlichkeit, wie sie in Bildern von Caspar David Friedrich zum Ausdruck kommt, gehörte zu ihrem Wesen. Unterdessen war sie eine ‹Matrone› geworden (vgl. S. 66). Ihr letztes Kind war den Windeln entwachsen: Seit zwanzig Jahren habe sie nun vom Morgen bis an den Abend nichts als gearbeitet, sich oft ‹die ganze Woche keine Viertelstunde geistigen Genuss gegönnt›, jetzt nähmen ihr die ältesten Töchter einen Teil der Arbeit ab, und sie halte es nun vor Gott für erlaubt, ‹dem mächtigen Zuge, der mich nach innen und oben zieht, mehr nachzugeben. Ich bin ganz selig, ganz ruhig [...].›[430] Sie zog sich jetzt öfters in ihr Zimmer zurück, um in Ruhe beten, lesen und schreiben zu können. Neben die ‹vita activa› trat vermehrt die ‹vita contemplativa›. – Schon immer hatte sich Anna Schlatter mit der Frage getragen, wie man ein Übermaß an Arbeit mit Spiritualität verbinden könne. Anna diskutierte darüber mit dem ebenfalls äußerst beschäftigten und tätigen Michael Sailer.

‹Leben Schreiben›: Die Schriftstellerin

Die Nacht

Schöne, wolkenlose Nacht
In dem stolzen Sternenkleide,
Holde Mutter sanfter Freude,
Sei gegrüßt in deiner Pracht.[431]

Das knappe Gedicht Anna Schlatters drückt romantisches Natur- und Lebensgefühl aus. Als Romantikerin im eigentlichen Sinne wird man die Schweizerin aber nicht bezeichnen können. Doch teilte sie die Freude am Schreiben und das sich daraus ergebende Emanzipationsstreben und Eheverständnis mit den Frauen der Romantik.

Hector Schlatter las, so Anna, ‹nach vollendeter Tagesarbeit, wenn ich noch von 10 bis 11 Uhr nähte›, jeweils vor, ‹Romane, Schauspiele, Gedichte, die mir erst nicht gefielen, nach und nach aber meine Phantasie nur zu lebhaft einnahmen und mir den Geschmack am Bibellesen [...] verdarben.›[432] Nach ihrer ‹Erweckung› im Jahr 1804 seien ihr die Romane ‹zum Ekel› geworden. Sie zog wieder ihre alten religiösen Bücher hervor, worüber ihr Mann ‹freundlich›, aber gewiss auch etwas spöttisch lächelte.[433] Trotz ihres Widerwillens eignete sie sich wichtige Werke, vor allem Gedichte, der ‹weltlichen› Literatur an. Das zeigen einige ihrer eigenen Gedichte.

Goethe: Mignon

Kennst du das Land, wo die Zitronen blühn,
Im dunklen Laub die Goldorangen glühn,
[...]

Anna: Kennst du das Land?

Kennst du das Land, wo Lieb und Hoffnung lebt,
Ja, dunkler Glaub' zum Schauen sich erhebt,
[...]

| Goethe: Gefunden | Anna: Das Veilchen |
| --- | --- |
| Ich ging im Walde | Rührend scheinst du Veilchen mir |
| So für mich hin, | In dem Lenzgefilde; |
| Um nichts zu suchen, | Voller Unschuld blühest du, |
| Das war mein Sinn. | Und im Schoß der Abendruh |
|  | Duftest du so milde. |
|  |  |
| Im Schatten sah ich | Möcht' ich, Veilchen, auch wie du, |
| ein Blümchen stehn, | Sanft und lieblich blühen! |
| Wie Sterne leuchtend, | Der dich schuf, der woll' auch mich |
| Wie Äuglein schön. | Ihm zur Freude ganz für sich, |
|  | In der Still' erziehen.434 |
| [...] | [...] |

Der Einfluss Goethes ist vor allem im ersten Beispiel unverkennbar. Wie bei ihm ist das ‹Kennst du das Land› Ausdruck tiefer Sehnsucht, zwar nicht nach einem verklärten, imaginären Italien wie bei jenem, aber nach einem hellen Land des Glaubens. Das ‹Veilchen› lädt in beiden Gedichten zu sorgsamem Umgang mit der Natur und zur Selbstbescheidung ein. – Anna hatte auch Matthias Claudius im Ohr. Wenn es in der zweiten Strophe seines Liedes ‹Der Mond ist aufgegangen› von der Dämmerung heißt: ‹als eine stille Kammer,/wo ihr des Tages Jammer,/verschlafen und vergessen sollt›, so formuliert Anna in ihrem ‹Abendlied›:

‹Der äuß're Schlummer/stillt manchen Kummer.›[435]

Anna schrieb Gedichte – das mochte damals gerade noch angehen. Das Verfassen von Romanen, Novellen und Theaterstücken galt für Frauen als unschicklich und unweiblich.[436] Öffentlich schreibende Frauen waren selbst Goethe und Schiller, die in ihren Dichtungen heroische Frauengestalten schufen – Iphigenie, Jungfrau von Orleans – verdächtig. Insbesondere Schiller sprach vom ‹Dilettantismus der Weiber›, da sie es nicht verstünden, Kunst und Lebenspraxis zu trennen, wie das die Literaturtheorie der Klassik forderte.[437] Auch die an sich frauenfreundlichen Romantiker bremsten die Schreiblust der Frauen. Clemens von Brentano tadelte seine Frau Sophie von Mereau, die es vor der Heirat gewagt hatte, Romane zu publizieren: ‹[...] dass

Friedrich Georg Kersting: Schreibende Frau in Biedermeierzimmer. Vgl. S. 122.

ich Sie liebe, wie sie sind, und Sie hasse, wie Sie sich hingestellt haben, das erkennen Sie nicht, weil Sie eine schlechte Künstlerin sind, die über ein herrliches Werk hergefallen ist, über sich selbst.›[438] – Die Romantikerinnen begnügten sich contre cœur mit dem Schreiben von Briefen und Gedichten und dem Führen eines Tagebuches. Da es bei diesen Gattungen zutiefst um Selbstvergewisserung geht, förderte ausgerechnet diese Art des Schreibens ihre Emanzipation, auch wenn wenig davon zu ihren Lebzeiten in die Öffentlichkeit gelangte. Eine Ausnahme bildete die älter gewordene Bettina von Arnim, die ihren Briefwechsel mit der Günderode viele Jahre nach deren Tod in überarbeiteter Form als Briefroman herausgab.

Einige der geistlichen Gedichte Anna Schlatters wurden in Kirchengesangbücher aufgenommen. Freunde ihres Sohnes Caspar publizierten 1817 ohne ihr Wissen ihre ‹Mutterworte› und ein Gedicht. Als Anna von Herrnhut aufgefordert wurde, Manuskripte zur Publikation freizugeben, wehrte sie bescheiden ab. Auch zögerte sie, als Christian Friedrich Spittler sie aufforderte, einen Bericht über ihre Deutschlandreise von 1821 bei der ‹Deutschen Christentumsgesellschaft› in Basel zu veröffentlichen.[439] Was sie schreibe, sei für den ‹inneren› Gebrauch gedacht, richte sich an Verwandte und Freunde. Bemerkenswerterweise fertigte Anna aber Kopien einiger ihrer Schriften an. Ein kleines Heft mit von fremder Hand sorgfältig abgeschriebenen Gedichten zeugt davon, dass einige ihrer Texte unter der Hand verbreitet wurden.[440]

‹Leben Schreiben› heißt der Titel eines neueren Buches, das sich mit den Romantikerinnen befasst.[441] In die Briefe legten die romantischen Frauen ihre Kreativität, ihre Beobachtungen und Erkenntnisse, ihre innersten Gedanken – ihr Leben also. Die Briefe haben die Unmittelbarkeit der Erfahrung. Was die zeitgenössischen Männer dem literarischen Schaffen der Frauen vorwarfen, nämlich die Durchdringung von Leben und Kunst, gilt heute als besonderer Reiz. Der Literaturbegriff erfährt eine umfassendere Definition als in früheren Jahrzehnten.[442] Der Brief ist demnach eine literarische Produktion, die Romantikerinnen – und Anna Schlatter – sind Schriftstellerinnen.

Anna Schlatter figuriert in der Bibliographie ‹Deutschsprachiger Schriftstellerinnen in der Schweiz›.[443] Sie schrieb frisch von der Leber, häufig ernst, oft auch humorvoll, immer jedoch engagiert und stets aus dem vollen Leben und aus ihren Glaubenserfahrungen heraus. Munter philosophierte sie über die Grenzen schriftlicher Kommunikation: ‹Wenn ich nun die Feder für euch, ihr lieben Herzensleutchen, in die Hand nehme, so sollte sie viel mehr tun, als sie kann, sie sollte alles auffassen, was das Herz antworten möchte auf eure Liebe, und doch ist sie nur Gänsekiel und kann meine Gefühle nicht fassen und nicht ausdrücken, also Geduld! Lasst aufs Papier kommen, was da kann.›[444] Anna hat ‹ein reiches schriftstellerisches Werk hinterlassen [...], das von beachtlicher Bildung, scharfer Beobachtungsgabe, reifem Urteilsvermögen und beträchtlicher Reflexionsfähigkeit in Glaubensfragen zeugt.›[445] Der Literaturhistoriker Karl Fehr bezeugt Anna ‹Schreibgewandtheit und poetische Gaben›.[446] Ihre Prosa-Texte und ihre – wenn auch nicht immer formvollendeten – Gedichte haben eine eigene menschliche, aber auch literarische Qualität.

## Partnerschaft und Emanzipation – Anna Schlatter und die Romantikerinnen

Abgesehen von der Religiosität und der Schreiblust ist es aufschlussreich, Anna Schlatter in Bezug auf ihre Ehe und überhaupt ihr Frausein mit den Romantikerinnen zu vergleichen. Annas Leben war wie dasjenige der Romantikerinnen äußerst intensiv.

Unter den Romantikerinnen stand Bettina von Arnim-von Brentano der Schweizerin wohl am nächsten. Durch Johann Michael Sailer wird Anna von ihr gewusst haben. Die beiden Frauen glichen sich hinsichtlich ihres Lebensgefühls, ihrer Kommunikationsfähigkeit und ihres gesellschaftlichen Engagements. Beide verfügten über eine unwahrscheinlich große Energie und über ein lebhaftes Temperament: Wurde Anna Schlatter mit einem feuerspeienden Vulkan verglichen, so ‹sprühte› Bettina laut ihrer Freundin Karoline von Günderode ‹Feuer›.[446] Sie teilten ähnliche Erfahrungen als Ehefrauen und Mütter und vertraten ähnliche aufklärerische Prinzipien bei der Kindererziehung. Als junge Frauen litten sie – wenn auch aus unterschiedlichen Gründen – unter einem Gefühl der Zerrissenheit. Bettina kannte Momente, in denen sie sich ‹bizarr, verloren und zerrissen› vorkam.[448] Beide fanden zu wachsender innerer Harmonie, zu ausgeprägtem Selbstbewusstsein und zu selbständigem Urteil. Anna profilierte sich vor allem als religiöse Persönlichkeit, als Ökumenikerin und Pazifistin, Bettina als unerschrockene Kämpferin für Freiheit und soziale Gerechtigkeit und als bedeutende Schriftstellerin. Vom Paradigmenwechsel im Jahr 1814 ließen sich beide nicht beirren.

Bettina von Arnim-von Brentano führte eine Liebesehe. Zärtlich spricht sie ihren Mann als ‹lieber Alter› an. Es erinnert an Annas – zeitlich früheren – Liebesbriefe, wenn sie ihm schreibt: ‹Das sei dir gesagt, dass ich dich im Herzen so innig an mich drücke, wie du es gewiss nicht besser kannst, es begegnet mir oft, dass ich plötzlich, wenn ich mit andern Menschen zusammen bin, den Unterschied, der zwischen dir und allen anderen ist, deutlich fühle, und dass ich es Gott nicht genug danken kann, dass du Mein bist.›[449] (Vgl. S. 53 u. 168/169) Liebesehen, das zeigt Bettinas Brief, waren nicht selbstverständlich, obwohl die Romantik in der Theorie ‹das Ideal der großen Passion von zwei Menschen› vertrat.[450]

Im Sinne der Romantik befürwortete Anna Schlatter in einem Brief an ihre Tochter Cleophea, ihr ‹Ebenbild›[451], wie sie sie nennt, in aller Deutlichkeit die Liebesehe. Cleophea hatte sich aus Pflichtgefühl einem deutschen Pfarrer versprochen, den sie, wie sie selbst zugab, nicht liebte. Sie wolle ihr zwar nicht ihren Willen aufdrängen, schreibt Anna, aber: ‹Guter himmlischer Vater! Ist's möglich, so lass den Kelch vorüber gehen. [...] Diese deine innere Ab-, nicht Zuneigung, ist der Hauptgrund, der mich zittern machen würde. [...] Warte du getrost, bis Gott dir deinen Adam zuführt, den er für dich schuf. [...] Eine Heirat ohne persönliche Neigung kann ein gutes Werk sein, [...] aber eine Ehe ist dies nicht.›[452] Bald darauf trat der Theologiekandidat Adolph Zahn als Hauslehrer in den Dienst der gräflichen Familie Stolberg in Schlesien ein, wo Cleophea als Erzieherin tätig war. Die beiden verliebten sich ineinander. Anna sagte ‹freudig Ja› zu ihrer Verlobung und Eheschließung.[453] Doch war sie lebenserfahren genug, der Meinung Adolphs beizupflichten, wonach man den ‹Ehestand› nicht unter ‹idealistischen Vorstellungen› beginnen sollte. Die Heirat sei ‹ein Gott versuchendes Wagestück.›[454]

Die eigene Liebesehe empfand Anna als Geschenk Gottes. Auch die Romantik sehnte sich nach der Verbindung von Religion und Eros. Novalis nannte ‹die Liebe zur Geliebten angewandte Religion›.[455] Für ihn sind im ‹seligen Paar› Glaube und Liebe eins. Allerdings hatte Novalis dabei die Endzeit und nicht diese Welt vor Augen.[456] Für Friedrich Schleiermacher ist die Zusammenschau von Religion und Liebe charakteristisch.[457]

In der deutschen Romantik dachte man bewusst und intensiv über das Verhältnis der Geschlechter nach. Wenigstens grundsätzlich sollte aus der Frau als Objekt die Frau als Subjekt werden und dem Mann gleichberechtigt gegenübertreten. Der Romantiker Friedrich Schlegel behauptete: ‹Nur selbständige Weiblichkeit, nur sanfte Männlichkeit ist gut und schön.›[458] Er möchte mit der Frau zusammen seine eigene

Portrait der noch unverheirateten Bettina von Brentano. Vgl. S. 117 und 120.

Selbstfindung erreichen. Die Romantik entdeckte, dass sowohl der Mann als auch die Frau androgyn sind, der Mann einen weiblichen, die Frau einen männlichen Anteil hat. Gegenseitige ‹Einfühlung› war ein wichtiger Begriff. Besonders Schleiermacher war Frauen gegenüber ein Genie der Freundschaft.[459] Es ging ihm um echt ‹mannweibliche Partnerschaft›. In der ‹wahren Ehe› gewinne der Mann durch die Liebe ‹an Klarheit des Charakters; die Frau hingegen an Selbstbewusstsein, an Ausdehnung, an Entwicklung aller geistigen Kräfte, an Berührung mit der ganzen Welt›.[460]

Rahel Varnhagen-Levi führte eine partnerschaftliche Ehe, aber erst als reife Frau, nachdem sie bereits zwei gescheiterte Beziehungen hinter sich hatte. Auffallend ist, dass Varnhagen um viele Jahre jünger war als sie. Diesen Altersunterschied gab es auffallenderweise auch in den partnerschaftlichen Ehen anderer Romantikerinnen und Romantiker.[461] Anders war es bei Bettina von Brentano. Sie heiratete als noch relativ junge Frau den um wenige Jahre älteren Achim von Arnim: ‹Die Ehepartner haben [...] in einem erstaunlichen Maße das Nebeneinander und das Sich-Freigeben zu verbinden vermocht.›[462]

Bereits zu Beginn des Kapitels ‹Liebesehe› wurde dargestellt, dass sich Hector in seine Frau einzufühlen vermochte (und umgekehrt) – wie das die Romantiker forderten. In der Schlatter'schen Ehe gab es wie in der Arnim'schen kein Ungleichgewicht, weder altersmäßig noch in geistiger Hinsicht noch hinsichtlich charakterlicher Reife. Hector ließ seiner Frau Freiheit, und zwar nicht nur in religiösen Dingen. Der Heiland habe ‹ihrem Manne so viel Herzensgüte und Vertrauen› zu ihr geschenkt, dass er ihr ‹Briefwechsel und Umgang ungestört› erlaube.[463] Dass er sie gelegentlich zur Rede stellte wegen der hohen Portokosten, gehört mit ins Bild. In Annas Ehe gab es eine intensive Gesprächskultur: ‹Mein lieber Mann [...] ist gewohnt, mir täglich alles zu sagen, was ihn interessiert.›[464] Auch Anna teilte ihrem Mann alles mit, was sie beschäftigte – wie im Kapitel ‹Liebesehe› bereits ausgeführt worden ist (vgl. insbesondere S. 45 und 53).

Im Sinne der Androgynitätstheorie hatte Anna neben ihren ‹fraulichen› Eigenschaften etwas Herbes und Resolutes an sich, während

Hector, obwohl durchaus ‹männlich›, seine, wie Anna schon bei der Eheschließung sagte, ‹sanften› Seiten hatte. Die anschmiegsame, ‹sanfte› Nette Gessner-Lavater in Zürich scheint im Gegensatz zu Anna stark im Schatten ihres Ehemannes gestanden zu haben. Nicht sie, die Lavatertochter, sondern Gessner stand auf der Pfarrhaustreppe, als Sailer zu Besuch kam. Ein Einzelportrait von Nette scheint nicht erhalten zu sein, was allerdings eher auf ihre Nachkommenschaft als auf sie selbst zurückfällt. In der Biographie ihres Mannes, Georg Gessner, figuriert sie nur ganz am Rande.

Die Partnerschaft von Anna und Hector bewährte sich auch im Geschäft. Eine der Töchter Annas sagte nach dem Tod der Mutter, sie habe ‹einen seltenen Scharfblick auch für den Beruf ihres Mannes gehabt.› Und Hector selbst hielt fest, sie sei ihm ‹in allen seinen Anliegen [...] Trösterin und Ratgeberin› gewesen.[465] Anna führte Buch über den Haushalt und erledigte, wenn Hector abwesend war, Schreibarbeiten für ihn, wohl inklusive der Buchhaltung. Sie stand oft im Laden, als versierte Geschäftsfrau.

Beim Bau des neuen Hauses war sie die ‹Architektin›. Das schattige schmale, wenn auch hohe Riegelhaus hinter dem St. Laurenzen-Turm war für die Familie mit elf lebendenden Kindern, Hausboten, Geschäft und Lager im Parterre und ‹Schreibstübchen›, in das sich Hector und Anna teilten, längst zu klein geworden. Es ergab sich die Gelegenheit, das angebaute baufällige alte Pfarrhaus zu kaufen. Das Ehepaar Schlatter ließ es niederreißen. Anna leitete den Neubau ‹ganz allein; sie machte nicht nur den Plan, sondern überwachte auch dessen Ausführung und das Betragen der Arbeiter. Als das Gebäude bis auf die innere Einrichtung fertig war, sah man sie noch täglich mit der Messschnur beschäftigt, um jeden Platz des Hauses auszunutzen; so gelang es ihr, [...] ein sehr zweckmäßiges, ganz den Bedürfnissen ihrer Familie entsprechendes Haus aufzuführen.›[466] Alte Ansichten zeigen ein wohl proportioniertes Biedermeierhaus.

Voll Freude meldet Anna Nette: ‹Das Haus ist nun ganz bemalt und austapeziert, muss nur durch die Frühlingsluft getrocknet werden [...]. Es hat liebliche Zimmer, die dich und die Deinigen gerne aufnähmen [...]. Die Aussicht ins Grüne und der Anblick von Sonne, Mond und Sternen tut mir gar so wohl, den wir in unseren hintern Zimmern, wo unsere Schlaf- und Gaststuben sind, haben.›[467] Der Einzug ins neue Haus fand am 25. Mai 1814 statt. Die ‹Einweiherede› hielt Dr. Haid, der katholische Münsterpfarrer.

Im neuen Haus sparte Anna ein Zimmer für sich allein aus, die ‹rote Stube›. Sie beanspruchte Raum für sich – im eigentlichen und im übertragenen Sinne. Sie tat dies mehr als hundert Jahre vor Virginia Woolf in ihrem Essay ‹A Room of One's Own›.[468] In der ‹roten Stube› hängte sie das Portrait auf, das ihr Nette zum Einzug geschenkt hatte. Hier verbrachte sie täglich ein Stündchen oder mehr, um das zu tun, was ihren innersten Wünschen entsprach – lesen, schreiben und beten: ‹[...] wenn ich nach vollbrachtem Tagwerk allein in meine liebe Stube gehen darf, da bin ich wie im Himmel.›[469] Nachdem die älteren Töchter erwachsen geworden waren, gönnte sie sich mehr Zeit für sich: ‹Es ist bei mir wirklich wie Sabbatabend geworden gegenüber den früheren geräuschvollen Tag gerechnet; wenigstens ein paar Stunden kann ich doch jeden Tag ganz allein sein, und das schmeckt mir so köstlich.›[470]

Schon im alten Haus waren viele Gäste ein- und ausgegangen. Im neuen konnte sie Anna endlich bequem unterbringen. Sie genoss es, sie zu bewirten. Vor allem aber liebte sie die Gespräche. ‹[...] während die geschäftige Hausmutter mit dem Schlüsselbund an der Seite die Gäste bediente›, sei ‹ihr der Mund [...] von dem, des ihr Herz voll war›, übergeflossen, erinnert sich ein Gast.[471] Leute verschiedener Nationen, verschiedener Berufe, verschiedenen Standes – vom Dienstmädchen bis zum Adligen –, Männer und Frauen, Katholiken und Protestanten, kehrten bei ihr ein. Wer zu ihr kam, und wenn es sich um die Herzogin Henriette, Mutter der Königin von Württemberg, handelte, nahm am – relativ – einfachen Lebensstil der Schlatters teil. Anna mochte keine ‹Gesellschaften voll leerer Gespräche, [...] die Zeit nur zu vertreiben, dazu wäre mir dies größte Gut unseres jetzigen Lebens zu kostbar.›[472] Über Hector schreibt sie: ‹Ja, oft muss ich ihn bewundern, wenn christliche Freunde uns besuchen, zuerst nach mir fragen und bei Tische hauptsächlich ihr Wort an mich richten, wo er meist nur stummer Zuhörer ist, mit welcher Liebe er darauf dringt, dass ich sie aufs Beste bediene und, so lange sie nur wünschen, logiere. Seine Liebe und Demut gewinnt ihm aber auch die Herzen aller solcher Gäste.›⁴⁷³ Das Beziehungsnetz Anna Schlatters wurde immer größer und dichter.

Anna reflektierte ihre Rolle als Ehefrau. Zweieinhalb Jahre nach ihrer Heirat hatte sie an Hector geschrieben: ‹Ja, Lieber [...] ich gehe gerne mit dir durchs Leben hin [...], ich danke meinem Gott und Vater, der dich mir zum Führer gab, der es so weislich einrichtet, dass der stärkere Mann mit dem schwächeren Weibe gehe. Nur muss ich dich bitten, Lieber, mich Kurzsichtige zu warnen, wenn dein helleres Auge Steine im Wege liegen sieht, oder mich aufs Ziel aufmerksam zu machen, wenn eine Strömung mir's aus dem Auge rückt [...]. Ich will mich auch redlich bestreben, dir so wenig wie möglich zur Last zu sein, dir den Schweiß freundlich ab der Stirn zu trocknen [...].›⁴⁷⁴ Als junge Frau hinterfragte Anna das traditionelle bürgerliche Rollenmuster nicht. In der Realität entwickelte sich diese Ehe jedoch anders.

Als ältere Frau verfasste Anna mehrere ‹Ehebüchlein› für Brautleute. Inspirieren ließ sie sich dabei von der Bibel. ‹Dem lieben jungen Ehemann ***› gibt sie auf Grund von Epheser 5,22 f. zu bedenken: ‹Der Mann ist des Weibes Haupt.› Er sei ‹Stellvertreter Christi› für seine Frau und müsse für sie ‹in zärtlicher Liebe sorgen›, sei aber auch verantwortlich für ihr geistliches Wachstum. Er dürfe nicht immer nur nach seinem, sondern müsse auch nach ihrem Haupte schauen. Seine Pflicht sei es, sie ‹zu lieben, wie Christus die Gemeine, so treu und so warm, so innig und so rein [...]›.⁴⁷⁵ – ‹Der lieben jungen Frau **› ruft sie Epheser 5,22 in Erinnerung: ‹Die Weiber sollen den Männern untertan sein.› Quasi als Korrektur dieses Gebotes legt sie der jungen Frau den Spruch aus 2. Timotheus 2,7 ans Herz: ‹Der Herr wird dir in allen Dingen Verstand geben.› Und in interessanter Verknüpfung zweier biblischer Aussagen formuliert sie: ‹So schmerzlich es mir immer ist, dass von einem Weibe die Sünde in die Welt kam, so tröstlich ist es dagegen, dass Christus von einem Weibe geboren wurde.›⁴⁷⁶

Diese Gegenüberstellung wurde seit den Kirchenvätern oft vertreten und zeigt, dass Anna mit der theologischen Tradition wohl vertraut war.

Noch deutlicher fassbar wird Annas Mühe mit der Frauenrolle, wie sie gewisse biblische Autoren vertraten, im ‹Ehestands-Büchlein an ihre Kinder C** und L** [Caspar und Luise]›: Der Mann dürfe sich nicht in ‹eigennützigem Sinne› als das Haupt betrachten, lehrt sie. An die Adresse der Braut schreibt sie: ‹Aber obschon du verpflichtet bist, dich dem Manne [...] zu unterwerfen, so sollst du doch frei bleiben. [...] du weißt, unser Geschlecht ist dazu von Gott verordnet, mehr zu dienen als zu herrschen [...] und dies fällt [...] schwer. [...] Werde du klug [...] und verwandle jede aufsteigende Klage in ein Gebet. [...] Es scheint vor der Welt, als hätte Gott unserem Geschlechte wenig oder nichts Großes anvertraut. Aber eine Gattin und Mutter, die im Glauben steht, aus Glauben handelt und leidet, macht aus Kleinem Großes [...]. Der Mann muss auf die Treue, Liebe, Klugheit der Frau mehr trauen als auf seine eigene.›[477] Anna ruft ihre Schwiegertochter nicht zur Rebellion auf, aber zur Ausnützung der Spielräume, die sie unter den herrschenden Bedingungen hat. Die Wörter ‹frei› und ‹Klugheit› springen ins Auge, auch, dass die Frau im Prinzip zwar dienen – aber doch auch herrschen – soll. Dass Luise aus adligem Geschlecht stammte, macht Annas Ratschläge besonders interessant.

Anna beschäftigte sich auch mit der Rolle der Frau in der Gesellschaft. Sie bedauerte, dass es in St. Gallen weder eine ‹fromme Frauenzimmergesellschaft› gab wie in Stuttgart und Barmen noch einen geschlechtergemischten christlichen Zirkel wie in Köln. Diese religiösen Sozietäten lernte Anna auf ihrer großen Deutschlandreise von 1821 kennen. Auch mit der bereits im 18. Jahrhundert gegründeten, geschlechtergemischten ‹Deutschen Christentumsgesellschaft› in Basel kam sie in Kontakt. Die Treffen in ihrem Hause waren Gelegenheitstreffen mit auswärtigen Freundinnen und Freunden. Ihr ‹Frauenmissionsverein› – davon unten – kann allerdings mindestens als Ansatz zu einem erwecklichen Zirkel bezeichnet werden. An den monatlichen Treffen der Frauen wurde gebetet und gesungen. Sicher ist: Annas große Wohnstube im neuen Haus wurde zum in der Ostschweiz wichtigsten Ort für geistliche Gespräche über die Schranken der Nationen, Konfessionen, Stände, Bildung, Geschlechter und Generationen hinweg. Sie nahm damit eine in St.Gallen verloren gegangene Tradition wieder auf.

Schon nach 1700 hatte es in St.Gallen einige kleine private Pietistenzirkel gegeben. David Anton Zollikofer, Hectors Großvater mütterlicherseits, war von einem davon der leitende Kopf.[478] Nachdem die ‹Jungfrau Ottilie Gügin›, Mitglied eines anderen Zirkels, während des Gottesdienstes in Ekstase gefallen war, schritt der St.Galler Rat ein. Zumindest geschlechtergemischte Erbauungsversammlungen waren fortan verboten.[479] Von Zollikofers Kreis waren die Frauen ausgeschlossen. Auch lehnte Zollikofer das Schwärmertum ab. Gegenüber dem Rat betonte er seine Kirchlichkeit, so dass sein Zirkel ungeschoren blieb.

Wenn festgestellt wurde, das Vorspiel der Frauenemanzipation habe in den aufklärerischen und romantischen ‹Salons› stattgefunden. [In diesen habe es] Möglichkeiten weiblicher Selbstfindung›[480] gegeben und ‹Chancen der [...] Befreiung›[481], so gilt das bereits für die wesentlich älteren pietistischen Versammlungen. Literarische ‹Salons› führten, wie oben gesagt, Rahel Varnhagen in Berlin, in der Schweiz die Lavater- und Goethefreundin Barbara (Bäbe) Schulthess in Zürich und Julie Bondeli in Bern.[482]

Anna Schlatter unternahm mehrere Reisen – ohne ihren Ehemann! Von der Reise nach Bayern 1816 war schon die Rede, auch von ihren mehrfachen Besuchen bei Nette in Zürich. Im Sommer 1818 weilte sie für einige Tage in Arbon am Bodensee. Das waren die einzigen Ferien ihres Lebens. 1820 begleitete sie ihren Sohn Jacob in das berühmte süddeutsche Institut Schloss Beuggen. Auf dem Weg dorthin machte sie in Basel Station und besuchte den Sekretär der ‹Christentumsgesellschaft›, Christian Gottlieb Blumhardt, und Christian Friedrich Spittler, der 1815 die ‹Basler Mission› gegründet hatte und deren erster Inspektor er war. In Beuggen besprach sie sich mit dem Institutsleiter Christian Heinrich Zeller, der während einiger Jahre in St.Gallen gewohnt hatte und von ihr religiös beeinflusst worden war. Sie verabschiedete sich dann von ‹Jacob, der weinend an meinem Halse hing […]›.[483] – Ihre weitaus längste Reise unternahm sie im Sommer 1821 nach Deutschland. Sie wurde dazu eingeladen von Friedrich Wilhelm Röhrig, einem jungen erweckten Kaufmann aus Barmen, der auf seinen Geschäftsreisen in die Schweiz schon mehrfach ihr Gast gewesen war.

In Röhrigs zweispänniger Chaise brach Anna mit Röhrig zu ihrer zweimonatigen Reise auf. Hector begleitete sie ein Stück weit – vermutlich zu Pferd, er war ein guter Reiter. ‹Nahe bei Neukirch umarmten wir uns weinend und einander Gottes Liebe und Schutz empfehlend zum letzten Mal für neun Wochen.›[484] Auf dem Weg nach Barmen machten Röhrig und Anna in allen großen Städten Halt, in Stuttgart, Heidelberg, Mannheim, Darmstadt, Frankfurt, Koblenz, Bonn und Köln. Überall war Annas Besuch im Voraus angekündigt worden. Während Röhrig seinen Geschäften nachging, traf sich Anna mit Erweckten, darunter viele evangelische und katholische Pfarrer und Professoren. In Sayn bei Trier besuchte sie den alten, kranken, aber ungebeugten Martin Boos. Auch in adligen Häusern war sie auf Besuch, so bei Freiherr von Gemmingen in Mühlhausen im Krauchgau (ihr Sohn Caspar heiratete später dessen Tochter Luise). Überall bewegte sie sich mit derselben Würde und Selbstverständlichkeit. Ohne Hemmungen trug sie ihr schlichtes Kleid und ihre selbstgefertigte, biedermeierliche Haube: ‹Ich erschien im gräflich v.d. Lippschen Hause […] in meinem einfachen Kleide […] mich dünkt, einer nicht begüterten Magd Christi ziemt kein anderes, als ein schlechtes [schlichtes], aber reinliches Kleid […]. Wer Geld und Kleider hat, gebrauche das mit Demut und Danksagung. Ich setzte mich auf meiner Reise an den größten Tafeln in Gasthöfen ungeputzt neben geputzte Damen. Vernünftige ließen mich gar keine Verachtung fühlen, und ein Zierpüppchen in Frankfurt, welches mir den Rücken kehrte neben mir, kümmerte mich gar nicht; ich wusste ja, dass ich eine Königstochter incognito sei.›[485] Annas Wissen, Kind Gottes zu sein, steht hinter dieser selbstbewussten Aussage.

Kann die Emanzipation der Frauen der Zeit kurz nach 1800 mit der Emanzipation heutiger Frauen verglichen werden? Die Romantikerinnen dachten nicht daran, sich im Sinne der modernen ‹Schwesterlichkeit› mit anderen Frauen zu solidarisieren. Sie gründeten keine Frauenbewegung. Ihre Befreiungsversuche waren ‹eingeschränkter, tastender und individualistischer› als heute.[486] Sie verstanden sich als Angehörige einer elitären Gruppe. Innerhalb dieser Gruppe konnten sie sich ein gutes Stück weit emanzipieren. Im geschützten Rahmen ihres Salons hat sich Rahel Varnhagen für die Gleichberechtigung von Juden und Christen, Männern und Frauen ausgesprochen. Die Subjektwerdung der Frauen der Romantik war grundlegend an den Mann gebunden. Die Partnerschaft zwischen den Geschlechtern erlebten die romantischen Zeitgenossinnen Annas als Chance. – Heutige Feministinnen betreten oft einen ‹autonomen Weg der Selbstfindung [...], eine gemeinsame Verantwortung von Männern und Frauen wird damit abgelehnt›.[487] Sie sind der Meinung, dass, wenigstens vorläufig, nur Frauen den Frauen helfen können.

Ohne ihren aufgeschlossenen Mann hätte sich auch Anna nicht emanzipieren können. Doch sie war ebenso wenig eine Feministin im modernen Sinne des Wortes wie die Romantikerinnen. Sie warb nicht für politische Rechte der Frau wie ihre englische Zeitgenossin Mary Wollstonecraft und entwarf keine Charta der Frauenrechte wie die französische Revolutionärin Olympe de Gouges, die ihre Kühnheit mit der Guillotine bezahlen musste. Auch hat sie keine feministische Theologie entwickelt. Sie entfaltete sich innerhalb der Gruppe der ‹Erweckten›, die sich in einer Vordenkerrolle sah.

Was die Rolle der Frauen in der Kirche betrifft, so hatte der Pietist Gottfried Arnold bereits 1704 festgehalten, die Liebe Gottes sei unparteiisch, Frauen seien ‹Miterben der Gnade›. Eine Generation später nannte Graf Zinzendorf die Frauen ‹Schwestern›. Der Heiland habe ihnen ‹ihren Respekt› wiedergegeben. In Herrnhut galten die Frauen im Prinzip als gleichberechtigt. In Ansätzen vertrat Zinzendorf wie vor ihm schon Arnold die Meinung, Frauen stehe die kirchliche Lehrbefugnis zu.[488] – Für Anna Schlatter sind Mann und Frau vor Gott gleich, das war für sie nicht einmal eine Diskussion wert. In aller Selbstverständlichkeit sprach sie den älteren Lavater mit ‹Bruder in Christo› an. Den Theologieprofessor Sailer duzte sie. Was einzig zählte, war die Verbundenheit im Glauben an Jesus Christus.

Im Tiefsten wurzelt Annas Selbstbewusstsein in ihrem christlichen Glauben. ‹Die Gotteserfahrung dient der Entdeckung und Bestätigung des Individuellen und des Individuums›, wie Ulrich Gäbler es ausdrückt.[489] – Obwohl sie nicht im heutigen Sinne emanzipiert waren, können sowohl Aufklärerinnen wie Mary Wollstonecraft, Olympe de Gouges und Germaine de Staël als auch die Romantikerinnen – und Anna Schlatter! – als Vorläuferinnen des modernen Feminismus und der Frauenbefreiungsbewegung bezeichnet werden.

Dass Anna der Meinung war, Frauen *und* Männer müssten mündig werden, zeigt ihre Entrüstung über Georg Gessner, der von der Zürcher Regierung den Befehl erhielt, seinen erbaulichen Männergesprächskreis aufzulösen – und diesem Befehl nachkam: ‹Das hätte ich als Schweizer [sic] und als Christ [sic] nicht getan [...]. Ich hätte kein Wort gegen den Regierungsbeschluss gesagt, wäre nur nach wie vor mit meinen Freunden zusammen gekommen [...] den Worten Jesu gemäß: Fürchtet euch vor ihrem Dräuen nicht! [...] durch die Maßregeln der Furchtsamkeit werden sie erst aufgeweckt zu mehr ähnlichen Befehlen, und lachen sich in die Faust, wenn die Christen sobald ihren Worten weichen [...]. Hätte man mich [...] vorbeschieden, so hätte ich in aller Bescheidenheit und Festigkeit in kurzen Worten den Gewalt habenden Herren die Bitte vorgelegt, mir, als dem Schweizer, nicht als dem Christen, ein Gesetz vorzulegen, welches mir das Zusammenkommen mit meinen Freunden, die natürlich auch meiner Gesinnung sein müssen, zu verbieten. [...] Ich hätte bestimmt erklärt, sobald alle Bier-, Wein-, Kaffee-, Tanz-, Spiel-Gesellschaften verboten werden, wolle auch ich mich dem Verbote unterziehen, früher keinen Augenblick, indem ich gleiche Rechte mit meinen Mitbürgern verlange. [...] So leichten Kaufs gebe ich meine religiöse und bürgerliche Freiheit nicht auf [...].›[490] Übrigens wurde Gessner 1828, nachdem der politische Wind sich zu drehen begonnen hatte, Antistes, das heißt Vorsteher, der Zürcher Kantonalkirche.

Den Brief an Nette schloss Anna mit den Sätzen: ‹Ein Fels im Meere steht fest und lässt die Wellen an ihm sich brechen. Er tut und spricht, was sein Herr nach seiner Überzeugung von ihm fordert, und lässt die Hunde bellen.›[491] (Vgl. S. 7)

## Soziales und seelsorgliches Wirken

Im eben zitierten Brief an Nette steht an einer anderen Stelle: ‹[...] vor dem Neujahr wurden hier von dem Stadtammann die Missionszusammenkünfte verboten; nach wie vor kommt der Männer- und Frauenverein zusammen, und keine Stimme kräht mehr. Du weißt, ich bin so viel als Vorsteherin des Letzteren, machte im August wieder einen neuen Aufruf, kein Mensch redete mir etwas ein; hätte mich der Landammann [...] beschickt, mit Freuden wäre ich gegangen, und hätte keine geistliche, nur bürgerliche Waffen zu meiner Verteidigung gebraucht. Im ersten Jahr brachte unser Frauenverein Fr. 1000.-, in diesem letzten Jahr Fr. 667.- zusammen; damit sind wir ganz stille, sammeln ohne Geräusch, schicken ohne Geräusch das Gesammelte nach Basel. Kommen sie mir, die gewaltigen Herren, mit ihren Einreden, das Geld komme außer Land, so bin ich schon gewappnet mit der Frage: Wie viel eine Schweizerin jährlich zu ihrem Vergnügen gebrauchen dürfe?›[492] Anna hatte Zivilcourage, und sie hatte Witz. Die Summen, die sie für die Mission sammelte, waren erklecklich.[493]

Anna Schlatter betätigte sich am Bau des ‹Reiches Gottes› nach dem Motto: ‹Wo wahrer Glaube ist, da sind auch gute Werke.› Der Glaube aber ist ein ‹Werk Gottes›.[494] Sie engagierte sich in der 1815 gegründeten Basler Mission, leistete karitative Einsätze und übte Seelsorge. Als Nette sie wegen der Missionsarbeit bewunderte, widersprach sie: ‹In unserem Missionsverein handle ich weder mit Kraft noch Mut, wie du, Liebe, wähnst. Es bedarf dessen nicht; wir kommen in Stille zusammen monatlich. [...] Ich hoffe aber immer, das ganze Missionswesen werde vom Herrn bald einen andern Schwung erhalten; die europäischen Bemühungen haben uns die Bahn brechen müssen. Die Nachrichten aus Afrika und Amerika sind gar so erfreulich.›[495] Anna untertrieb: Sie hatte diesen Verein ins Leben gerufen – es war vermutlich der erste Frauenverein in St.Gallen überhaupt –, sie leitete ihn und sie war für die Kontakte mit Basel zuständig.

Nach dem ‹Jahr ohne Sommer› 1816 brach eine Hungersnot und eine Wirtschaftskrise über Europa herein. Die Ostschweiz war besonders betroffen. Unter Mithilfe des Theologen Peter Scheitlin wurde die ‹Hilfsgesellschaft der Stadt St.Gallen›, die schon 1800 gegründet worden war, neu belebt. Scheitlin bereiste die Umgebung St.Gallens und schrieb darüber einen erschütternden Bericht.[496] Tausende waren ohne Arbeit. Es gab Menschen, die gekochtes Heu und Gras aßen. Der Zulauf an Bettlern sei ‹überaus groß und lästig›, meldete Anna. Doch es ‹sollte nur Langmut, Mitleid und Liebe unsere Herzen und Zungen bewegen›.[497]

Anna widmete sich den Hungernden unabhängig von der von Männern getragenen Hilfsgesellschaft: ‹Von der Not könnte ich Bögen voll schreiben; es geht mir freilich wie dir [Nette]: Oft sagten wir [Hector und Anna] schon zusammen, wir glaubten, jeder Arme, der in die Stadt kommt, komme richtig zu uns. Aber der Herr hat Großes an mir getan und mir aus verschiedenen Gegenden, ohne dass ich nur mit einem Wort darum bat, beträchtliche Summen zur Unterstützung der Armen gereicht, sodass ich ein ordentliches Geschäft mit all diesen Rechnungen und Austeilungen habe; dadurch wurde mir freilich die Not sehr bekannt und manches Leiden unter die Freude, geben zu können, gemischt, [...] Gott sei Dank, dass ich über die ganze Zeit außerordentlich gesund war, und selbst [den Hungernden] nachgehen konnte. Geben ist keine Kunst, aber nach Gottes Willen geben, zu seiner Ehre, das muss erbeten sein. [...] Mich jammert des Volkes [...].›[498] Aus Altona, Bremen, Barmen, Düsseldorf und Köln flossen ihr Mittel zu. ‹Eine Reihe von Briefen, die sie als Quittungen den Gebern zurücksandte, zeigen, wie viel Mühe sie anwandte, um unter katholischen und evangelischen Notleidenden in St.Gallen und Umgebung und an anderen Orten der Schweiz die wirklich Bedürftigen [...] zu finden.›[499] Zwei ihrer Kriterien waren auch die ‹Würdigkeit› und ‹Gläubigkeit› der potenziellen Empfänger. An diesem Punkt nahm Anna – gemäß damaligem Zeitgeist – Abstand von ihrer sonstigen Unvoreingenommenheit. Einen Teil des Geldes sandte sie zur Verteilung an ihre jugendliche Freundin Meta Schweizer im zürcherischen Hirzel.[500]

Bereits 1799, zur Zeit revolutionärer Umtriebe in der Schweiz und der Schlachten fremder Heere vor den Toren der Stadt, hatte Anna in ihrer Stube zahlreiche hungernde Menschen aus der Umgebung gespeist. Wegen des Krieges war der Getreideverkehr unterbunden worden, was zu einer empfindlichen Teuerung führte. Auch beteiligte sie sich damals, wie im nächsten Kapitel dargestellt, an der Pflege verwundeter Soldaten.

Mit ihren karitativen und sozialen Einsätzen reihte sich Anna Schlatter in die Tradition der ‹christlichen Liebestätigkeit› ein, die im Pietismus eine kräftige Renaissance erlebte und auch in ihrem Elternhaus gepflegt wurde. Die Erweckungsbewegung stand in dieser Tradition. Im Quäker Stephan Grellet und im Grafen von der Recke-Volmerstein hatte Anna beeindruckende Vorbilder vor Augen. Der aus Marseille gebürtige, in New York wohnhafte Kaufmann Grellet besuchte Anna zwei Mal in St.Gallen. Da sie des Französischen unkundig war, spielten die Töchter die Dolmetscherinnen. Der Sozialreformer Grellet schaute sich in verschiedenen Städten Europas, Russland inklusive, in Kranken- und Zuchthäusern um, sprach mit Patienten und Gefangenen und regte Verbesserungen an. Seine Freunde in Zürich – die Familie Gessner-Lavater gehörte dazu – forderte er zur Gründung einer modernen psychiatrischen Klinik auf. Von London aus sandte er Bücher nach Zürich, in denen auf psychisch Kranke spezialisierte Institutionen und die Behandlungsweise der Patienten beschrieben waren.[501] – Auf ihrer Deutschlandreise von 1821 besuchte Anna die Anstalt zur ‹Rettung armer verlorener Kinder›, die Graf von der Recke aus eigenen Mitteln in Overdyk bei Barmen gegründet hatte und leitete. Für seine ‹Mühe und Arbeit› für die fünfundvierzig Kinder erntete er viel ‹Spott und Hohn›. Wenn sie kapitalkräftig wäre, so Anna, würde sie ihm gerne beistehen. Auch von den Anstalten Heinrich Pestalozzis hatte sie Kenntnis, wie aus Briefen an Nette hervorgeht.

Viele Romantiker wurden im Alter reaktionär, nicht so Bettina von Arnim-von Brentano. Sie engagierte sich – nach dem Tod ihres Mannes – sozial und auch politisch. Tief betroffen von den Belastungen der Armut stellte sie vergleichende Studien zu den ökonomischen Verhältnissen der Armen an. Mit leidenschaftlichem Gerechtigkeitssinn

## Soziales und seelsorgliches Wirken

setzte sie sich für die Benachteiligten ein. Sie plädierte für Gefängnisreformen und gegen die Todesstrafe. In einem Brief an den preußischen König Friedrich Wilhelm IV. von 1849 setzte sie sich für den wegen ‹revolutionärer Umtriebe› zum Tode verurteilten Kirchen- und Kunsthistoriker Gottfried Kinkel ein und zitiert dabei Luther, in dessen Schriften sie ‹nicht unbewandert› sei: ‹Es muss zuletzt noch dahin kommen, dass man einen jeglichen lasse glauben, wie er in seinem Gewissen weiß zu verantworten vor Gott.›[502] Kinkel wurde zu lebenslänglicher Haft ‹begnadigt›, konnte entkommen und wurde Professor für Archäologie und Kunstgeschichte in Zürich. Bettina, die ‹in Schleiermachers Zuwendung zu ihr väterliche Geborgenheit› fand, erhielt vom großen Theologen ‹Anregungen, Christentum und Sozialkritik zu verbinden›.[503]

Annas soziales Wirken war weniger grundsätzlich als dasjenige Bettinas. Hingegen entwickelte sie sich immer mehr zur einfühlsamen Seelsorgerin. Das Vorbild des längst verstorbenen Lavater, der eine ‹Handbibel für Leidende› verfasst, unzählige Trost-, Lehr- und Mahnbriefe geschrieben und auch Anna aufzumuntern versucht hatte, tat jetzt, da sie gereift war, ihre Wirkung. In Nachahmung von Lavater beschrieb sie hübsche Blättchen mit alphabetisch geordneten Sinnsprüchen, etwa an die Adresse ihres Sohnes Stephan. Und im Stil Lavaters versandte sie ‹artige Kärtchen› mit aufmunternden, religiös gefärbten Gedanken an verschiedene ihrer Kinder und Freunde.[504] Lavater selbst hatte sie bereits einige solche Kärtchen gewidmet.[505] (Vgl. S. 79) - In Lavaters ‹Freundschaftlichen Briefen›,[506] die sich an nicht namentlich genannte, aber existierende Freunde und Freundinnen richteten, fällt die überlegte Art auf, Wahrheiten auszusprechen. In der Vorrede schreibt er von ‹humaner Belehrung und Ermunterung›, welche ihm ‹die erste und letzte Freundespflicht› sei. In einigen der Briefe glaubt man Anna Schlatter als die heimliche Adressatin wiederzuerkennen, etwa, wenn er schreibt: ‹Liebe, inkonsequente Freundin! So eine Christin, wie Sie sind, will immer nur glauben. [...] nicht der Glaube ist der Zweck des Evangeliums - Genuss ist der Zweck [...].› In einem andern Brief tadelt er den aufbrausenden Cha-

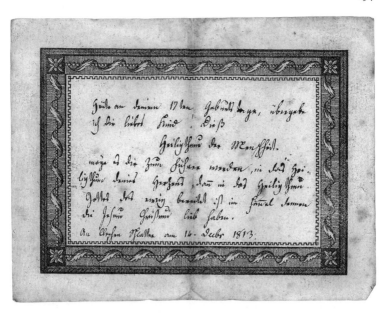

Oberes Kärtchen: Von Anna Schlatter an ihre Tochter Cleophea zum 17. (bzw. 16.) Geburtstag zusammen mit einer Bibel (‹Heiligtum der Menschheit›). – Der Adressat oder die Adressatin des unteren Kärtchens Annas ist nicht genannt. Zwei Mal braucht sie den aufklärerischen Begriff ‹Tugend›. Vgl. S. 79 und 84. (Aus: Nachlass Familie Schlatter, Stadtarchiv St. Gallen)

rakter einer Freundin. Vollends auf Anna zugeschnitten scheint der folgende Briefanfang zu sein: ‹Männin! Bleibe, was du bist, und werde mehr und mehr durch dich selbst nur! Großes legte Gott in Deine Seele!›[507] Wie Lavater schrieb auch Anna Trostgedichte:

Lied eines sehr Kranken

Lieber Heiland, meine Schmerzen
Gehen dir wohl selbst zu Herzen;
Doch bitt' ich so gut ich kann,
Nimm dich meiner helfend an!

Tag und Nächte sind so lange
Einem Herzen, welches bange
Alle Stunden tränend zählt,
Weil der Schmerz so heiß es quält.

Ach, der arme Leib der Sünde
Trübet deinem schwachen Kinde
Seines Geistes hellen Blick
In ein unzerstörbar Glück.

Jetzt, da jede Erdenfreude
Mich verließ und meinem Leide
Ich noch keine Grenzen seh',
Jetzt verzeihst du, dass ich fleh!

Ist es möglich, lass vorüber
Bald den Kelch der Leiden geh'n!
Oder lass mich, wenn's dir lieber,
Bald die ew'ge Heimat sehn!

Willst du keines, Herr, von beiden,
O, so lehr das Dritte mich:
Lehr' mich in den heißen Leiden,
Vater! Vater! Nennen dich!

Vater! Nicht mein Will' geschehe!
Besser ist der Deine schon;
Ob ich jetzt nur wenig sehe
Von der Leiden Zweck und Lohn.

Seh ich doch in deinem Bilde,
Liebster Heiland, Jesus Christ,
Dass der Leiden Zweck nur Milde,
Liebesabsicht Gottes ist.

Sei mir nahe, Mann der Schmerzen!
Wenn die Last zu schwer mir wird;
Trage mich auf deinem Herzen,
Wie ein krankes Lamm der Hirt.[508]

Es war in eigenem Leid gewachsene Gotteserfahrung, die Anna Schlatter zur Seelsorgerin an diesem Kranken und an weiteren Menschen werden ließ. Sie richtete ihre früh verwitwete Schwester Helene auf, deren einer Sohn geisteskrank war: ‹Gottes Wille sei dein und mein Ruhekissen.›[509] Sie schreibt von den ‹vielen Briefen, die ich an und wegen meiner Kinder zu schreiben habe, unter denen immer etwas vorgeht, wo ich ratend oder tröstend oder ermahnend oder leibliche [materielle] Hilfe sendend bei der Hand sein muss›.[510] Einmal hält sie ihren Töchtern Anna und Cleophea vor, dass sie ihrem ‹guten Vater nicht mit Achtung und Liebe› begegneten, obwohl er doch ‹um unsers gemeinschaftlichen Glücks willen ein so saures [arbeitsames] Leben› habe.[511] Ein anderes Mal lässt sie Cleophea wissen, es sei gut, dass sie ihr von der ‹dunklen Stimmung›, durch welche sie habe gehen müssen, geschrieben habe.[512] Cleophea hatte im gräflichen Hause Stolberg, wo sie als Erzieherin arbeitete, eine Demütigung erfahren.

Das Ehepaar Schlatter verband eine enge Freundschaft mit dem Pfarrerehepaar Diethelm und Anna Schweizer-Gessner in Hirzel (vgl. S. 48). Die Portraits des Ehepaars Schweizer hingen ‹hinterm Turm› zwischen den Schlatter'schen Familienbildern. Von den beidseitigen Kindern der beiden Familien wurden die Eltern mit ‹Vater› und ‹Mutter› angeredet.[513] Es gab jährliche ‹Wallfahrten von Mitgliedern der beiden Familien von St.Gallen nach Hirzel und von hier nach dort›.[514] Der jungen Meta (Margarete) Schweizer (1797-1876) wurde Anna ‹geistliche Ziehmutter›. Mehrfach war das junge Mädchen während einiger Wochen in St.Gallen in den Ferien. Meta bezeugt: ‹Sie [Anna] hat tiefer als irgendetwas in mein Leben eingegriffen […]. Die ausgezeichnete Mutter band mich, wie so viele Seelen, mit festen Banden an sich.›⁵¹⁵ Anna indessen schrieb Meta: ‹So unbegreiflich es mir ist, dass du mich liebst, so unbegreiflich es dir ist, dass ich dich liebe, so wahr ist doch beides, und eben weil's wahr ist, macht's uns beide glücklich.› Meta hatte Glaubensschwierigkeiten. Sie zweifelte, ob die Liebe Gottes auch ihr gelte. Anna riet ihr, in biblischen Texten Briefe zu sehen, die Gott an sie persönlich geschrieben habe und ihr durch einen Postboten bringen lasse. In Wirklichkeit habe ihr Gott in ihrer Person einen noch viel ausführlicheren Brief geschrieben: ‹[...] schau nur dich selber an, Gott hat [...] dich selber geschaffen. Und dieser dein Schöpfer hat wie du ein Menschenleben durchgemacht. [...] Du fühlst, dass keine Blume und kein Genuss und Mittel der Erde dich glücklich machen kann, also muss er, der dich schuf und um dich her alles für dich, auch ein Mittel haben, dich glücklich zu machen, und dieses Mittel ist er selbst. Er ruft: Komm her zu mir, so wirst du Ruhe finden für deine Seele [...], er hat dich zuerst geliebt.›⁵¹⁶ Und vergleichbar mit einer Äußerung Lavaters in den ‹Freundschaftlichen Briefen›: ‹Sei du, mein Kind, wie du bist.›⁵¹⁷ Anna war glücklich, dass es ihr gelang, Meta zu beruhigen.

Zwischen Annas drei älteren Töchtern Babette, Cleophea und Anna und der zürcherischen Pfarrerstochter flogen Briefe hin und her - noch lange über den Tod der Mutter hinaus, als die drei Schwestern längst in Norddeutschland verheiratet waren und Meta im Arzt Johann Jacob Heußer ihren Ehemann gefunden hatte.⁵¹⁸ Meta nennt Babette ‹die Liebliche und Liebevolle›, Cleophea ‹die Königliche›, Anna ‹die Geistvolle, Sinnige›. - Inspiriert von Anna Schlatter wurde Meta Heußer zur religiösen Schriftstellerin. Im heutigen deutschschweizerischen evangelischen Kirchengesangbuch findet sich ein Lied von ihr.⁵¹⁹ Die Kinderbücher von Metas Tochter Johanna Spyri atmen einiges vom Geist der frommen Mutter und von deren mütterlicher Freundin, etwa, wenn sie einer ihrer Figuren Tersteegens berühmtes mystisches Gedicht in den Mund legt.

Auch Nette Gessner-Lavater wurde von Anna seelsorglich betreut. Während vier Jahren, 1813 bis 1817, lag Nette krank. Im Geburtstags-

Helene Schlatter-Bernet, ältere Schwester Annas. Vgl. S. 136. (Privatbesitz)

brief vom 9. Dezember 1814 schreibt ihr Anna: ‹Und nun, meine Geliebte, setze ich mich im Geiste an dein Bett, [...] schließe dich in meine Arme und flehe, wünsche dir nichts, als dass Jesus Christus dich so in seine Arme schließt, an sein göttlich Herz drückt.›[520] Nettes Gesundheit stabilisierte sich nach dieser langen Krankheit. Sie überlebte Anna um viele Jahre. – Gewiss richtete Nette gelegentlich auch Anna auf. Unter Erweckten wurde häufig gegenseitige Seelsorge geübt.

In besonderem Maße konnte Friedrich Wilhelm Röhrig Trost von Anna entgegennehmen. Zu seiner Verheiratung mit Minna im Jahr 1816 schrieb sie dem Paar ein ‹Ehebüchlein›. Zwei Jahre später hörte sie durch Besucher aus Barmen von der schweren Verletzung Minnas, die sie sich bei einem Sturz zugezogen hatte: ‹Darum, mein teurer Freund, weil ich selbst geprüft bin, kann ich tiefen Anteil nehmen an den Leiden Ihres Herzens. [...] O, werfen Sie sich nur so, wie sie sind, Jesu zu Füßen mit all Ihrer Last, und lassen Sie sich nicht weis machen, dass Gott Ihnen ferne sei. [...] Legen Sie nicht nur Ihre Minna, legen sie auch Ihre Gemütsstimmung auf seinen Altar.›[521] Als sich der Zustand der jungen Frau verschlimmerte, schrieb ihm Anna: ‹Meine Tränen tröpfelten auch aus den tränenreichen Augen, als ich heute Morgen vor meinem lieben Mann den Brief öffnete, welchen er mir eben von der Post brachte, und las, was Sie mir melden, und mein lieber Mann fühlte, als ein Selbsterfahrener, mit mir Ihren Schmerz. Der Herr, welcher [...] Ihnen wahrscheinlich vollends noch die zarte Blume entrücken wird, muss Sie recht lieb haben, dass er es gleichsam, menschlich zu reden, wagen darf, Ihnen Ihr Liebstes zu nehmen. Er muss im Sinne haben, den Verlust Ihnen durch sich selbst zu ersetzen. Der Mensch, welcher nur sieht, was vor Augen ist, kann diesen Tausch nicht gleich anfangs für selig erkennen; er kann sich nicht sogleich gewöhnen, die Liebe, welche er aus dem klaren, lieben Bächlein trank, nun pur aus der Quelle zu trinken.›[522] Nachdem Minna gestorben war, reichte ihm Anna im Geiste ihre Hände: ‹Wir wollen sie zusammenhalten, betend, tragend, arbeitend, liebend, tröstend, ihn umfassend, der am Kreuze eine ewige Vereinigung unter sich und mit sich dem Haupte gestiftet hat.›[523] Im Jahr 1822 heiratete Röhrig Annas älteste Tochter Babette.

Auf seinen Wunsch hatte sie sich vor ihrer Abreise nach Deutschland im Harfenspiel unterrichten lassen. In den ‹Memorabilien› ist unter dem 19. Mai 1823 die Geburt der ‹ersten Enkelin Johanna Röhrig› verzeichnet, unter Dezember 1824 steht: ‹Unsere Enkelin Anna Maria Röhrig geboren.›[524] Es war Anna nicht vergönnt, die beiden kleinen Mädchen zu sehen.

## Weltbürgerin und Pazifistin

St.Gallen hatte schon vor 1798 eine Wochenzeitung, das *Freytags-Avis-Blättlein*. Anna Schlatters Zeitzeugenschaft beginnt im Jahr 1793. Mit dem Aufstieg Robespierres kam es in Frankreich zur ‹Schreckensherrschaft›. Karren mit Verurteilten, die zur Hinrichtungsstätte rollten, wurden zum gewohnten Bild. Mit der Drangsalierung der katholischen Priester, der Abschaffung der christlichen Feiertage und der 7-Tage-Woche wurde das Christentum an den Rand gedrängt. Nette war von diesen Geschehnissen persönlich betroffen: Ihre Straßburger Freundin O.,[525] die sich zum Christentum bekannte, wurde aufgefordert, als ‹Göttin der Vernunft› zu posieren. Weil sie sich weigerte, wurde sie guillotiniert. ‹Ach, das arme Frankreich›, schreibt Anna der betrübten Nette, ‹deine O. bedaure ich nicht – nein, sie wird im Triumph von Engeln in Gottes Tempel geführt werden [...]; aber die Menschen bedaure ich, die solche Seelen quälen können.›[526] Die zu jenem Zeitpunkt erst knapp zwanzigjährige Anna verurteilte die Henker also nicht, sondern bedauerte sie. Mehr noch: Dem ‹Verfall der Menschheit› stellt sie den ‹Verfall› ihres eigenen Herzens gegenüber: Sie habe sich so an das Hören und Lesen von Gräueltaten gewöhnt, dass sie ‹bald das Schrecklichste mit schrecklicher Gleichgültigkeit anhören› könne.[527]

Als zu Beginn des Jahres 1798 erste Unruhen innerhalb der Eidgenossenschaft ausbrachen und der Einmarsch der Franzosen begann, schrieb Anna: ‹[...] ich bin etwas ängstlich unseres Vaterlandes wegen [...], für mich werde ich nicht bange sein, aber meinen geliebten Mann vielleicht bald durch den Feind getötet oder meine Kinder gemordet oder verwaist zu denken, das wäre mir schrecklich.›[528] ‹[...] drum ist jetzt meine Lektion, glauben, der Herr könne und werde meine Kinder mitten in Unruhe und Getümmel schützen und erhalten [...].›[529] Wenige Wochen später formulierte sie ihre im Glauben gründende Gelassenheit in einem kleinen Gedicht:

Ein wundergroßer Gott bist du   Ich hoff' und glaub' und finde Ruh'
O Gott im Wunderkleinen;        Und höre auf zu weinen.[530]

Sie könne ‹nicht begreifen, wie Leute ohne Religion, die von der Lage unseres Vaterlandes unterrichtet waren, ruhig sein könnten›, schreibt sie an Nette, und fügt als objektive Beobachterin bei, ‹[...] die Franzosenliebe und Franzosenfurcht so vieler machen mich bald zornig, bald traurig [...].›[531] Was ihre Freundin in Zürich betraf, wo revolutionäre Umtriebe begonnen hatten, war sie trotz der eigenen Gelassenheit besorgt, denn Nette war hoch schwanger: Die ‹äußerst traurigen Nachrichten [...] veranlassen mich, dich dringend zu bitten, mir [...] ein Wort von deiner Lage zu schreiben [...]. O dass ich Flügel hätte, euch zu besuchen, mit euch zu beten und den Herrn um Errettung anzuflehen.›[532]

Obwohl sich Anna als Anhängerin der alten Ordnung zu erkennen gibt, war sie doch realistisch genug, das Nachgeben der Obrigkeit für das einzige Rettungsmittel vor noch größerem Unglück zu halten, auch wenn die Folgen des politischen Wandels nicht abzuschätzen waren.[533] Ende März 1798 begannen die ‹stürmischen Auftritte› auch in St.Gallen. Basler Gesandte, welche den St.Galler Bürgern die neue ‹Constitution› mundgerecht machen wollten, wurden angepöbelt von konservativen Bauern aus der Umgebung – es war Markttag. Der Bürgermeister konnte mit Mühe und Not Tätlichkeiten verhindern. ‹Ich finde das Betragen von beiden Seiten nicht klug [...]. Herzlich hätte ich mich gefreut, wenn den Gesandten mit Würde gesagt worden wäre, man brauche ihre neue Freiheit nicht, man sei glücklich bei der alten, sie sollten sich die Mühe sparen, uns zu Frankreich zu bekehren. Aber die pöbelhaften Schimpfreden hasse ich [...]. O, Liebe, ich sehe nichts als Verwirrung [...], aber ich bin dennoch getrost; Gott kann aus dem Chaos eine schöne Welt schaffen.›[534] Am 29. April 1798 nahm die Bürgergemeinde auf Antrag des Bürgermeisters die Helvetische Verfassung an. ‹Beinahe alle Männer weinten, diese gute, treue, uneigennützige Obrigkeit verlieren zu müssen. Mein sonst so ruhiger Mann, dem Tränen etwas Seltenes sind, kam schluchzend nach Hause.›[535] ‹Ich bin ganz zufrieden mit der neuen Einrichtung der Dinge›, schrieb sie einige Monate später, ‹kann mich sogar über manches freuen.›[536] ‹Freiheit gönne ich jedem Menschen, nur nicht Zügellosigkeit.›[537]

Unterdessen war die Schweiz Kriegsschauplatz fremder Heere geworden. ‹Ach, dass der Herr der Erde Frieden schenkte!› ruft Anna aus.[538] Anfang 1799 wurde im Hause Schlatter ein französischer Soldat einquartiert. Anna lobt ihn als ‹einen sehr ordentlichen, sittlichen, [...] gewiss guten Menschen, [...] der nicht aus Neigung Soldat› geworden sei.[539] Bescheiden sei er, man habe ihm zum Mittagessen das Fleisch, das ihm nach Ordre zustand, aufzwingen müssen. Vom Tischwein habe er gar nichts genommen. Hector unterhielt sich gerne mit ihm, er beherrschte ja die französische Sprache. Bei seinem Abschied gab er ihm einen Kuss, während ihm Anna – gegen seinen Willen – ein neues Hemd und neue Strümpfe – beides selbst gefertigt – einpackte.[540]

Im Mai 1799 zogen sich die französischen Truppen aus St. Gallen zurück, und die kaiserlichen rückten ein – ohne dass in der Stadt ein einziger Schuss gefallen wäre. Doch im Rheintal wurde gekämpft. Vom Fenster aus sah Anna 92 Wagen mit verwundeten Soldaten die Marktgasse hinauf rumpeln. In den Klostergebäulichkeiten wurden Lazarette eingerichtet. In Hast, mit vielen Durchstreichungen, meldet Anna ihrer Freundin: ‹[...] ich leide sehr unter dem Leiden der Menschheit. Ach, Geliebte, ich war seit gestern schon 3 Mal im Lazaret. Diesen Anblick kann meine Feder nicht beschreiben, und auch, was ich zur Linderung dieser Leidenden beitragen konnte, war nur ein Tröpflein, [...] mein Herz bricht vor Erbarmen, wie wird Gottes Herz brechen!›[541] Annas Gottesbild – ein Gott, der leiden kann! – unterscheidet sich stark vom traditionellen Gottesbegriff sowohl der Orthodoxie und als auch der Aufklärung. Anna Schlatter beschritt damit theologisches Neuland.

Während sie dankbar feststellte: ‹Die Meinigen traf noch nicht das mindeste Übel›,[542] litten die Zürcher und damit auch Nette und ihre Familie 1799 unter ‹fast ununterbrochenem Kanonendonner›.[543] Doch nicht genug damit: Lavater wurde von den Franzosen zusammen mit anderen Zürchern verhaftet und nach Basel deportiert, was er erstaunlich gelassen hinnahm.[544] Zunächst hatte er die Französische Revolution begrüßt, dann aber den inhumanen Terror und nach dem Zusammenbruch der Alten Eidgenossenschaft 1798 auch die drakonischen Maßnahmen des Helvetischen Direktoriums kritisiert. Er sah die Ideale der Revolution verraten.[545] Deshalb seine Verhaftung. – Im September 1799 betraten französische Grenadiere den Platz vor St.Peter, verlangten lautstark Wein und drohten die Türe eines Hauses einzuschlagen, wo einige ‹furchtsame Frauenspersonen› wohnten. Lavater wollte die Soldaten besänftigen, trat vor das Pfarrhaus und schenkte ihnen Wein ein. Unter ungeklärten Umständen wurde ein Schuss abgegeben. Lavater erlitt eine schwere Bauchverletzung.[546] Nach langer Leidenszeit starb er Anfang 1801. Anna war tief betrübt, hatte aber der ‹unbeschreiblich traurigen Nachricht [von Lavaters Tod] [...] mit Sehnsucht› entgegensehen.[547]

Die Briefe Annas aus der ersten Hälfte des Jahres 1803 sind nicht fassbar. Es ist aber anzunehmen, dass sie der Schaffung des Kantons St.Gallen und der st.gallischen Kantonalkirche mit Gleichmut, wenn nicht sogar mit einem gewissen Wohlwollen gegenüberstand. Es findet sich bei ihr auch kein Echo auf die Wahl von Peter Stähelin zum ersten Antistes, also Kirchenratspräsidenten, der neuen Kantonalkirche. Stähelin kam vom Pietismus her, dachte aber relativ liberal, nahm also eine vermittelnde Position ein.

Anna Schlatters Überlegungen zum Jahr 1814, in welchem Napoleons Herrschaft zu Ende ging, lassen aufhorchen: ‹[...] mir gefällt's gar nicht, dass in Deutschland auch die Besten so begeistert für den Krieg sind. Auch der gerechteste Krieg ist [...] eine Plage der Menschheit, ein Kind der Hölle, ist doch nur ein Streit um die irdischen Rechte und Freiheiten eines irdischen Vaterlandes. Unser Vaterland aber ist droben, und das Reich Gottes ist Friede. [...] sieh, Liebe, ich für mich will doch lieber die Pest als den Krieg erwarten [...]. Es ist mir nicht einleuchtend, dass sie es da in Deutschland einen Kampf Gottes, einen Kampf um die Sache Jesu, nennen [...]. Täuschung scheint's mir, wenn ein Volk erwartet, mit der Befreiung von Napoleons Joch sei nun [...] Glück und Ruhe eingekehrt.›[548] Indem Anna die Pest dem Krieg vorzog, bezog sie sich auf eine Davidsgeschichte im Alten Testament, 2.Samuel 24: Lieber in die Hände Gottes als in diejenigen der Menschen fallen! – Anna konnte ihre deutschen Freundinnen nicht mehr verstehen. Deren Vereinnahmung von Gott und Jesus für den Befreiungskrieg billigte sie nicht.[549] Sie wünsche der elenden Menschheit den Frieden erst ins Herz, dann komme er auch ins Land.[550] An die Adresse der Deutschen, aber auch der Schweizer schreibt sie: ‹Der heurige Patriotismus, der jetzt so viele Herzen hinreißt, scheint mir wohl menschlich schön, aber doch nicht ganz himmlisch.›[551] ‹Mein und dein Vaterland wird vergehen [...]. Nicht mit meinem irdischen Vaterlande mag ich fallen und stehen [...]. Noch liebe ich es zwar mehr denn andere Länder, aber ich hange nicht mehr daran, sondern habe mich angehängt, wo kein Fallen möglich ist, an den festen Grund unsers Heils [...].›[552]

Anlässlich ihrer Deutschlandreise von 1821 fuhr Anna an der Festung Ehrenbreitstein bei Koblenz vorbei. Der Anblick ‹machte nun dem Tränenstrom in meinem Herzen [...] Luft. Ach, mit welcher Mühe [...] schaffen sich Menschen Sicherheit vor Menschen, um aus diesen Verschanzungen Mord und Tod zu verbreiten [...], je schöner die Natur vor mir lag, umso schärfer wurde mein innerer Schmerz bei dem Gedanken: Vater, du machtest so schön die Wohnung deiner armen Kinder, die Erde [...], aber sie verbittern sich ihren Aufenthalt auf derselben selbst; [...] und machen eine Hölle daraus.›[553] Sie empörte sich auch über die Festungswerke von Köln: ‹Was seid ihr Menschen, [...] dass ihr euch verschanzen müsst gegeneinander? Wo sind die reißenden Tiere, die ihr fürchtet, als [in] euch selbst, vor denen ihr euch zu retten, die ihr zu vernichten sucht, wie euch selbst?›[554]

Anna lehnte den Krieg nicht nur im Allgemeinen ab, sondern auch den so genannten ‹gerechten Krieg›, eine vom Kirchenvater Augustinus entwickelte und in der evangelischen und der katholischen Kirche gängige Lehre, wonach der Krieg nur unter strengen Bedingungen erlaubt sein sollte. Besonders verdächtig war ihr die Kriegsführung im Namen Gottes oder für die Sache Gottes, also der ‹heilige Krieg›. Ihr Pazifismus war nicht aufklärerisch begründet, sondern in ihrem Glauben an das ‹Reich Gottes›, das den irdischen Staat und den Patriotismus als vorletzte Dinge relativiert. Sie teilte Schleiermachers Kritik der Institutionen.⁵⁵⁵ Schon 1798 hatte Anna geschrieben: ‹O Liebe, die jetzigen Zeiten beweisen es, dass, wer sein Glück außer sich in der Welt sucht, es nirgends, unter keiner Regierung findet, und hingegen, wer es in sich und in der ewigen Welt sucht, es nie verlieren kann. [...] lass uns, Teure, unserem Erbarmer innigst danken für diesen Glauben, der in allen Stürmen hält.›⁵⁵⁶ Und 1799 sagte sie: ‹Gottlob, dass wir nicht den Franzosen, nicht dem Kaiser, sondern Gott gehören.›⁵⁵⁷ Die Wende zum Nationalen, welche die meisten Romantiker am Ende der napoleonischen Ära forderten und welche bereits durch die Entdeckung der ‹Volksseele›, der Sammlung von Volksliedern und Märchen und ihre eigenen Dichtungen vorbereitet worden war, hat Anna nicht nachvollzogen.

Bestärkt wurde Anna in ihrer pazifistischen und antinationalistischen Haltung durch den Quäker Stephan Grellet (vgl. S. 132). Der ‹Gottesmann› weilte im Jahr 1814 während mehrerer Tage in ihrem Haus. 1820 besuchte er sie nochmals. Anna war tief beeindruckt von seiner christlichen Mystik, seinem sozialen Engagement und seiner konsequent pazifistischen Haltung. Grellet berief sich auf Jesus, der seinen Jünger Petrus das Schwert in die Scheide stecken hieß. Sie hoffte, einst werde ‹auch G. nicht mehr Quäker sein, und seine Form [kirchliche Gemeinschaft] wird wie die unsere aufgelöst werden.›⁵⁵⁷ Anna nennt Grellet einen ‹Diamanten›. Auch Johann Michael Sailer hielt viel von ihm.

Hector Schlatter teilte die Friedensliebe seiner Frau, wie aus einem Brief Annas von 1795 an ihn hervorgeht: ‹In diesen kriegerischen Zeiten freue ich mich besonders, dass du so ein Mann des Friedens bist und mehr Geschmack an der l. [lieben] Natur als an Waffen [und] Militär [...] hast.›⁵⁵⁹ Vielleicht wusste das Ehepaar von der Abneigung Goethes und Kants gegen den Krieg. Anzunehmen ist, dass sie das ‹Kriegslied› von Matthias Claudius kannten:

'sist Krieg! 'sist Krieg! O Gottes Engel wehre
Und rede du darein!
's ist leider Krieg – und ich begehre
Nicht schuld daran zu sein!⁵⁶⁰

## Weltbürgerin und Pazifistin

Der Pazifismus der beiden Ehegatten war zu jener Zeit aber doch eine Ausnahme. Angesichts der politischen Umwälzungen ihrer Zeit bewahrten beide einen bemerkenswert klaren Kopf und Besonnenheit.

In vorgerücktem Alter schrieb Anna: ‹Wie werden meine frommen Eltern staunen, wenn ihnen dort in der Ewigkeit Enkel aus allerlei Land und Volk entgegenkommen – sie, die beinahe glaubten, außer der Schweiz sei kein Heil. Ich aber war hierin andern Sinnes.› Wenn sie gefragt werde, was sie mit all ihren Kindern anfangen wolle, antwortete sie: ‹Die Welt ist groß, sie sind nicht an St.Gallen gebunden.›[561] Fünf ihrer Kinder, vier Töchter und der Sohn Caspar, ließen sich in Deutschland nieder. Der Sohn Jacob wanderte nach Annas Tod samt seiner großen Familie in die Vereinigten Staaten aus. – Das weltbürgerliche Denken Annas fügt sich nahtlos zu ihrem Pazifismus.

‹[...] ich will das Schicksal meiner Kinder nicht auf mir tragen und selber ordnen, sie müssen aus eigener Überzeugung handeln›, sagte sie.[562] Im Jahr 1814 verließ Caspar das elterliche Haus. ‹Am Samstag betete ich noch allein mit ihm [...] natürlich weinten wir beide.›[563] Auch der älteste Sohn Johann ging seiner Wege. Zwei der Töchter, Cleophea und Anna, wirkten als Lehrerinnen in gräflichen Familien in Deutschland. Beide heirateten deutsche Männer wie auch die älteste Tochter Babette. Cleophea, die ‹Fegbürste›, die ‹Königliche› (vgl. S.66 und 137), die wie ihre Mutter über viel Willenskraft verfügte und ihr von allen Töchtern am ähnlichsten war – dieser Cleophea, die als Kind an Kinderlähmung erkrankt und von ihr wieder gesund gepflegt worden war, widmete Anna bei der Abreise das Gedicht:

An C., als sie nach W. verreiste

Es war ein Kindlein klein
Ging immer gern allein,
Doch Mutter fürchtet seinen Fall,
Und wollt' es führen überall.

Dies schien dem Kindlein Zwang,
Es sehnte sich gar lang

Nach Freiheit, ganz allein zu geh'n,
Die Freiheit dünkt es gar zu schön.

Die Mutter sah dies wohl,
Doch war sie sorgenvoll,
Die führend' Hand zog sie zurück,
Verfolgt das Kind nur mit dem Blick.

Dem Blicke zu enflieh'n,
War nun des Kind's Bemüh'n
Ganz frei, ganz sicher wollt' es geh'n,
Um in der Welt sich umzuseh'n.

Die Mutter kann nichts tun,
Als in der Hoffnung ruh'n:
Die ihr bekannte Vaterhand
Führ' jetzt das Kind am Gängelband.[564]

Anna Schlatter ließ ihre Kinder bewusst los und ließ sie auch in die Ferne ziehen. Im Wissen, sie nach menschlichem Ermessen nie mehr zu sehen, doch in der Hoffnung, ihnen in der ewigen Heimat wieder zu begegnen, fiel ihr der Abschied leichter. Natürlich blieb sie mit den Kindern in engem brieflichem Kontakt. Nach ihrem Tod wurde er von Hector aufrecht erhalten.

## Die Theologin

Anna Schlatter war die Glaubenspraxis wichtig. Sich über den Glauben Rechenschaft abzulegen und mit anderen über den Glauben zu diskutieren, wurde ihr in älteren Jahren jedoch immer mehr zum Bedürfnis. Sie entwickelte sich zur autodidaktischen Theologin. Die erste Theologin der Kirchengeschichte ist sie nicht, auch nicht im schweizerischen Umfeld.

Im 14. Jahrhundert setzte sich Elsbeth Stagel, Nonne im Dominikanerinnenkloster Töß, mit der Mystik auseinander. Sie suchte Kontakt zum großen Mystiker Heinrich Seuse. In einem Brief bat sie ihn um geistliche Belehrung. Sie wolle dahin kommen, wo er stehe, und ein ‹Meister der Weisheit› werden. Theologische Belehrung hat sie – ähnlich wie Anna Schlatter – nur in Verbindung mit persönlicher Erfahrung akzeptiert. Als getreue Chronistin hat sie Seuses Belehrungen aufgezeichnet. Die Briefe, die sie und Seuse wechselten, sind von hohem literarischem und theologischem Rang.[565] – Die Französin Marie Dentière war nach 1500 Äbtissin eines Frauenklosters in Tournay. Sie begeisterte sich für die reformatorische Lehre, trat aus dem Kloster aus und kam in die Schweiz, wo sie Frau des Genfer Reformators Froment wurde. Engagiert setzte sie sich für die neue Lehre ein. Da es den Frauen verboten war, in den Kirchen zu sprechen, versuchte sie, ihre Glaubensansichten durch Schriften zu verbreiten. Sie äußerte den provozierenden Satz: ‹Avons-nous deux Evangiles, l'un pour les hommes et l'autre pour les femmes?›[566] Kein Wunder, dass die frühe Verfechterin der Gleichberechtigung der Frau mundtot gemacht wurde. – Hortensia Gugelberg von Moos (1669–1715), eine adlige Dame aus der Bündner Herrschaft und überzeugte Protestantin, focht in einer Zeit großer konfessioneller Gegensätze mittels eines Pamphletes gegen die konservativen Ansichten eines glarnerischen Priesters. Sie verteidigt ihm gegenüber die Gnade Gottes gegen die Werkgerechtigkeit. Und sie belegt mit mehreren Bibelstellen, dass die Frauen Miterben dieser Gnade seien und deshalb Anteil hätten am Leibe Christi.[567]

Eine Verbindung zwischen diesen Frauen und Anna Schlatter lässt sich nicht konstruieren. Die Vorgängerinnen waren Einzelkämpferinnen. Vorbilder hatte Anna kaum. Von Jugend auf hatte sie sich hervorragende Bibelkenntnisse erworben. Es ist auffallend, dass sie mit der Bibel in der Hand zu argumentieren pflegte. Sie las sich aber auch in verschiedene Gebiete der Theologie ein, studierte Schriften von Luther, Tersteegen, Lavater, Jung-Stilling und Sailer. Sie nahm sich die ‹Denkwürdigkeiten aus der Geschichte des Christentums› des berühmten Kirchenhistorikers Neander vor und vertiefte sich in die bedeutenden theologischen Werke von de Wette, Miville, Ötinger und Fénelon.[568] Mit diesem Rüstzeug trat sie 1821 ihre große Reise nach Deutschland an.

Unterwegs stieg sie in verschiedenen Pfarrhäusern ab, evangelischen und katholischen. In den Städten traf sie sich mit Pfarrern und Theologieprofessoren. Diese Reise hatte einen anderen Charakter als diejenige nach Bayern einige Jahre zuvor. Nicht Gebet, Gesang und erbauliche Gespräche standen im Mittelpunkt, sondern theologische Diskussionen. Anna profilierte sich gegenüber den studierten Theologen als ernst zu nehmende Gesprächspartnerin. Im kleinen, zwischen Stuttgart und Heidelberg gelegenen Münklingen setzte sie sich mit Pfarrer Karl August Osiander auseinander über den Ausdruck: ‹Christus unser Bruder›. Der fromme Pfarrer hielt den Ausdruck für eine Anmassung. Anna aber hielt ihm Bibelstellen entgegen, unter anderen Matthäus 12,50: ‹Denn wer den Willen meines Vaters in den Himmeln tut, der ist mir Bruder und Schwester und Mutter.›[569] Doch nannte sie Osiander trotz der Meinungsverschiedenheit einen ‹ehrwürdigen Knecht Christi›.[570] Einem anderen Pfarrer hielt sie vor, er bete zu lange: ‹Gebet soll nach meiner Einsicht nur eine kurze Darlegung dessen vor Gott sein, was unser kindlich Herz von ihm zu bitten oder ihm zu danken hat; auch ein Lob seiner Liebe; die langen Ausdehnungen nenne ich Betrachtung, die vor Gott angestellt werden kann, aber keine Anrede oder Bitte an Gott selber ist.›[571] Sie enthielt sich auch nicht der Kritik an den Predigten, von denen sie unterwegs eine ganze Reihe hörte.

Barmen war das Ziel der Reise. Im benachbarten Elberfeld hörte

Wilhelm Martin Leberecht de Wette, Theologieprofessor in Basel und zuvor in Berlin, von wo er aus politischen Gründen – er war gegen die Restauration – vertrieben worden war. Vgl. S. 84. (Aus: Karl Barth, Die protestantische Theologie im 19. Jahrhundert)

Anna eine Predigt des berühmten Erweckungspredigers Pfarrer Gottfried Daniel Krummacher. Er wählte Hesekiel 34,16 als Text. Darin geht es um den Hirten, der den Schafen nachgeht. Krummacher, bekannt wegen seiner strengen Auffassung der doppelten Prädestination[572], behauptete, für ihn typisch, der Hirt rette wohl die verirrten, versprengten und verwundeten Schafe, ‹vertilge› aber die fetten und kräftigen. Luthers Übersetzung ‹behüte› sei falsch. Anna ‹fuhr ein Stich› durch das Herz. In ihrer Kirchenbank betete sie: ‹Lieber Heiland, du weißt, dass ich weder Griechisch, Hebräisch noch Lateinisch verstehe, also halte ich mich an die deutsche Übersetzung; [...] wir Arme, die nur Deutsch verstehen, [...] halten uns an das, was wir bisher gelernt haben aus deinem Wort [...].› ‹[...] unser Hirte Jesus Christus›, sagte sie Krummacher nach der Predigt, würde doch gewiss ‹unter den Schafen, die er täglich zu frischen Wassern leitet und auf grüne Weide führt, auch fette, nicht lauter magere halten, und wird diese behüten, dass sie nicht [...] schwach werden. Ein Schaf, welches sich für fett und stark selber hält und darüber aufbläht, das ist nicht fett, sondern krank und verirrt.›[573] Anna konnte sich nicht anfreunden mit einer Bibelauslegung, die nach ihrer Auffassung dem Sinn und Geist des Evangeliums widersprach. Sie hätte sich auch nicht von ihrer Überzeugung abbringen lassen, falls Krummacher mit seiner Übersetzung Recht gehabt hätte – er hatte nicht! – Schon einige Jahre zuvor hatte Anna geschrieben: ‹[...] ich gestehe dir, liebe Nette, mich ekelt alles an, was nicht mit dem Sinn und Geist des lieben heiligen Evangeliums übereinstimmt.›[574]

Die Heimreise nach der Schweiz trat Anna allein, in einer öffentlichen Postkutsche an. In der Nähe von Köln stieg ‹Domscholastiker Molière zu uns ein [...] und›, so Anna belustigt, ‹unterhielt mich nun von sich selber und seiner vollkommenen Freiheit von aller Eigenliebe; seiner Großmut im Ertragen des Kreuzes und so weiter. Meine Person schien ihm ein Rätsel, und meine Reise war er geneigt, eine Missionsreise zu heißen; er war äußerst freundlich gegen mich und empfahl sich in mein Gebet [...].›[575] In Stuttgart traf Anna ihren Sohn Caspar. Darauf reihte sich ‹Besuch an Besuch›. Viele Menschen wollten die – berühmte – Frau sehen. Schon auf der Hinreise hatte sie in Stuttgart Station gemacht. Damals war sie in einen Saal geführt und aufgefordert worden ‹in einem großen Kreis von christlichen Frauenzimmern eine Rede [zu] halten›. Nach dem ersten Schrecken sprach sie am Ende doch ‹noch etwas aus meinem Herzen an den Kreis der [...] bewegten Schwestern›.[576] Das war die erste und einzige Predigt ihres Lebens, die sie tatsächlich gehalten hat.

Predigten in Brieffform hat sie unzählige verfasst. Dem Weinfelder Pfarrer Johann Caspar Stumpf erläutert sie anhand von Bibelstellen das ‹heilige Abendmahl›: ‹Mein Herz drängt und treibt mich dazu. [...] Glaube nicht, dass ich Ungelehrte, welche so wenig Zeit zum Nachdenken und Lesen hat, dich belehren wolle [...].› In ihrer seitenlangen Exegese tut sie aber genau das. Das wird ihr selbst bewusst, wenn sie zum Schluss bemerkt: ‹Fast möchte ich dich um Verzeihung bitten, wenn ich nicht deine große Liebe und Demut kennte, dass ich den Prediger mache.›[577]

Auch die Briefe Annas an Nette nahmen in ihren letzten Lebensjahren den Charakter von theologischen Abhandlungen an. ‹Die ganze heilige Schrift kann ich›, schreibt sie, ‹Gott sei Dank, noch für wahr halten, aber nur so allgemeine Aussprüche Jesu, wie z. B. «Also hat Gott die Welt geliebt; Ich bin gekommen, zu suchen und selig zu machen, was verloren ist», [...] sind für mich trostreich; hingegen möchte ich dich fragen, ob dir in Hinsicht vieler prophetischer Stellen, die viele Christen voll Glauben auf sich selbst anwenden, es auch gehe wie mir, dass es dir nämlich zweifelhaft wird, ob diese Stellen auch dich persönlich angehen, die so in Zusammenhang mit anderen Dingen stehen, die dem Volk Israel gesagt und verheißen waren, wie z. B. der herrliche Anfang des 43. Kap. Jesaias, die Stelle Jes. 49, V. 13-16, Jes. 54 vom 7. Vers an, und andere mehr.› In Jesaja 54,7, also im letzten von Anna erwähnten Beispiel, heißt es: ‹In kurzem Unmut habe ich dich verlassen, doch mit großem Erbarmen werde ich dich sammeln.› Im Kontext bezieht es sich auf die Rückkehr der verschleppten Juden aus dem babylonischen Exil. Anna unterschied also zwischen allgemeinverbindlichen und zeitgebundenen biblischen Aussagen. Nicht jedes

Bibelwort hat dasselbe Gewicht. Wie bei der Frage nach dem Sinn und Geist der Bibel tut sie einen Schritt hin zur Bibelkritik. Biblische Aussagen über die Unterordnung der Frau verteidigt sie im Prinzip noch, ergänzt sie aber mit aber mit positiveren biblischen Frauenbildern (vgl. S. 123/124).

Zwei Jahre vor ihrem Tod setzt sie sich in einem Brief an Nette mit dem Gleichnis von der engen und der schmalen Pforte auseinander (Matthäus 7,12–14): ‹Alles Richten aller einzelnen Fehler und Sünden an unseren Brüdern lehrt uns, unsere eigene zahllose Sündenmenge vorerst beschauen, wohl wissend, wenn wir dies tun, so werden wir keine anderen verdammen, indem wir uns dann selbst als die allergrößten Sünder erkennen werden. [...] Wahrlich, liebe Nette, an einzelnen Fehlern, Sünden, Schwachheiten sehe ich wenig Unterschied zwischen den Gläubigen und Ungläubigen. [...] leider bin ich eben auch noch weit mehr Weltkind, als ich sein sollte. [...] darum ich es auch nicht wage, mich selbst eine wahre Christin, nur eine begnadigte Sünderin zu nennen. [...] und ich setze meine Hoffnung nur darauf: Christus wird mein Ich in sein Ich verwandeln.›[578] Immer pointierter wird ihre Distanzierung von ihrer früheren Selbstgerechtigkeit und die Hinwendung zum Erlöser.

Ihren Kindern pflegte Anna kleine Büchlein, ‹Worte mütterlicher Liebe›, mit aufmunternden religiösen Gedanken zur Konfirmation oder zu anderen wichtigen Anlässen zu widmen. Besonders aufschlussreich für ihre Theologie sind zwei Büchlein, die sie für ihren Sohn Caspar schrieb, der den Pfarrerberuf wählte. Das erste Büchlein, ‹Einfältige Mutter-Worte aus Erfahrung und Überzeugung ohne Kunst›[579] schrieb sie im Jahr 1816, als Caspar seine erste Predigt halten und anschließend das Theologiestudium an der Universität Tübingen aufnehmen sollte. Es ist dies die einzige längere Schrift Annas, die zu ihren Lebzeiten publiziert wurde – durch Freunde ihres Sohnes.

Sie leitet das Büchlein ein mit dem Bibelzitat aus Kolosser 3,11: ‹Alles und in allen Christus!› Der ‹hochgelehrte Paulus› habe nichts als ‹Christum, den Gekreuzigten› gepredigt. So habe ‹das christliche Predigtamt von unserer Versöhnung› begonnen. ‹Durch seine Boten und

Diener will Christus, das Haupt der Gemeine, immerfort aus selbstgerechten und werkheiligen Menschen, aus unwissenden [...] Menschen, sich eine Gemeine sammeln.› ‹Auch dir, mein Sohn, ist der Herr, Jesus Christus, auf dem Wege erschienen und hat dich [...] dazu berufen, ein Arbeiter in seinem Weinberge zu werden.› ‹Gelehrte Kenntnisse braucht nach meiner schwachen Einsicht ein Knecht Jesu Christi vorzüglich für den Unglauben, vielleicht nur für den gelehrten Unglauben. Die Reden Jesu [...] waren so einfach als möglich, fern von jeder Gelehrsamkeit.› Ein gläubiger Christ müsse ‹sehr auf der Hut sein, dass er vor lauter Rennen nach Wissen nicht das Glauben und Lieben verlerne, und aus lauter Weisheit ein Tor werde.› Anna selbst hatte sich viel theologisches Wissen angeeignet und betrieb in Ansätzen eine kritische Bibelexegese, ohne aber je die Balance von Wissen und Glauben zu verlieren. – Sie erinnert Caspar zum Schluss an das Pauluswort: ‹Und hätte der Liebe nicht, so wäre ich nichts! [...] Was er alles in diesem 13. Kapitel [des ersten Korintherbriefes] ausspricht, ist süß wie Honig, aber doch zugleich schärfer als Sinais Donner.› Sehr reformatorisch ruft sie ihrem Sohn zu: ‹Jesu Versöhnung brauchen wir in allem, weil unsere Kraft nirgends zureicht. [...] Wir werden ohne Verdienst gerecht aus seiner Gnade! Durch den Glauben, den geschenkten Glauben an Christum Jesum.› Sie kommt so auf den Anfangsgedanken des Büchleins zurück, der ihr zum A und O des Glaubens geworden war, und schließt mit der ernsten Ermahnung: ‹Die Kohle des Gebets muss glühen, wenn sie außer sich zünden soll!›

Dass Annas Sohn Hector Stephan, der Apotheker wurde, in St. Gallen an der Gründung einer freien pietistischen Gemeinde beteiligt war – in einer Zeit, da Rationalismus und liberale Theologie vorherrschten –, erlebte sie nicht mehr. Sie, die gegen den Separatismus war, hätte das vermutlich mit gemischten Gefühlen aufgenommen. Um Gottlieb, den jüngsten Sohn, machten sich Hector und Anna schon früh Sorgen. Bereits als Kind fiel Gottlieb durch seine eigenartige Frömmigkeit auf. ‹Ach›, schreibt sie, ‹noch ist er nicht glücklich [...], hat mehr Leiden als andere Knaben und sehr wenig Freude, denn in der Welt findet er keine, und ist nur Fremdling, aber noch nicht recht [...] Gottes Hausgenosse. Dann erst, wenn er dies ist, wird wahre Freude bei ihm einkehren. Ich trage ihn immer schwer auf dem Herzen, weil er unter beständiger Furcht, er möchte ein Ungläubiger werden (wie er sich ausdrückt), studiert, und ich, ach, keinen Lehrer weiß, der ihn recht verstünde und recht evangelisch weise zu machen suchte.›[580] Kurz vor ihrem Tod legte sie ihn ihrem Schwiegersohn Adolph Zahn, einem ausgezeichneten Theologen, mit der dringenden Bitte ans ‹Bruderherz›, über sein geistliches Leben zu wachen.[581] Gottlieb hatte ein schweres Leben. Nach seinem Theologiestudium wurde er Pfarrer in Balgach im Rheintal. Auf Grund von Konflikten, die ihre Ursache in seinem Glaubensernst hatten, musste er die Gemeinde wieder verlassen. Der liberal dominierte kantonale Kirchenrat wollte ihm, der auch schon ‹Schwarmgeist› genannt wurde,[582] keine neue Stelle gewähren. Er führte ein unstetes Wanderleben, wurde Baptist und fand schließlich als Prediger der freien Gemeinde in Hauptwil im Thurgau eine dauernde Stelle. In Doris Schulze fand er eine Frau, die ihm mit praktischem Verstand zur Seite stand.

Auf Wunsch ihres Sohnes Caspar, der unterdessen sein Theologiestudium abgeschlossen hatte, verfasste Anna Schlatter 1824 eine Auslegung der letzten Worte Jesu am Vorabend seines Todes: ‹Einige schwache Gedanken über das hohepriesterliche Gebet› in Johannes 17.[583] Der Bibeltext ist schwierig. Annas Argumentation wirkt abstrakt, ganz anders, als wenn sie, wie gewöhnlich, aus eigener Erfahrung in eine konkrete Situation hineinschreibt. Doch an einigen Stellen wird Lebendigkeit und Originalität spürbar, etwa, wo sie den Unterschied von ‹Jesum Christum kennen› und ihn ‹erkennen› erläutert (Vers 3). – In der Auslegung von Vers 21, ‹Auf dass sie alle eins seien [...]›, nimmt sie noch einmal den Faden des Ökumenismus auf: ‹Er [Jesus] wollte sterben für das Volk, und nicht für das Volk allein, sondern dass er die Kinder Gottes, die hin und her zerstreut sind, zusammenbrächte. Joh. 11,52. Für diesen Zweck litt er, betete er, starb er. Noch sehen wir es nicht, [...] aber so wahr er betete, so wahr wird er erhört. Seine Gemeine, die er seinen Leib, seinen Tempel, seine Braut nennt, wird zusammengesammelt werden aus ihrer Zerstreuung in alle

Welt, und in hundert Formen, Gestalten, Meinungen, Verschiedenheiten. Sie wird in Eins versammelt werden, wie der Vater mit dem Sohne Eins ist. [...] Diese Vereinigung der Seinen nennt Jesus Christus [...] ‹Herrlichkeit›.›

Von großem Interesse ist Annas Kommentar zu Vers 9: ‹Ich bitte für sie, und bitte nicht für die Welt, sondern für die, die du mir gegeben hast, denn sie sind dein.› Anna stößt sich an diesem Vers. Jesus habe lediglich ‹zunächst› für die ‹Erstgeborenen›, ‹nicht für die Welt› gebeten, schreibt sie. ‹Hernach am Kreuze, an welches ihn seine Feinde eben nagelten, rief er unter ihren Hammerschlägen für diese: «Vater! Vergib ihnen, sie wissen nicht, was sie tun!» [...] Über seinen nächsten Geliebten scheint er sein Reich zu vergessen, aber für die Rettung seines Reichs verlässt er bald darauf diese und gibt sein Leben preis [...].›
Anna befürwortete die Lehre der ‹Allversöhnung›, die auch von einzelnen anderen erweckten Zeitgenossen vertreten wurde. Plastisch wird ihr Eintreten für diese Lehre, die selbst die Grenzen des Christentums sprengt, in einem Streitgespräch, das sie auf ihrer Deutschlandreise in Köln mit Pastor Gräber und mit Professor Kraft (Krafft) führte:

‹So oft die beiden Pastoren Zeit hatten, kamen sie herein; das Gespräch wurde lebhaft und interessant. Mittags nach Tisch kamen wir auf die endliche Erlösung oder Nichterlösung aller Menschen durch Christum zu sprechen. [...] Markus 10 und Römer 9 wurden mir entgegengesetzt; allein die Klarheit, in welcher mir die totale Wiederherstellung alles dessen, was der Teufel verdarb, durch den Sohn Gottes vor meinem inneren Auge schwebte, ließ mich sehr viele Stellen finden, die alles, was dagegen zu zeugen scheint, aufheben, sodass ich diesen Verfechtern ihres Kirchenglaubens das Feld nicht räumen wollte [...]. Tags darauf war es Sonntag; da predigte Kraft sehr schön über den verlorenen Sohn, [...] und als ich nach Hause kam und die beiden Pastoren im Zimmer fand, trat ich vor sie hin und redete Kraft an: Herr Pastor! Je mehr ich unter ihrem Vortrage das Glück empfand, ein vom Vater wieder aufgehobenes, verlorenes Kind zu sein, umso mehr leidet mein Herz unter dem Gedanken an meine vielen, noch im verlorenen Zustande lebenden Geschwister; in ihrer Predigt konnte ich mich der Tränen nicht enthalten, wenn ich herumblickte in der Kirche und den kleinsten Teil der Zuhörer für gerettet halten durfte. O! in ihrer Stelle, sprach ich feurig, indem die Tränen über mein Gesicht flossen, bei ihrem Glauben, dass nur in diesem Leben Rettung der ungläubigen Sünder zu hoffen sei, könnte ich keine ruhige Viertelstunde haben. [...] hernach bat ich den lieben Mann, auch noch Johannes 17 vorzulesen. Pastor Kraft saß in seinem Prediger-Ornat auf der einen, Gräber auf den anderen Seite eines Tischchens, ich in der Mitte; da fühlte ich tief, dass unser immerdar lebender Hohepriester, welcher die Sünden der Welt hinnahm und immerdar für uns bittet, nicht weniger, sondern unendlich viel mehr Liebe zu den Menschen haben müsse als wir [...]. «Gott ist nicht ein Gott der Toten, sondern der Lebendigen.»›[584] – Zurück in St.Gallen unterstrich sie in einem Brief an Professor Kraft nochmals: Ihre ‹Lieblingshoffnung› sei, ‹dass das ganze Menschengeschlecht [...] errettet werde›. Am Kreuz habe Jesus ‹für die Welt› und ‹für seine Mörder› gebetet.[585] Zwei Verse Anna Schlatters lauten:

> Ach, dein Erbarmen kennet keine Schranken
> Es übersteiget menschliche Gedanken.[586]

# Lebensende, Würdigung und Nachwirkung

Von 1819 an mehren sich Klagen Annas über Beschwerden in der Brust und in den Beinen. ‹[...] will er [Gott] auch mein brausendes Leben und Arbeiten in ein Nichtstun und Nichtssein verwandeln, so geschehe sein Wille.›[587] Die Deutschlandreise vom Sommer 1821 gab ihr nochmals Auftrieb, doch am Ende desselben Jahres begann sie einen Brief an Röhrig mit der Bemerkung, das sei vielleicht das letzte volle Jahr ihres Lebens gewesen. Noch scherzt sie: ‹Da ich nicht weiß, ob ich leberkrank bin, oder milzsüchtig, oder gallsüchtig, oder hypochondrisch oder melancholisch, so dünkts mich, es müsste herauskommen, als ob ich meine Feder in die Galle getaucht hätte [...] ich sehe alles durch ein dunkles Glas, male mir aus kranken Phantasien alles aufs Schwärzeste aus, das da auf Erden ist, und verlange sehr von diesem galligen Gehäuse frei zu werden.›[588] Die Krankheit zog sich über vier weitere Jahre hin. Der Arzt stellte die Diagnose ‹Wassersucht›, also Wasser in der Lunge und in den Geweben als Folge einer Herzinsuffizienz. Anna wurde schwer und unbeweglich. Häufig klagte sie über ihren ‹matten Körper› und über ihre Atemlosigkeit.[589] Der Vulkan von einst war ausgebrannt.

Als Anna in ihrem langen Sterben lag, pflegte ihr Hector aus der Bibel vorzulesen. Er ist, schrieb sie an eine Tochter, ‹für mich Kranke sehr besorgt und glaubt, dass er nur durch Christum Vergebung der Sünden und ewiges Leben erhalten könne.› Das allerdings hatte er wohl schon immer geglaubt, auch wenn er es nie an die große Glocke gehängt hatte. Endlich war der letzte Rest ihres Zweifels hinsichtlich seiner ‹Gläubigkeit› geschwunden. Zum 51. Geburtstag am 5. November 1824 widmete ihr Hector ein Gedicht, das zeigt, dass die beiden Eheleute miteinander über den nahenden Tod sprachen. Es beginnt so:

Dank sei Gott! – Er hat's gegeben,
Und geordnet, dass du heut
Noch bei uns bist und dein Leben
Nicht dem Tode ward' zur Beut![590]

Altersbildnis Hector Schlatters. (Aus: Dora Schlatter-Schlatter)

# Lebensende, Würdigung und Nachwirkung

Besonders qualvoll waren die letzten fünf Krankheitsmonate. ‹Ich selbst bereite mich von außen und innen völlig auf den Abruf unseres Herrn, eben weil die Schwäche und Atemlosigkeit in meiner Brust mich vermuten ließ, das so schrecklich klopfende Herz und alle tobenden Pulse in mir könnten doch mit einem Male stille stehen.›[591] Bis zuletzt las, schrieb oder nähte sie ohne Unterlass. Zuweilen sang sie ‹mit sich selbst›. ‹Mach' Ende, Herr, mach' Ende, mit aller unsrer Not!›, betete sie mit Paul Gerhardt, dem großen orthodoxen Liederdichter, der selbst viel Leid erfahren hatte.[592] Noch drei Wochen vor ihrem Tod schrieb sie dem befreundeten Baron Kattowitz in Berlin einen tröstlichen Brief.[593] In einem Gedicht, ebenfalls aus den letzten Lebenswochen, finden sich die Verse:

> Ja, mein Heiland! Du allein
> Sollst mein Ziel, mein Alles sein.
> Meine Zeit und meine Wege,
> All' mein Leiden und mein Tun,
> Ich zu deinen Füßen lege,
> Um in Dir nun ganz zu ruh'n.[594]

In den letzten Lebenstagen empfand sie, wie sie im letzten Brief an Nette schrieb, eine ‹innere Finsternis und Glaubensleere›: ‹[…] ich fühle keinen Trost, keine Liebe Gottes, es scheint mir, als hätte er seine Gnade von mir genommen.›[595] Die Gottesverlassenheit, wie sie Jesus am Kreuz erfuhr, blieb ihr nicht erspart. Sie ließ den Brief einmünden in das Gebet: ‹Der treueste aller Hirten gehe unseren Seelen nach!›[596] Drei Tage später, am 25. Februar 1826, mit 52 Jahren, ist sie unter einem Bild ‹unseres Gekreuzigten› ruhig gestorben.[597]

Als Ehefrau, Mutter vieler Kinder und als Mitarbeiterin ihres Mannes teilte Anna Schlatter das Schicksal vieler bürgerlicher Frauen ihrer Zeit. Doch sie wuchs weit über die vorgegebene Frauenrolle und den vorgegebenen gesellschaftlichen Rahmen hinaus.

In langem Ringen befreite sie sich von ihrem engem religiösen Korsett und wurde mehr und mehr zu einer im biblischen Sinne frommen Christin. Ihr Ehemann Hector, ihre Kinder und ihre Freunde brachten sie auf den Boden der Realität. Der schmerzhafte Reifeprozess machte sie offener und gelassener. Ihre Unabhängigkeit und Stärke beruhte auf ihrem Gottvertrauen, aber auch auf ihrer angeborenen Lebensenergie und ihrem angeborenen starken Willen sowie auf ihrer Herkunft aus alter, angesehener Familie. Das verlieh ihr Durchsetzungskraft. Auch wenn sie ihre herben und eigensinnigen Züge nie ganz verlor – sie war keine Heilige –, wurde sie zu einer Persönlichkeit, die in ihrer ganzen Haltung Klugheit und Menschlichkeit zeigte. Als ‹männlich stark und mütterlich zart in allen Beziehungen Ehrfurcht gebietend› wurde sie wenige Jahre nach ihrem Tod von ihrem gelehrten Schwiegersohn Franz Ludwig Zahn charakterisiert.›[598] Vom Glauben her war ihr ein unbefangenes, unparteiisches Urteil über politische und gesellschaftliche Zustände möglich. Die Menschen in ‹Gut› oder ‹Böse› einzuteilen, lag ihr fern. Sie wusste, dass der Riss durch ihr eigenes Herz ging. Besonders bewegend ist, wie sie ihr äußerst tätiges äußeres Leben mit der Einkehr in das Innere, mit der Kontemplation, zu verbinden wusste.

Freundschaften zu knüpfen – und Freundschaften zu bewahren –, gehörte zu den großen Gaben Anna Schlatters. Die Bereicherung war gegenseitig. In Briefen, Gedichten und theologischen Schriften und im persönlichen Gespräch gab Anna ihre Erfahrungen weiter. Vielen Mitmenschen wurde sie zur einfühlsamen Beraterin und Trösterin. Ihren sozialen Einsatz verstand sie schlicht als Christenpflicht. Anna Schlatter wurde dank ihrer im Glauben wurzelnden Kraft zu einer Vorläuferin der Frauenemanzipation und der Frauenbewegung. Ihr pionierhaftes Engagement für die Ökumene, für Weltoffenheit, für eine menschlichere Welt und für den Frieden macht sie zur großen Frau.

Ohne ihren fortschrittlich eingestellten Ehemann wäre Anna nicht geworden, was sie war. Er unterstützte sie, sie unterstützte ihn. Mit ihrer partnerschaftlichen Ehe setzten die beiden Ehegatten neue Maßstäbe. Diese Ehe-Erfahrung übertrug Anna auf den kirchlichen Raum. Ihr völlig natürlicher Umgang mit Männern der eigenen und der katholischen Kirche war, jedenfalls innerhalb der Schweiz, einzigartig. Die erweckten Frauen – Anna an der Spitze – und die beteiligten Männer schufen auf dem Boden völliger Gleichberechtigung ein neues Kirchenmodell: Männer und Frauen begeben sich auf eine Weggemeinschaft über die konfessionellen, gesellschaftlichen und nationalen Schranken hinweg. Dass die Restauration diese Ansätze hinwegfegte, mindert die zukunftsweisende Bedeutung dieses Modells für Kirche und Gesellschaft in keiner Weise.

Anna Schlatter hinterließ eine zahlreiche, weit verästelte Nachkommenschaft. Bis auf den heutigen Tag ist in der Familie das Andenken an die Vorfahrin lebendig geblieben und gilt ihr Engagement als vorbildlich. Viele Nachkommen betätigten sich in der Kirche, als Pfarrer, Theologieprofessoren, Missionare, als Gründer und Leiter sozialer Institutionen. Viele, insbesondere Frauen, widmeten sich dem Schuldienst. Auch Kaufleute, Industrielle, Künstler und Naturwissenschaftler finden sich unter den Nachkommen. Namentlich erwähnt sei nochmals der Sohn Gottlieb. Zur Zeit des Sezessionskrieges weilte er in den USA. Auf einem Mississippi-Dampfer wandte er sich mit dem Ruf ‹all men are equal before God› gegen die Sklaverei, worauf es zu einem Aufruhr unter den Fahrgästen kam. Sie drohten, ihn über Bord zu werfen. Der Kapitän ließ daraufhin das Schiff landen und setzte den Gleichheitsprediger aufs freie Feld.[599] Anna hätte sich über ihren Sohn, über den sie sich viele Sorgen gemacht hatte, gefreut. Erinnert sei auch an den Enkel Adolf Schlatter, Sohn des Hector Stephan, der als hoch geachteter Theologieprofessor in Berlin und Tübingen, ganz im Sinne Annas, Denken und Glauben auf einen Nenner zu bringen suchte, und an seine Schwester Dora Schlatter-Schlatter, die sich als Schriftstellerin einen Namen machte, sowie an die Diakonisse Dora H. Schlatter, die sich in der Diakonie und in der Frauenarbeit engagierte und von 1953 bis 1960 Präsidentin des ‹Evangelischen Frauenbundes der Schweiz› war.

Von Anna Schlatters selbstbewusster Persönlichkeit und ihrem Wirken her ließe sich eine Linie ziehen zu den Anfängen der Frauenbewegung und des ‹sozialen Christentums› in der zweiten Hälfte des 19. Jahrhunderts, so zu Harriet Beecher Stowes Einsatz gegen die Sklaverei in den USA, zu Josephine Butlers Kampf für die Menschenwürde der Frauen in Europa und zu Bertha von Suttners pazifistischem Roman ‹Die Waffen nieder!›⁶⁰⁰ Der im Pietismus wurzelnde Henry Dunant gründete in demselben Geiste das Rote Kreuz und zur Verhütung von Kriegen eine Vorläuferorganisation der UNO, die ‹Weltallianz für Ordnung und Zivilisation›. Das Engagement dieser Persönlichkeiten des 19. Jahrhunderts mündete im 20. Jahrhundert in den ‹religiösen Sozialismus› von Hermann Kutter und Leonhard Ragaz.

Anna Schlatter sprengte Grenzen in religiöser, kirchlicher, sozialer und gesellschaftlicher Hinsicht. Sie stand auf eigenen Füßen, war aber doch viel mehr ein Kind ihrer Zeit, als man das in der bisherigen Forschung wahrgenommen hat. Sie war nicht unberührt von den Aufbruchbewegungen Aufklärung und Romantik. Neben Juliane von Krüdener war sie die bedeutendste Vertreterin der europäischen Erweckung, innerhalb deren sie sich jedoch stets eine eigenständige Stellung vorbehielt. Mit beachtlicher Sicherheit wusste sie die Balance zwischen Verstand und Gefühl zu wahren. Im Gegensatz zu den meisten Angehörigen der Romantik und der Erweckung hielt sie – auch als der Wind von 1814 an aus konservativer Richtung wehte – an den Öffnungen und Errungenschaften des Aufbruchs fest. Als autodidaktische Theologin kam sie zu erstaunlich fortschrittlichen Ergebnissen. Behutsam und ansatzweise übte sie Bibelkritik. Sie vertrat die These vom leidenden Gott. In ihrem dezidierten Eintreten für die ‹Allversöhnung› wird ihr Vertrauen in die Barmherzigkeit Gottes und ihre vorurteilsfreie Liebe zu den Menschen sichtbar. Anna Schlatter war ihrer Zeit weit voraus.

# Dank

Viele Menschen haben mich während der Entstehung dieses Buches begleitet. Regine Schindler, welche sich mit Meta Heußer und deren Tochter Johanna Spyri beschäftigt, regte mich bereits vor zwölf Jahren an, mich mit Anna Schlatter, Freundin von Meta, zu befassen. Namentlich nennen möchte ich auch Rudolf Gamper und Wolfgang Göldi von der Vadianischen Sammlung in der Kantonsbibliothek Vadiana, die stets für mich da waren und auf meine vielen Fragen eingingen. Geduldig haben Mitarbeiter und Mitarbeiterinnen der Kantonsbibliothek Material bereitgestellt. Ursula Hasler hat einige Texte transkribiert. Werner Kramer in Zürich und Andreas und Ruth Schwendener in St. Gallen lasen das Manuskript und gaben mir wertvolle Rückmeldungen. Dem Lavaterkenner Karl Pestalozzi in Basel, der das Manuskript äußerst sorgfältig studierte, verdanke ich grundsätzliche und weiter führende Kritik. Peter Wegelin und Jost Hochuli von der Verlagsgemeinschaft St. Gallen setzten sich mit viel Engagement für die Publikation des Manuskriptes und die Gestaltung des Buches ein. Ihnen allen gebührt herzlicher Dank. Mit meinem Mann, Frank Jehle, stand ich in ständigem Gespräch, wofür ich ihm sehr dankbar bin.

## Beigaben

1. Johann Caspar Lavater an Anna Bernet

9. XI. 93 [1793]

Dank für Ihren Dankbrief, liebe Anna B. Auf einmal gehts nicht mehr mit der Trägheit nach Lieblosigkeit [möglicherwiese hatte sich Anna der Liebesunfähigkeit bezichtigt]. Nur nicht ängstlich. Nur kindlich alles! Alles mit einer graziösen Manier, (con gusto et amore) behandelt. Durst nach Liebe ist Liebe; und Hass der Trägheit ist doch etwas anderes als Trägheit. – Unsere Freunde in [unleserlich] stehen immer fest in ihrer selb. Überzeugung.

An Häfelin* will ich selbst schreiben.

Adieu Liebe Schwester!

Lavater

*Pfarrer Häfeli(n), vgl. S. 14/15. (Aus: Nachlass Lavater, Handschriftenabteilung ZB, Zentralbibliothek Zürich)

9. XI. 95.

Laßt sie Ihren Dülbach, liebe Anna! auf einmal
gehen, nicht wieder mit der Trägheit nach Lieblich-
keit, Nur nicht ängstlich. Nur kindlich ALLES! Alles
mit einer graziösen Manier, (con gusto et amore)
behandelt. Bitte nach Liebe ist Liebe; und Güte der
Trägheit ist doch etwas anderes, als Trägheit. —
Ihre Freunde in d. Sachen immer fest in Ihrer selbst
Überzeugung.

An Bäseli will ich selbst schreiben.

Adieu Liebe Schwester! Lavater.

2. Anna Schlatter an Hector Schlatter (zur Kur in Bad Schinznach)

Herzens Männchen!

Voll Entzücken über deine zärtliche Liebe, von der ich heute über Konstanz einen so allerliebsten Brief erhielt, setze ich mich schnell, währenddem unsere lieben Eltern zum Mittagessen [gegangen] sind, dir einige Zeilen zu schreiben. Oh, wie möchte ich dir danken, dass du mir so oft schreibst, und so herzlich reut es mich, dass ich gestern etwas traurig über deinen Handlungsbrief [das Geschäft betreffenden Brief] war.

Schweige nur, dass ich das beste Weibchen sei, ich bin ein schwaches, armes Geschöpf, das mit dem besten Willen seinem ihm über alles teuren Männchen keine Freude machen kann. Aber du bist ein Mann, wie es wenige gibt. So oft ich einen sehe, kommt mir immer der Gedanke, mein Mann ist doch viel besser als du.

Heute haben wir Samstag und noch dazu Feiertag, ich wünschte aber wohl mehr Geschäfte. Weglugen [Zichorie] verkaufe ich leider wenig, bekümmere dich aber nicht darüber, es wird doch gut gehen.

Gott Lob und Dank, dass du immer wohl bist; ich kann mich nicht genug darüber freuen, nicht genug dafür unserem Vater im Himmel danken.

Sieh Lieber, wenn wir auch daneben viel missen und entbehren müssen, so sind wir doch glücklich, dass wir so innig aneinander hangen, so ganz an häusliche Stille gewöhnt sind und uns das Leben so viel [wie] möglich zu versüßen suchen. Oh, dich tauschte ich wahrlich nicht an einen Millionär, der würde nicht so alle Zeit erkaufen, um sein Weibchen durch ein Briefchen erfreuen zu können.

[...]

Weil es Samstag ist, muss ich schon abbrechen, und dies Briefchen ist beinahe das Porto nicht wert. Unser Johann ist sehr wohl, so wie auch deine dich innigst umarmende Gattin und Freundin A. Schl. B.

St. Gallen den 15. August 95 [1795].

2

Herzens Männchen!

Voll Entzücken über deine herzliche Liebe, von der ich heute über Constanz einen so allerliebsten Brief erhielt, setz ich mich schnell, während dem unfrankierten, zum Mittagessen sind, die einige Zeilen zu schreiben. O wie möcht ich Dir danken, daß Du mir so oft oft schreibst, u so herzlich lieb d[ein] mich, daß ich gestern Abend wenig über deinen Sendungsbrief, war —

Stöhnge nur, daß ich das beste Weibchen sey, ich, die nie [...] einen Seufzer, da mit dem besten Mann, seinem Herrn über alles Theuren Männchen keine Freude machen kan. Aber Du bist [...] Mann mir d[as] einzige giebt. So oft ich meine sehr laut mir innen der Gedanken: mein Mann ist doch viel besser als Du."

Heute haben wir Donnerstag, u noch dazu Sebastionstag, ich wünschte aber wohl mehr Geschäfte. Flüglingen verkauf ich linden wenig, bekümmere dich aber nicht darüber, es wird doch [...] gehen.

Gott Lob u Dank, daß Du wieder wohl bist. ich kan mich nicht genug darüber freuen, nicht genug dafür unserem Vatter im Himmel danken.

Erste Seite des Briefes. Zum Inhalt vgl. auch S. 53 und S. 117. (Aus: Nachlass Anna Schlatter, Vadianische Sammlung der Ortsbürgergemeinde St.Gallen)

3. Johann Michael Sailer an Anna Schlatter

Allerliebste Anna!
Obgleich es schon ungeheuer lang ist, seitdem ich dir nicht mehr schrieb, kann ich dir doch in Wahrheit sagen, dass ich oft und recht oft an dich und deine Familie dachte, und dass der Gedanke an dich mich oft beschämte und vor vielem Elend rettete.

Liebe Anna! Wie es mir geht, und wie es in meinem Innern aussieht, scheint, weiß und glaubt niemand; darum will ich schweigend meine Hände zu meinem Heiland am Kreuze erheben und weinend mein Haupt vor Ihm neigen.

[Verschreiber] Liebe Anna! Groß – groß ist Satans Gewalt. Freilich ist die Macht Jesu noch größer. Wäre dies nicht, so würdest du wahrscheinlich von mir keinen Brief mehr erhalten; denn es steckt nicht bloß die Baumwolle im Ohr –, sondern die Sünde im Herzen. Dein edler köstlicher Trost- und Freudenbrief ist mir ein neuer Beweis: dass Gott die Liebe ist; denn sonst hätte er mich Undankbaren mit keinem so großen Geschenk beehrt. Ich las ihn wohl schon oft, konnte mich aber bisher noch nicht satt daran lesen; denn Gott packt mich darin an allen Seiten an und will mich mit Gewalt zu sich ziehen, während sich mein Ich – mein Wille wie verzweifelnd wehrt, seiner freundlichen Liebe zu widerstehen.

Ich kann ja gegenwärtig nichts Erfreuliches an dich schreiben. Jesus wird aber dafür dir und deinen lieben Kindern etwas recht Erfreuliches ins Herz schreiben und dich und sie mit seiner Liebe und mit seinem Frieden erfreuen.

Von Herzen danke ich dir für deinen Wunderbrief und dem kleinen Jacob für sein Gebet für mich. Der Herr segne ihn und dich für diese Liebe! Verzeih mir mein langes [sträfliches?] Schweigen und kurzes Schreiben, denn ich kann jetzt nichts als schweigen – leiden – rufen: Herr rette mich!

G d 29ten Juni 1814

Dein armer Michl

Anfang und Schluss von Sailers Brief. Zum Inhalt vgl. S. 99. (Aus: Nachlass Anna Schlatter, Vadianische Sammlung der Ortsbürgergemeinde St. Gallen)

## Anna Schlatter-Bernet: Lebensdaten

1773 5. November: Geburt der Anna Bernet, Tochter von Caspar und Cleophea Bernet-Weyermann
1789 Ausbruch der Französischen Revolution
1792 Beginn der Freundschaft Annas mit Nette Lavater. Johann Caspar Lavater als ‹geistlicher Vater›
1793 November: Verlobung mit Hector Schlatter (1766–1842)
1794 18. Februar: Heirat (als zweite Frau, Mutterpflichten an Johann)
1794 30. Dez.: Geburt, 1. Jan. 1795: Tod eines Töchterchens
1795 November: Geburt von Babette
1796 Geburt von Caspar
1797 Geburt von Cleophea
1798 Ende der Alten Eidgenossenschaft und der Stadtrepublik St.Gallen; Beginn der Helvetik
1799 Geburt von Margarete
1799 Kriegerische Wirren in der Ostschweiz, Einsatz Annas im Lazarett
1800 Geburt von Anna
1801 2. Januar: Tod von Johann Caspar Lavater
1801 Geburt von Helene
1802 Geburt von Henriette
1803 Entstehung des Kantons St.Gallen und der Kantonalkirche
1803/1804 Physische und religiöse Krise Anna Schlatters und Überwindung
1804 Geburt von Christinchen
1805 Geburt von (Hector) Stephan
1805 Schwere Krankheit von Cleophea
1805 Erwerb des Landgutes ‹Äckerli›
1805 Erste Begegnung mit Johann Michael Sailer
1806 Helene und Christinchen sterben an Scharlach, Margarete genest
1807 Geburt von Jacob
1809 Geburt von Gottlieb
1811 Geburt von Maria Christine
1814 Bezug des zweiten Stadthauses
1814 Ende Napoleons; Beginn der Restauration
1816 Reise Anna Schlatters nach Bayern
1821 Reise Anna Schlatters nach Barmen
1826 25. Februar: Tod Anna Schlatters mit 52 Jahren und knapp vier Monaten

## Stammbaum Schlatter-Bernet

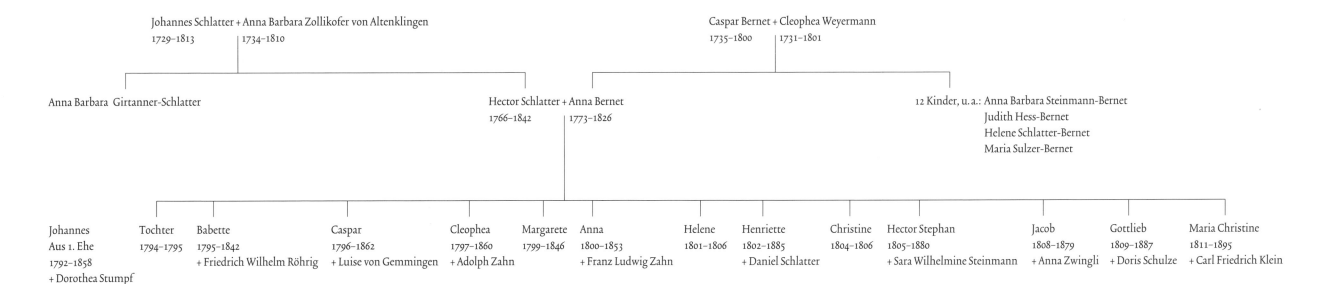

## Personenverzeichnis

Von Anna Schlatter-Bernet, Hector Schlatter, Johann Caspar Lavater, Nette Gessner-Lavater und Johann Michael Sailer, die häufig im Text vorkommen, werden nur die wichtigsten Stellen aufgelistet.

Alexander I., Zar  78
Arnim, Achim von  62, 108, 109, 117, 120
Arnold, Gottfried  127
Augustinus  145
Barth, Karl  84
Basedow, Bernhard  27, 68
Baumann, Kaplan  98
Bayr, Xaver  93
Beecher Stowe, Harriet  163
Bernet, Caspar  10, 14, 17
Bernet-Weyermann, Cleophea  10, 14
Blumhardt, Christian Gottlieb  125
Böhme, Jakob  106
Bonaparte, Napoleon  144
Boos, Martin  90, 100, 101, 102, 126
Bräker, Ulrich  35
Brentano, Clemens von  108, 110, 113
Brentano, Bettina von  28, 34, 62, 106, 108, 115, 117, 118, 120, 132, 133
Butler, Josephine  164
Calvin, Jean  100
Chateaubriand, François René de  78, 109
Chodowiecki, Daniel  70, 90
Claudius, Matthias  48, 55, 82, 89, 113, 146
Clemens XIV., Papst  89
Corrodi, Lisette  45, 57
Dentière, Marie  149
Dunant, Henry  164
Eichendorff, Joseph von  109
Fels, Johann Michael  83, 84
Fénelon, eigtl. Salignac, François de  150

Francke, August Hermann  15, 68, 82
Franz I., Kaiser  101
Friedrich, Caspar David  106, 111
Friedrich Wilhelm IV., König  133
Füssli, Johann Heinrich  16, 27
Gellert, Christian Fürchtegott  22, 85
Gemmingen, Luise von  124, 126
Gerhardt, Paul  161
Gessner, Georg  46, 59, 76, 80, 89, 103, 121, 128, 132
Gessner-Lavater, Nette  9, 17, 27, 28, 32, 42, 46, 59, 97, 102, 121, 137, 153, 154
Gessner-Schulthess, Bäbe (Barbara)  59
Girtanner-Schlatter, Anna Barbara  65
Goethe, Johann Wolfgang  14, 15, 27, 35, 37, 43, 80, 103, 109, 112, 113, 146
Gossner, Johannes Evangelista  93, 96, 101, 103
Gouges, Olympe de  127, 128
Gräber, Franz Friedrich  157, 158
Grellet, Stephan  132, 146
Gugelberg von Moos, Hortensia  149
Gügin, Ottilie  125
Gumppenberg, Carl von  101
Günderode, Karoline von  28, 34, 106, 115, 117
Häfeli(n), Pfarrer  14, 15
Haid, Herenäus  96, 97, 103, 122
Herder, Johann Gottfried  35, 80, 82
Hess, Felix  16
Hess-Bernet, Judith  90, 93
Heußer, Johann Jacob  137
Heußer-Schweizer, Meta  131, 136, 137

# Personenverzeichnis

Jung-Stilling, Johann Heinrich  13, 27, 35, 57, 58, 76, 78, 80, 82, 150
Kant, Immanuel  14, 68, 146
Kempis, Thomas a  37, 90
Kinkel, Gottfried  133
Klettenburg, Susanne von  43, 44
Krafft, Johann Ch. G.  157, 158
Krüdener, Juliane von  78, 80, 164
Krummacher, Daniel  152
Kutter, Hermann  164
Lavater, Johann Caspar  9, 15, 16, 17, 27, 37, 41, 50, 67, 82, 87, 133, 150
Lavater, Luise  89
Lessing, Gotthold Ephraim  14
Lindl, Ignaz  101
Loyola, Ignatius von  37
Luther, Martin  81, 82, 100, 150, 152
Maria Theresia, Frau Mutter  98
Marianus, Fürstabt von Einsiedeln  27
Mendelssohn, Moses  27
Mereau, Sophie von  113
Miville Johann Friedrich  150
Müller, Johann Georg  89
Neander, Joachim  150
Nietzsche, Friedrich  80
Ninck, Johannes  7, 8
Novalis (Hardenberg, Friedrich von)  14, 105, 106, 109
Osiander, Karl August  150
Ötinger, Friedrich Christoph  150
Perthes, Friedrich Christoph  85
Pestalozzi, Johann Heinrich  16, 27, 68, 132
Ragaz, Leonhard  164
Recke-Volmerstein, Graf von der  132
Rietmann, Sabine  15, 32
Robespierre, Maximilien de  141
Röhrig, Friedrich Wilhelm  126, 139, 159
Römer, Melchior  80
Römer-Weyermann, Nette  41, 76, 80, 81
Rousseau, Jean Jacques  35, 62, 68, 70
Ruffin, Josef von  101
Sailer, Johann Michael  9, 27, 68, 76, 87, 89, 90, 94, 99, 102, 106, 108, 111, 150
Savigny, Karl von  106, 108
Schäfer, Hans Jacob  71, 75
Scheitlin, Peter  22, 78, 85, 131
Schiller, Friedrich  14, 113
Schlatter, Adolf  163
Schlatter, Anna  58, 72, 136, 137, 147
Schlatter, Babette  52, 57, 70, 137, 139, 147
Schlatter, Caspar  57, 60, 124, 126, 147, 152, 154
Schlatter, Christine  58, 64, 70
Schlatter, Cleophea  58, 63, 66, 118, 136, 137, 147
Schlatter, Daniel  80
Schlatter, Dora H.  163
Schlatter, Gottlieb  58, 155, 156, 163
Schlatter, Hector  8, 19, 20, 23, 25, 45, 52, 53, 121, 123, 159, 161, 162
Schlatter, (Hector) Stephan  58, 155, 163
Schlatter, Helene  58, 64, 70
Schlatter, Henriette  58, 76, 80
Schlatter, Jacob  26, 58, 65, 66, 99, 125, 126, 147
Schlatter, Johann  20, 51, 66, 67
Schlatter, Johannes  19
Schlatter, Margareta  58, 64
Schlatter, Maria Christine  58
Schlatter-Bernet, Anna  7, 10, 19, 23, 24, 25, 27, 28, 38, 40, 45, 52, 53, 54, 64, 74, 75, 85, 93, 99, 121, 128, 136, 141, 142, 143, 149, 150, 152–164
Schlatter-Bernet, Helene  17, 80, 93, 136

# Personenverzeichnis

Schlatter-Schlatter, Dora   7, 8, 163
Schlegel, August Wilhelm   108
Schlegel, Friedrich   35, 108, 109
Schleiermacher, Friedrich   14, 84, 105, 108, 109, 110, 118, 120, 133, 145
Schmid, Christoph von   70, 90, 93, 110
Schulthess-Wolf, Bäbe (Barbara)   27, 59, 125
Schulze, Doris   156
Schweizer-Gessner Diethelm und Anna   48, 98, 136
Seuse, Heinrich   149
Spener, Philipp Jakob   82
Spittler, Friedrich   115, 125
Spyri, Johanna   137
Staël, Germaine de   7, 27, 78, 82, 128
Stagel, Elsbeth   149
Stähelin, David Anton   14, 19
Stähelin, Peter   13, 20
Steinmann-Bernet, Anna Barbara   41, 93
Stolberg, Friedrich Leopold von   109, 110
Stumpf, Johann Caspar   70, 153

Sulzer-Bernet, Maria   25
Suttner, Bertha von   164
Tersteegen, Gerhard   37, 82, 85, 137, 150
Vadian (Watt, Joachim von)   20
Varnhagen-Levi, Rahel   34, 108, 109, 125, 127
Waldhäuser, Domscholasticus   101
Wette, Martin Leberecht de   84, 110, 150
Willemer, Marianne von   113
Wollstonecraft, Mary   127, 128
Württemberg, Henriette von   122
Zahn, Adolph   118, 156
Zahn, Franz Ludwig   7, 8, 162
Zahn (Franz) Michael   7, 8
Zeiler, Anna   98
Zeller, Heinrich   125
Zinzendorf, Nikolaus Ludwig   82, 127
Zollikofer, Anna Barbara   19, 22
Zollikofer, Christoph   22
Zollikofer, David Anton   125
Zollikofer, Georg Joachim   22, 37
Zollikofer, Laurenz   20
Zwingli, Ulrich   100

# Quellen- und Literaturverzeichnis

*Ungedruckte Quellen*

Nachlass Anna Schlatter, Schachteln I–VI, in: Vadianische Sammlung der Ortsbürgergemeinde der Stadt St.Gallen, in: Kantonsbibliothek St.Gallen.

Nachlass Johann Caspar Lavater in: Handschriftenabteilung der Zentralbibliothek Zürich.

Nachlass Johannes Emil Ninck (Urenkel der Anna Schlatter), in: Stadtbibliothek Winterthur.

Privatarchiv Schlatter, Schachtel ‹Nachlass Schlatter Briefe›, in: Stadtarchiv St.Gallen.

Sammlung Robert Alther, in: Vadianische Sammlung, Kantonsbibliothek St.Gallen.

*Gedruckte Quellen*

Behrens, Katja: Frauen der Romantik. Portraits in Briefen, Insel-Taschenbuch 1995.

Claudius, Matthias: Sämtliche Werke, München (o.J.).

Das Antlitz. Eine Obsession. Johann Caspar Lavater. Das Handbüchlein zur Ausstellung. Kunsthaus Zürich. Redaktion: Karin Althaus, Zürich 2001.

Die Deutsche Literatur. Texte und Zeugnisse. Bd. III, Barock. Hrsg. von Albrecht Schöne, München 1963.

Eichendorff, von, Joseph, Literaturhistorische Schriften, Gesamtausgabe Werke und Schriften, 2. und 4. Bd., Stuttgart 1957.

Goethe, Johann Wolfgang: Gedichte 1800–1832, Wilhelm Meisters Lehrjahre, 2. und 9. Bd. der 40-bändigen Ausgabe ‹Sämtliche Werke. Briefe, Tagebücher und Gespräche›, Deutscher Klassiker Verlag, Frankfurt am Main, 1988 und 1992.

Heußer-Schweizer, Meta: Hauschronik. Hrsg. von Karl Fehr, Kilchberg, 1980.

Jung Stilling, Johann Heinrich: Briefe an die St.Gallerin Helene Schlatter-Bernet, hrsg. von Dominik Jost, St.Gallen 1964.

Jung-Stilling, Johann Heinrich: Heinrich Stillings Leben, Berlin und Leipzig 1804.

Kant, Immanuel: Zum ewigen Frieden. Ein philosophischer Entwurf, in: Immanuel Kant, Werke in sechs Bänden, hrsg. von Wilhelm Weischedel, Frankfurt 1964, Bd. VI.

Kirchengesangbuch der Evangelisch-reformierten Kirchen der deutschsprachigen Schweiz, Zürich-Basel 1998.

Lavater, Johann Caspar: Ausgewählte Werke in historisch-kritischer Ausgabe. Im Auftrag der Forschungsstiftung und des Herausgeberkreises Johann Caspar Lavater. Bde. I–III, NZZ Verlag Zürich, 2001–2002.

Lavater, Johann Caspar: Freundschaftliche Briefe an verschiedene Freunde und Freundinnen, o. O., 1796.

Lavater, Johann Caspar: Hochzeit-Predigt für Herrn Melchior Römer und Jungfrau Anna Barbara Weyermann von St. Gallen, gehalten zu Richtersweil, o. O. 1786.

Lavater, Johann Caspar: Haussteuer oder Hausrat für meine lieben angehenden Eheleute Johann Heinrich und Barbara Lavater auf den Abend ihrer Zurückkunft von ihrer hochzeitlichen Reise. Geschrieben 1789. Neuausgabe der ‹Haussteuer›, hrsg. von Hans Rudolf Bosch, Tschudy St. Gallen, 1951.

‹Mein Herz brannte richtig in der Liebe Jesu›. Autobiographien frommer Frauen aus Pietismus und Erweckungsbewegung. Eine Quellensammlung, bearbeitet, erläutert und hrsg. von Martin H. Jung, Aachen 1999.

«Memorabilien der Zeit». Tagebücher von Meta Heußer-Schweizer, transkr. von Ofelia Schultze-Kraft, bearb. von Regine Schindler, Hrsg. Johanna Spyri-Stiftung ZH, CD in Vorbereitung.

Novalis (Friedrich von Hardenberg): Die Christenheit oder Europa, in: Gesamtausgabe, 1. Bd., Die Dichtungen, Heidelberg 1953.

Sailer, Johann Michael: Briefe, hrsg. von Hubert Schiel (2. Bd. von Leben und Briefe), Regensburg 1952.

Schleiermacher, Friedrich: Über die Religion. Reden an die Gebildeten unter ihren Verächtern, Philosophische Bibliothek, 255. Bd., Hamburg 1958.

Schleiermacher, Friedrich: Der christliche Glaube, 1. Bd., Berlin 1960.

Schmid, von, Christoph, Die Ostereier, Neuauflage München 1883, http/www.gutenberg2000.de/schmid/osterei/druckversion osterei.htm.

Stähelin, Peter: Leben und Wirken Peter Stähelins, hrsg. von J. G. Wirth, St. Gallen 1816.

Suttner, von, Bertha: Die Waffen nieder! Dresden 1859–1889.

Zahn, Franz Ludwig, Hrsg.: Anna Schlatters schriftlicher Nachlass für ihre Angehörigen und Freunde, Erstes Bändchen: Gedichte, Zweites Bändchen: Kleinere Aufsätze, Moers 1835.

Zahn, Adolph, Hrsg.: Frauenbriefe, Halle 1862.

Zahn, (Franz) Michael, Hrsg: Anna Schlatter-Bernet, Leben und Nachlass, 1. und 2. Bd., Bremen 1865.

Zahn, Franz Ludwig, Hrsg.: Anna Schlatter-Bernet, Leben und Nachlass, 3. Bd., Bremen 1865.

*Sekundärliteratur*

75 Jahre Ostschweizerisches Kinderspital 1909–1984, St. Gallen 1985.

Anderegg, Johannes: Schreibe mir oft! Das Medium Brief von 1750 bis 1830, Göttingen 2001.

Barth, Karl: Die protestantische Theologie im 19. Jahrhundert, Zürich, 3. Aufl. 1946.

Benrath, Gustav Adolf/Deichgräber, Reinhard/Hollenweger, Walter J.: Erweckung, in: TRE (Theolog. Realenzyklopädie), 10. Bd., Berlin 1982.

Brecht, Martin: Pietismus, in: TRE (Theolog. Realenzyklopädie), 26. Bd., Berlin/New York, 1996.

Beyreuther, Erich: Die Erweckungsbewegung, Göttingen 1977. Separatdruck (4. Bd., Lieferung R) des Handbuches ‹Die Kirche in ihrer Geschichte, hrsg. von Kurt Dietrich Schmidt und Ernst Wolf.

Bürger, Christa: Leben Schreiben. Die Klassik, die Romantik und der Ort der Frauen, Stuttgart 1992.

Dellsperger, Rudolf: Frauenemanzipation im Pietismus, in: Zwischen Macht und Dienst. Beiträge zur Geschichte und Gegenwart von Frauen im kirchlichen Leben der Schweiz, Bern 1991.

Dellsperger, Rudolf: Der Pietismus in der Schweiz, in: Der Pietismus im achtzehnten Jahrhundert, hrsg. von Martin Brecht, Klaus Deppermann, Ulrich Gäbler, Hartmut Lehmann, Göttingen 1995.

Dilthey, Wilhelm: Leben Schleiermachers, vier Bände, Berlin 1960–1966.

Ehrenzeller, Ernst: Geschichte der Stadt St. Gallen, St. Gallen 1988.

Fässler, Oskar: Peter Scheitlin 1779–1848, St. Gallen 1929.

Finsler, G.: Georg Gessner. Ein Lebensbild aus der zürcherischen Kirche, Basel 1862.

Fontanel, Béatrice / d'Harcourt Claire: Baby, Säugling, Wickelkind. Eine Kulturgeschichte, Hildesheim, 1998.

Geschichte des Pietismus, 19. und 20. Jahrhundert, 2. und 3. Bd., hrsg. von Martin Brecht, Klaus Deppermann, Ulrich Gäbler und Hartmut Lehmann, Göttingen 1995/2000.

Geschichte der Schweiz und der Schweizer II, Red. Beatrix Messmer, Basel 1983.

Gäbler, Ulrich: Auferstehungszeit, Erweckungsprediger des 19. Jahrhunderts, München 1991.

Greyerz, von, Kaspar: Religion und Kultur. Europa 1500-1800, Göttingen 2000.

Graf, Friedrich Wilhelm: Erweckung/Erweckungsbewegungen, in: RGG (Religion in Geschichte und Gegenwart), 4. Aufl., 2. Bd., Tübingen 1999, Sp. 1493 f.

Handbuch der Schweizer Geschichte 2, Verlag Berichthaus Zürich 1977.

Huch, Ricarda: Die Romantik. Ausbreitung, Blütezeit und Verfall, Sonderausgabe, Tübingen 1951.

Hadorn, W.: Geschichte des Pietismus in den Schweizerischen Reformierten Kirchen, Konstanz/Hemmishofen 1901.

Hebeisen, Erika: Vom Rand zur Mitte – eine weibliche Genealogie aus dem Pietistischen Milieu Basels 1750-1815, in: Schweizerische Zeitschrift für Geschichte, 2002/4, Basel.

Jacobi, Juliane: Francke, in: RGG (Religion in Geschichte und Gegenwart), 4. Aufl., Tübingen 2000, 3. Bd., Sp. 76 f.

Jehle, Frank: Große Frauen der Christenheit, Freiburg CH 1998.

Jung, Martin H.: Der Protestantismus in Deutschland von 1815 bis 1870, Leipzig 2000.

Jung, Martin H.: Nachfolger, Visionärinnen, Kirchenkritiker, theologie- und frömmigkeitsgeschichtliche Studien zum Pietismus, Leipzig 2003.

Laube, Martin: Gossner, in: RGG, 4. Aufl., 3. Bd., Sp. 1093.

List, Evelyne: Der psychosoziale Funktionswandel der Religion und die Entwicklung des Individuums am Beginn der Neuzeit, in: Individualisierung, Rationalisierung, Säkularisierung. Neue Wege der Religionsgeschichte, hrsg. von Michael Weinzierl. 22. Bd. der Wiener Beiträge zur Geschichte der Neuzeit, Wien/München 1997.

Lüthi, Kurt: Feminismus und Romantik. Sprache, Gesellschaft, Symbole, Religion. 26. Bd. von Literatur und Leben, Wien/Köln 1985.

Mai, Paul: Johann Michael Sailer, Pädagoge-Theologe, Bischof von Regensburg, zum 150. Todestag. Katalog zur Ausstellung von 1982 in Regensburg. Typoskript.

Modrow, Irina: Adelige Frauen im Pietismus in: Individualisierung, Rationalisierung, Säkularisierung. Neue Wege der Religionsgeschichte, hrsg. von Michael Weinzierl. 22. Bd. der Wiener Beiträge zur Geschichte der Neuzeit, Wien/München 1997.

Ninck, Johannes: Anna Schlatter und ihre Kinder, Stuttgart/St.Gallen 1934.

Nowak, Kurt: Schleiermacher. Leben, Werk und Wirkung, Göttingen 2000.

Ökumenische Kirchengeschichte der Schweiz, hrsg. von Lukas Vischer, Lukas Schenker und Rudolf Dellsperger, Freiburg/Basel 1994.

Pestalozzi, Karl: Johann Caspar Lavater – ‹Der Hoffer des selten Gehofften› II, in: Zwingliana, Bd. XXVIII, TVZ Zürich, 2001, S. 15–21.

Pestalozzi, Karl: Johann Caspar Lavater, in: Grosse Schweizer und Schweizerinnen, hrsg. von Erwin Jäckle und Eduard Stäuble, Stäfa 1990.

Ritschl, Albrecht: Geschichte des Pietismus in der reformierten Kirche, (Bd. I) Bonn 1880.

Röber, Klaus: Gossner Mission, in: RGG, 4. Aufl., 3. Bd., Sp. 1093.

Schiel, Hubert: Johann Michael Sailer. Leben und Briefe. Bd. I: Leben und Persönlichkeit, Regensburg 1948.

Schindler, Regine: Johanna Spyri. Spurensuche, Zürich 1997.

Schlatter, Dora: Die gläubige Frau. Anna Schlatter, in: Die Schweizer Frau. Ein Familienbuch, S. 514–555, hrsg. von Gertrud Villiger-Keller, Neuenburg, o. J.

Schlatter, Wilhelm: Was Gott den Vätern war. Fünf St.Galler Biographien. Ein Beitrag zur Geschichte einheimischen christlichen Lebens, St.Gallen 1918.

Schmidt, M.: Pietismus, in: RGG, 3. Aufl., Bd. V, Tübingen 1961.

Schnegg, Brigitte: Geschlechterkonstellationen in der Geselligkeit der Aufklärung, in: Schweizerische Zeitschrift für Geschichte 2002/4, Basel.

‹Schritte ins Offene›. Ökumenische Zeitschrift für Emanzipation, Glaube, Kulturkritik, hrsg. vom Evang. Frauenbund der Schweiz und vom Schweiz. Kathol. Frauenbund, 4/91.

Stump, Doris / Widmer, Maya / Wyss, Regula: Deutschsprachige Schriftstellerinnen in der Schweiz 1700–1945. Eine Bibliographie, Zürich 1994.

Susman, Margarete: Frauen der Romantik, Jena, 1931.

Stückelberger, Hans Martin: Kirchen- und Schulgeschichte der Stadt St.Gallen, Dritter Band 1750–1830, St.Gallen 1965.

Stückelberger, Hans Martin: Die evangelische Pfarrerschaft des Kantons St.Gallen, St.Gallen 1971.

Wallmann, Johannes: ‹Pietismus› – mit Gänsefüßchen, in: Theologische Rundschau, 66. Jg., Heft 4, Nov. 2001, S. 462 f.

Wehrli, Max: Geschichte der Deutschen Literatur, 1. Bd., Stuttgart 1980.

Weigelt, Horst: Lavater, Johann Caspar, in: RGG, 4. Aufl., 5. Bd., Tübingen 2002.

Werner, Hermann: Geschichte der Pädagogik, Leipzig 1930.

Wernle, Paul: Der Schweizerische Protestantismus im XVIII. Jahrhundert, Tübingen 1925.

Woolf, Virginia: A Room of One's Own, London 1929.

Ziegler, Ernst: Pietismus und Bücherverbrennung im alten St.Gallen, in: Schriften des Vereins für Geschichte des Bodensees und seiner Umgebung, 117. Heft, Friedrichshafen 1999.

Ziegler Ernst: Zur Geschichte von Stift und Stadt St.Gallen, ein historisches Protpourri. 143. Neujahrsblatt, 2003, hrsg. vom Historischen Verein des Kantons St.Gallen, St.Gallen 2003.

Zimmerling, Peter: Starke fromme Frauen, 3. Aufl., Basel 1999.

# Anmerkungen

1 Anna Schlatter-Bernet an Nette Gessner-Lavater, 31. Aug. 1822, in: (Franz) Michael Zahn, Anna Schlatter-Bernet, Leben und Nachlass, Bremen 1865, 2. Bd., S. 159.
2 ‹Memorabilien› der Anna Schlatter (ein ‹Gedächtnisbüchlein› oder ‹Vergissmeinnicht› mit Geburts- und Todesdaten und weiterem Behaltenswertem. (Vgl. dazu: Regine Schindler, Johanna Spyri. Spurensuche, S. 9.) Zitat: 5. Nov. 1773, Originalabschrift der ‹Memorabilien› in: Nachlass Ninck, Johannes Emil, Ninck 2/26 MS Dep 85/396, B-01319, in: Stadtbibliothek Winterthur.
3 Vgl. ‹Anna Schlatters schriftlicher Nachlass, erstes Bändchen: Gedichte›, hrsg. von Franz Ludwig Zahn, Moers 1835, S. IX. Anna Schlatters dritte Tochter, Anna, war Gattin von F. L. Zahn. Dieser war Seminarleiter in Moers in Nordwestdeutschland und Verfasser pädagogischer Schriften. Dessen Bruder Adolph Zahn war mit Annas Schwester Cleophea verheiratet und wurde Superintendent im ostdeutschen Giebichstein.
4 (Franz) Michael Zahn / Franz Ludwig Zahn: Anna Schlatter-Bernet, Leben und Nachlass (3 Bde.), Bremen 1865. 1. und 2. Bd. hrsg. von F. M. Zahn, der auch die erste Biographie Annas (‹Leben›) schrieb (im 1. Bd.), 3. Bd. hrsg. von Franz Ludwig Zahn. Franz Ludwig Zahn war ein Schwiegersohn Anna Schlatters, (Franz) Michael, oft nur Michael genannt, ein Enkel. Beide waren Theologen.
5 Dora Schlatter-Schlatter, Die gläubige Frau. Anna Schlatter, in: ‹Die Schweizer Frau›, Neuenburg, o. J.
6 So sind die Quellen von und über die Pietistin Susanne Spittler-Götz (1787-1844) in einer der fünfundvierzig Archivschachteln ihres Gatten, Christian Friedrich Spittler, ‹versteckt›. Der mit Anna Schlatter befreundete Spittler war Gründer der Basler Mission und Sekretär der in Basel domizilierten ‹Deutschen Christentumsgesellschaft›.
7 Johannes Ninck, Anna Schlatter und ihre Kinder, Stuttgart/St. Gallen 1934, S. 98. Das Buch hat Quellenwert. – Franz Ludwig Zahn in: Anna Schlatters schriftlicher Nachlass, Moers 1835, S. XI.
8 F. M. Zahn, ‹Anna Schlatter's geb. Bernet, Leben›, S. XI. Dr. F. M. Zahn lagen die von seinem Vater Franz Ludwig gesammelten Manuskripte Anna Schlatters vor. Sie sind heute teilweise nicht mehr greifbar, vor allem ihr Tagebuch und die Reisebeschreibung 1821. F. M. Zahns Biographie Anna Schlatters ist deshalb von hohem Quellenwert. – Vgl. auch Johannes Ninck, S. 42. – Zum Vermögen: W. Schlatter, S. 71/73. 1787 verdienten die St. Galler Pfarrer zwischen 100 und 600 Gulden pro Jahr (Stückelberger, Kirchen- und Schulgeschichte, 3. Bd., S. 47).

Anmerkungen 184

9 F. M. Zahn, ‹Leben›, 1. Bd., S. XIV. Es wird nicht vermerkt, um welche der vier älteren Schwestern es sich handelte, vermutlich um Helene, vgl. Wilhelm Schlatter ‹Was Gott den Vätern war›, S. 74 ff.
10 So die Schwester. Ebenda, F. M. Zahn, ‹Leben›, S. XIX.
11 Ebenda, S. XIX/XX,
12 Aus einem Brief der Schwester Judith. Vgl. Ninck. S. 38.
13 F. M. Zahn, ‹Leben›, 1. Bd., S. XXIX.
14 Ebenda, S. XVI. Äußerung der ‹älteren Schwester›, vermutlich Helene.
15 Ebenda, S. XVI.
16 Ebenda, S. XV, so die ‹ältere Schwester›.
17 Ebenda, S. XVI. Aus einer frühen, an Nette Lavater gerichteten Beschreibung ihres Lebens.
18 Ebenda, S. XV.
19 Ebenda, aus Bericht der ‹älteren Schwester› Annas, S. XV.
20 So die ‹ältere Schwester› Annas, ebenda, S. XVI.
21 Ebenda, S. XIII.
22 Leben und Wirken Peter Stähelins, Von ihm selbst beschrieben, hrsg. von J. G. Wirth, St. Gallen 1816, S. 139/169.
23 Zur Definition des Pietismus vgl. Martin Brecht: Pietismus, in: TRE (Theologische Realenzyklopädie), 26. Bd., Berlin/New York 1996, S. 606 f. sowie M. Stallmann, Pietismus, in: RGG (Die Religion in Geschichte und Gegenwart), 3. Aufl., Bd. V, Tübingen 1961, Sp. 370 f.
24 F. M. Zahn, ‹Leben›, 1. Bd., S. XVII.
25 Vgl. dazu: Ernst Ziegler, Pietismus und Bücherverbrennung im alten St. Gallen in: Schriften des Vereins für Geschichte des Bodensees und seiner Umgebung, 117. Heft, Friedrichshafen 1999.
26 F. M. Zahn, ‹Leben›, 1. Bd., S. XXV–XXVII.
27 Mit 18 Jahren verfasste Anna einen Aufsatz über ihren inneren Lebensgang. Auszüge davon in: F. M. Zahn, ‹Leben›, 1. Bd., S. XXV–XXVII. Pfarrer Häfeli gehörte zum Kreis um Lavater, vgl. dazu Hans Martin Stückelberger, Kirchen- und Schulgeschichte der Stadt St. Gallen, St. Gallen 1965, S. 338.
28 Nicht veröffentlichtes Gedicht von Anna Schlatter vom Sommer 1823 in: Nachlass Anna Schlatter, Schachtel V, Umschlag 25, Vadianische Sammlung, Kantonsbibliothek St. Gallen.
29 Pfarrer Häfeli (Lavater schreibt: Häfelin) war pietistischer Prediger in Bremen, schlug dann aber einen anderen religiösen Weg ein.
30 Vgl. RGG, 3. Aufl., V. Bd., Sp. 370 f.
31 F. M. Zahn, ‹Leben›, 1. Bd., S. XXV–XXVII.

# Anmerkungen

32 Vgl. W. Hadorn, Geschichte des Pietismus in den Schweizerischen Reformierten Kirchen, S. 398.
33 Albrecht Ritschl, Geschichte des Pietismus in der reformierten Kirche (Bd. I), S. 501/517.
34 Anregungen zu diesem und dem vorangehenden Abschnitt verdanke ich dem Lavater-Kenner Prof. Dr. Karl Pestalozzi.
35 Vgl. dazu: Paul Wernle, Der Schweizerische Protestantismus im XVIII. Jahrhundert, Tübingen 1925, S. 284.
36 Ebenda, S. 345.
37 Brief an Nette vom 5. Jan. 1801, publizierter Briefteil, in: F. M. Zahn, 2. Bd., S. 33/34.
38 Geschichte der Schweiz und der Schweizer, hrsg. vom ‹Comité pour une nouvelle Histoire de la Suisse›, Basel 1983, Bd. II, S. 113.
39 F. M. Zahn, ‹Leben›, 1. Bd., S. XV.
40 Anna Bernet schrieb ihren Brief an Nette Lavater vom 9. Sept. 1793 noch ‹auf dem Landgut›. Der Vater musste es 1797 verkaufen. Vgl. F. M. Zahn, Bd. I, S. 17.
41 In: F. M. Zahn, ‹Leben›, 1. Bd., S. XVIII.
42 ‹Memorabilien›, in: Nachlass Ninck, Johannes Emil, Ninck 2/26. Es muss sich um Pfr. David Anton Stähelin, Konfirmator Annas, gehandelt haben.
43 Brief vom 12. Nov. 1793 an Nette, in: F. M. Zahn, Bd. I, S. 21/22.
44 Unveröffentlichter Brief von Anna Bernet, in: Nachlass Anna Schlatter, Schachtel II, Umschlag 8a, Kantonsbibliothek Vadiana St. Gallen.
45 Nachlass Anna Schlatter, Schachtel IV, Umschlag 20.
46 Johannes Ninck, Anna Schlatter und ihre Kinder, Stuttgart und St. Gallen 1934, S. 38/39.
47 Meta Heußer-Schweizer, Hauschronik, S. 34.
48 F. M. Zahn, ‹Leben›, 1. Bd., S. XXVIII.
49 Brief Annas an Nette Lavater vom 21. November 1793, in: F. M. Zahn, 1. Bd., S. 23/24.
50 Ebenda.
51 Ebenda.
52 Ebenda.
53 Anna an Lavater, 26. Dez. 1793, in: Nachlass Lavater, Handschriftenabteilung ZB, FA Ms 525.311, unediert.
54 F. M. Zahn, ‹Leben›, 1. Bd., S. XXIX.
55 Leben und Wirken Peter Stähelins, S. 96. Peter Stähelin war Pfarrer an der Franz. Kirche, 1795-1803 Dekan und anschließend der erste Antistes, d. h. Vorsteher des Kirchenrates der St. Galler Kantonalkirche.
56 Brief vom 20. Nov. 1793, in: F. M. Zahn, 1. Bd., S. 22/23.

Anmerkungen

57 Hans Martin Stückelberger, Kirchen- und Schulgeschichte der Stadt St.Gallen, 3. Bd., 1750–1830, St.Gallen 1965, S. 106.
58 Johannes Ninck, S. 32.
59 Stückelberger, S. 105–113.
60 Johannes Ninck, S. 33.
61 Unpublizierte Rede Hector Schlatters über die Phantasie, Nachlass Anna Schlatter, Schachtel IV, Umschlag 20.
62 Ebenda.
63 F. M. Zahn, ‹Leben›, 1. Bd., S. XXIX.
64 Brief Annas vom 20. November 1793 an Nette Lavater, in: F. M. Zahn, ‹Leben›, 1. Bd., S. 22/23, und S. XXIX.
65 Brief Annas vom 21. November 1793 an Nette, in: F. M. Zahn, 1. Bd., S. 23/24.
66 F. M. Zahn, ‹Leben›, 1. Bd., S. XXIX.
67 Brief an Nette Lavater vom 22. Febr. 1794, in: F. M. Zahn, 1. Bd., S. 3. Bei Sch. handelt es sich vermutlich um den Theologen Georg Kaspar Scherer, Lehrer und ab 1795 Rektor des Gymnasiums, 1816–21 Antistes. Vgl. dazu Hans Martin Stückelberger, die evangelische Pfarrerschaft des Kantons St.Gallen, S. 33, 39, 41, 45, 48, 49.
68 F. M. Zahn, ‹Leben›, 1. Bd., S. XXIX/XXX.
69 F. M. Zahn, ‹Leben›, 1. Bd., S. XXXVII.
70 Hector Schlatter, Vortrag über die Phantasie, Nachlass Anna Schlatter, Schachtel IV, Umschlag 20.
71 Unedierter Brief von Anna an Hector vom 15. Aug. 1795, in: Nachlass Anna Schlatter, Schachtel IV, NL 9, 17b.
72 Unpublizierte Briefe Annas an Hector vom 9. Aug. 1795 und vom 4. Juli 1796, ebenda.
73 Nach Angabe des Amtes für Denkmalpflege St.Gallen handelt es sich um das Haus Lessingstraße 16. Heute ist nicht mehr ersichtlich, dass das Haus ein schöner Riegelbau mit Butzenscheiben war.
74 Brief vom 10. Nov. 1820 an Johann Caspar Stumpf, 1803–1827 Pfr. in Weinfelden, in: F. M. Zahn, 2. Bd., S. 393.
75 Johannes Ninck, S. 14.
76 Vgl. Brief Annas vom 4. Dez. 1806 an Nette Gessner-Lavater, in: F. M. Zahn, 2. Bd., S. 58.
77 G. Finsler, Georg Gessner. Ein Lebensbild, Basel 1862, S. 144. Gessner war der Ehemann Nette Lavaters.
78 Johannes Anderegg, Schreib mir oft!, S. 13.
79 In: Das Antlitz. Eine Obsession. Johann Caspar Lavater. Das Handbüchlein zur Ausstellung, Kunsthaus Zürich. Zürich 2001, S. 3.

80 Karoline versuchte ihre Freundin in die Geschichte und in die Philosophie einzuführen - umsonst. Und während Karoline aus ihren Gedichten vorlas, saß Bettina mit Vorliebe in den Ästen der Silberpappel vor deren Fenster.
81 Kurt Lüthi, Feminismus und Romantik, Wien/Köln 1985, S. 75. Nach Lüthi hatten beide Frauen in ihrem Wesen eine männliche Dimension. Bettina reiste stets in Männerkleidern.
82 Aus einem Brief Bettinas an die Mutter Goethes. Vgl. Katja Behrens, Frauen der Romantik. Portraits in Briefen, Insel Taschenbuch, 1995, S. 77. Karoline nahm sich mit 26 Jahren, nach dem Ende einer Liebesbeziehung, das Leben. Scheinbar ruhig, war sie in Wirklichkeit ein leidenschaftlicher Mensch. - Bettina gab den Briefwechsel mit der Günderode Jahre später in bearbeiteter Form als Briefroman heraus. Briefromane kamen damals in Mode. Vgl. Goethes ‹Werther›.
83 Auszug aus dem ersten Brief Annas, in: F. M. Zahn, ‹Leben›, 1. Bd., S. XXIII.
84 Ebenda. Original-Orthographie. In der Folge verwende ich meist heutiges Deutsch und die Orthographie der neuesten Duden-Ausgabe.
85 Brief vom 19. Mai 1792, teils publiziert, in: F. M. Zahn, 1. Bd., S. 1-2.
86 Brief Annas vom 1./6. Juni 1792, ebenda, S. 2-4.
87 Freundschaftskärtchen in: Nachlass Anna Schlatter, Schachtel II, Umschlag 8a.
88 Brief Annas vom 17. März 1793, ebenda, S. 10-12.
89 Vgl. Christa Bürger, Leben Schreiben über Caroline Schlegel: ‹Carolines Wille zum Glück, zum Genuss der Gegenwart [...]›, S. 99, und Katja Behrens über Bettina, S. 70 und 71.
90 Johann Wolfgang Goethe, Wilhelm Meisters Lehrjahre, Sämtliche Werke, 9. Bd., S. 761.
91 Brief vom 25. Sept. 1793, in: F. M. Zahn, 1. Bd., S. 17-21.
92 Brief Annas vom 19. Mai 1792, in: F. M. Zahn, 1. Bd., S. 1-2.
93 Vgl. F. M. Zahn, ‹Leben›, 1. Bd., S. XXIV.
94 Aus dem Brief Annas an Nette vom 12. April 1792, in: F. M. Zahn, ‹Leben›, 1. Bd., S. XXIII.
95 Franz Ludwig Zahn, 3. Bd., Ausschnitt aus dem Gedicht ‹Bitte an Jesus›, S. 8.
96 Margarete Susman, Frauen der Romantik, Jena 1931, S. 78.
97 Christa Bürger, S. 117/118.
98 Ebenda, S. 131.
99 Brief von Karoline an Bettina vom Winter 1805/6, in: Katja Behrens, Frauen der Romantik, S. 29.
100 Vgl. Christa Bürger, S. 117.
101 Margarete Susman, S. 40.

102 Ebenda, S. 106 und 109.
103 Katja Behrens, Frauen der Romantik. Portraits in Briefen, S. 443/444. Stark ist diese Betonung des Herzens als Richtschnur insbesondere bei der Romantikerin Caroline Schlegel. Vgl. dazu auch Christa Bürger, S. 97 und 99, und Margarete Susman: Frauen der Romantik, S. 22.
104 So die Meinung von Ricarda Huch, Die Romantik, S. 168.
105 Brief Annas vom 19. Mai 1792, in: F. M. Zahn, 1. Bd., S. 2.
106 Brief an Nette vom 25. Sept. 1793, in: F. M. Zahn, 1. Bd., S. 21.
107 Matthäus 5,48.
108 Brief vom 6. Juni 1792, in: F. M. Zahn, 1. Bd., S. 4.
109 Paul Wernle, S. 340.
110 Karl Pestalozzi, Johann Caspar Lavater, in: Große Schweizer und Schweizerinnen, S. 210.
111 Römerbrief 8,29.
112 Karl Pestalozzi, S. 207.
113 Vgl. Brief an Nette vom 19. Mai 1793, in: F. M. Zahn, 1. Bd., S. 14.
114 Brief an Nette vom 8. Juni 1794, in: F. M. Zahn, 2. Bd., S. 5/6.
115 Brief Annas an Lavater vom (?) Sept. 1793, in: Nachlass Lavater in: ZB, FA Ms 525.290–311. Im Nachlass Lavater in der ZB Zürich befinden sich 22 Briefe Annas an Lavater und 7 Briefe Lavaters an Anna.
116 Brief an Nette vom 6. Juni 1792, geschrieben morgens um 5 Uhr, in: F. M. Zahn, 1. Bd., S. 4.
117 Vgl. Karl Pestalozzi, Johann Caspar Lavater – ‹Der Hoffer des selten Gehofften›, in: Zwingliana, Bd. XXVIII, II, 2001, S. 20.
118 Brief Annas an Lavater vom 15. Sept. 1793, in: Nachlass Lavater, FA Ms 525.290–311.
119 Ebenda.
120 Brief von Anna an Lavater, in: F. M. Zahn, 1. Bd., S. 32–34.
121 Brief Annas vom 7. Nov. 1793 an Lavater, in: Nachlass Lavater, FA Ms 525.290–311.
122 Briefe Annas an Lavater vom 2. Aug. 1794 und 13./14. Nov. 1794. Ebenda.
123 Brief an Lavater vom 15. Nov. 1800. Ebenda. Nicht publiziert.
124 Zitat aus Aufsatz der 18-jährigen Anna, in: F. M. Zahn, 1. Bd., S. XXVI.
125 Ebenda.
126 Brief an Nette vom 19. Mai 1792, in: F. M. Zahn, 1. Bd., S. 2.
127 Der Aufsatz wird teilweise zitiert, in: F. M. Zahn, ‹Leben›, 1. Bd., S. XXVII.
128 Brief an Nette vom 25. Sept. 1793, in: F. M. Zahn, 1. Bd., S. 17/18.
129 Brief vom 19. Mai 1792 an Nette, in: F. M. Zahn, 1. Bd., S. 2.
130 Brief an Nette vom 3. Nov. 1792, in: F. M. Zahn, 1. Bd., S. 6/7.

131 Brief an Nette vom 3. November 1792, in: F. M. Zahn, 1. Bd., S. 6/7, und 25. Dez. 1805, in: F. M. Zahn, 2. Bd., S. 50–52.
132 Brief an Nette vom 9. Juni 1803, in: F. M. Zahn, 2. Bd., S. 37.
133 Brief an Nette vom 18. Juli 1803, in: F. M. Zahn, 2. Bd., S. 38/39.
134 Brief an Nette vom 30. Dez. 1804, in: F. M. Zahn, 2. Bd., S. 6/47.
135 Brief Annas an Lavater vom 13. Sept. 1792 und Brief an Nette vom 19. Mai 1792, in: F. M. Zahn, 1. Bd., S. 32–34 und S. 2.
136 Anrede im Brief vom 1. April 1793 an Lavater, in: F. M. Zahn, 1. Bd., S. 30.
137 Brief Lavaters an Anna vom 9. Nov. 1793, in: Nachlass Lavater, ZB, FA Lav Ms 580.19–25.
138 Brief vom 1./6. Juni 1792, Nachschrift, in: F. M. Zahn, 1. Bd., S. 4.
139 Anna an Meta Schweizer, 16. Febr. 1816, in: F. M. Zahn, 2. Bd., S. 230.
140 Vgl. Matthäus 6,34.
141 Lederschatulle mit 24 mal 24 Sprüchen (A–Z), in: FA Lav Ms 1076, in: Nachlass Lavater, ZB. Schatullen dieser Art von Lavater sind noch mehrere erhalten. Vermerk auf Innendeckel: ‹An Jungfrau Anna Barbara Bernet zum Andenken von Johann Kaspar Lavater, den 11. May 1794, durch Frau Anna Barbara Römer-Weyermann›.
142 Anna zitiert Lavaters Worte in ihrem Brief an Lavater vom 13. Sept. 1793, in: F. M. Zahn, 1. Bd., S. 32.
143 Anna zitiert Lavater in ihrem Brief vom 1. April 1793 an diesen, in: F. M. Zahn, 2. Bd., S. 30.
144 Brief Annas an Nette vom 3. Sept. 1793, in: F. M. Zahn, 1. Bd., S. 16.
145 Aus einem Brief an den Mystiker Herrn von Campagne, in: Frauenbriefe, hrsg. von Adolph Zahn, Halle 1862, Einleitung, S. 7.
146 Karl Pestalozzi, Johann Caspar Lavater – ‹Der Hoffer des selten Gehofften›, in: Zwingliana, Bd. XXVIII, II, 2001, S. 17.
147 Brief an Nette vom 29. Dez. 1811, in: F. M. Zahn, 2. Bd., S. 75.
148 Vgl. Evelyne List, Der psychosoziale Funktionswandel der Religionen und die Entwicklung des Individuums am Beginn der Neuzeit, in: Individualisierung, Rationalisierung, Säkularisierung. Wiener Beiträge zur Geschichte der Neuzeit, 22. Bd., S. 36. List schreibt: ‹Die Spannung zwischen dem gestrengen Über-Ich und dem Ich nennen wir Schuldbewusstsein, sie äußert sich als Strafbedürfnis. […] Indem das Über-Ich die Funktionen Idealbildung, Gewissensinstanz und Selbstbeobachtung umfasst, wird es zum hervorragenden Agenten religiöser Systeme› (S. 36).
149 Vgl. Brief Annas an Nette vom 3. Nov. 1792, in: F. M. Zahn, 1. Bd., S. 6/7.
150 Anna an Nette, 27. Juli 1797, in: F. M. Zahn, 2. Bd., S. 13.
151 Brief Annas an Nette vom 27. Juli 1797 und vom 3. Nov. 1792, in: F. M. Zahn, 2. Bd., S. 13, und 1. Bd., S. 6/7.

152 Brief vom 7. Dez. 1792, in: F. M. Zahn, 1. Bd., S. 8.
153 Fußnote in: F. M. Zahn, 1. Bd., S. 8.
154 Brief vom 25. Sept. 1793, in: F. M. Zahn, 1. Bd., S. 177.
155 Vgl. Brief Annas an Nette vom 19. Mai 1792, in: F. M. Zahn, 1. Bd., S. 1 und 2.
156 Brief Annas an Lavater vom 1. April 1793, in: F. M. Zahn, 1. Bd., S. 30.
157 Johann Wolfgang Goethe, Wilhelm Meisters Lehrjahre, Sämtliche Werke, 9. Bd., Deutscher Klassiker Verlag, 1992, S. 748.
158 Ebenda, S. 750.
159 Ebenda, S. 754.
160 In Halle befand sich ein wichtiges Zentrum des Pietismus.
161 Goethe, S. 759.
162 Ebenda, S. 788.
163 Vgl. Ritschl, S. 542.
164 Brief Annas an Nette vom 21./23. Dez. 1793, in: F. M. Zahn, 1. Bd., S. 27.
165 Johannes Ninck, Anna Schlatter und ihre Kinder, S. 16.
166 Anna an Nette, 21. Dez. 1793, in: F. M. Zahn, 1. Bd., S. 26.
167 Brief vom 8. Febr. 1799, in: F. M. Zahn, 2. Bd., S. 29.
168 Brief vom 22. Febr. 1794, in: F. M. Zahn, 2. Bd., S. 3.
169 Johannes Ninck, S. 42.
170 Brief Annas vom 19. Januar 1794 an Lavater, in: Nachlass Lavater, Handschriftenabteilung der ZB, FA Ms 525.290–311.
171 Brief an Nette vom 8. Juni 1794, in: F. M. Zahn, 1. Bd., S. 5/6.
172 Die Romantikerin Caroline Schlegel, Tochter eines Universitätsprofessors, trat unaufgeklärt in ihre erste Ehe und hatte zunächst ein zwiespältiges Verhältnis zur Sexualität. Vgl. Kurt Lüthi, S. 78/79.
173 Brief an Nette vom 8. Juni 1794, in: F. M. Zahn, 2. Bd., S. 5/6.
174 Gessner hinterließ ein reiches schriftliches Werk, u. a. schrieb er die erste Biographie Lavaters. Gessner war verschwägert mit der Pfarrfamilie Schweizer auf dem Hirzel. Deren Tochter Meta, verheiratete Heußer, war die Mutter von Johanna Spyri. Die Familien Schlatter und Schweizer waren befreundet.
175 Gratulationsbrief an Nette vom 6. März 1795, in: Nachlass Anna Schlatter, Schachtel II, Umschlag 8a.
176 Ebenda.
177 G. Finsler, Georg Gessner. Ein Lebensbild aus der zürcherischen Kirche, Basel 1862, S. 67.
178 Meta Heußer-Schweizer, Hauschronik, S. 32/33.
179 Gedicht Hectors, in: Nachlass Anna Schlatter, Schachtel IV, Umschlag 20, undatiert. Nicht ediert.

# Anmerkungen

180 Aus: Phidile. Als sie nach der Kopulation allein in ihr Kämmerchen gegangen war. Matthias Claudius, Sämtliche Werke, München (o. J.), S. 122.
181 Brief vom 9. Sept. 1793, in: F. M. Zahn, 1. Bd., S. 17.
182 Franz Ludwig Zahn, 3. Bd., S. 47/48. Ausschnitt aus dem Gedicht ‹Rückblick auf den Abend auf der Höhe von Rotmonten›.
183 Johann Caspar Lavater, Haussteuer oder Hausrat für meine lieben neu angehenden Eheleute Johann Heinrich und Barbara Lavater auf den Abend ihrer Zurückkunft von ihrer hochzeitlichen Reise. Geschrieben 1789. Aus der von Lavater besorgten ‹Hand-Bibliothek für Freunde›, Erstausgabe 1790. – Zitat aus der Neuausgabe der ‹Haussteuer›, hrsg. von Hans Rudolf Bosch, Tschudy St. Gallen, 1951, Nr. 2, S. 15/16.
184 Im Ganzen 28 unpublizierte Briefe von Anna Schlatter an Hector Schlatter, in: Nachlass Anna Schlatter, Schachtel IV, NL 9, 17b.
185 Ebenda, Briefe an Hector vom 26. Aug. 95 und 1. Juli 96.
186 Ebenda, Briefe vom 19. Juli 1796 und 8. u. 9. Aug. 1796.
187 Ebenda, Briefe vom 10. Aug. 1795, vom 8. Juli und vom 28. Juli 1796 usw.
188 Ebenda, 5. Aug. 1795.
189 Ebenda, 10. Juli 1796.
190 Ebenda, Brief vom 15. Aug. 1795.
191 Ebenda, Brief vom 14. Juli 1796.
192 Ebenda, Briefe vom 4., 5. und 8. Juli 1796 sowie vom 11. August 1796.
193 Ebenda, Brief vom 29. Juli 1796.
194 W. Hadorn, S. 406.
195 Brief an Nette vom 7. März 1806, in: F. M. Zahn, 2. Bd., S. 53.
196 Brief an Nette vom 1. Juli 1816, in: F. M. Zahn, 2. Bd., S. 130.
197 F. M. Zahn, ‹Leben›, 1. Bd., S. XXXI.
198 Unpublizierter Brief an Hector vom 28. April 1821, in: Nachlass Anna Schlatter, Schachtel IV, Umschlag 17b.
199 G. Finsler, S. 145.
200 Ebenda, S. 160.
201 Vgl. oben, S. 20/23/24 und: Johannes Ninck, S. 42.
202 Nachlass Lavater, FA Ms 525.290–311, unediert.
203 F. M. Zahn, ‹Leben›, 1. Bd., S. XXXIII.
204 Ebenda, S. XXXII.
205 Ebenda, S. XXXIII.
206 Ebenda, S. XXXIV.
207 Ebenda, S. XXXVI.
208 Brief an Nette vom 7. März 1806, in: F. M. Zahn, 2. Bd., S. 54.
209 Anna an Nette, Karfreitag 1821, in: F. M. Zahn, 2. Bd., S. 150.

## Anmerkungen

210 Aus: W. Hadorn, Geschichte des Pietismus, S. 405/406.
211 Brief Annas, Nachlass Lavater, ZB, FA Ms 525.290-311.
212 ‹Memorabilien›, in: Ninck 2/26. Das Kind wurde am 30. Dez. 1794 geboren und starb am 1. Januar 1795
213 Brief an Nette vom 21. Jan. 1795, in: F. M. Zahn, 1. Bd., S. 10. - Lisette Corrodi war eine Pfarrerstochter aus dem Kanton Zürich.
214 Ebenda.
215 Johann Heinrich Jung-Stilling, Heinrich Stillings Leben, 5. Teil, Berlin und Leipzig 1804, S. 111 und S. 155.
216 Brief an Hector vom 3. Juli 1796, in: Nachlass Anna Schlatter, Schachtel IV, NL 9, 17b.
217 Brief an Hector vom 5. Aug. 1796. Ebenda.
218 Johann Heinrich Jung-Stilling (1740-1817). In frommem, armem Milieu aufgewachsen, betätigte er sich zuerst als Schneider, bildete sich autodidaktisch zum Lehrer und Theologen weiter, studierte dann Medizin und wurde ein für seine Staroperationen berühmter Augenarzt. 1787 wurde er Professor für Finanzwissenschaften an der Universität Marburg und 1803 Professor für Staatswissenschaften in Heidelberg. Seit 1806 lebte er als freier Schriftsteller in Karlsruhe. Seine Autobiographie zeichnet sich durch eine überaus lebendige und anschauliche Darstellungsweise aus.
219 Vgl. Johann Heinrich Jung-Stilling, Briefe an die St. Gallerin Helene Schlatter-Bernet, hrsg. von Dominik Jost, St. Gallen 1964.
220 Brief an Nette vom 20. April 1802, in: F. M. Zahn, 2. Bd., S. 36.
221 Brief vom 20. März 1804, in: F. M. Zahn, 2. Bd., S. 43/44.
222 Albrecht Ritschl, S. 540.
223 Brief an Nette vom 25. Dez. 1805, in: F. M. Zahn, 2. Bd., S. 50-52.
224 Ebenda.
225 Brief an Nette vom 6. Juli 1817, in: F. M. Zahn, 2. Bd., S. 133. Anna schreibt von ‹vier Jahren deiner großen Schwäche›.
226 Brief vom 4. Dez. 1805, in: F. M. Zahn, 2. Bd., S. 58/59.
227 Brief an Nette vom 7. März 1802, in: F. M. Zahn, 2. Bd., S. 35/36.
228 Unpublizierter Brief vom 19. Okt. 1798, in: Nachlass Anna Schlatter, Schachtel II, Umschlag 8b.
229 Brief an Nette vom 2. April 1797, Nachlass Anna Schlatter, Schachtel II, Umschlag 8b.
230 Brief an Nette vom März 1798, Nachlass Anna Schlatter, Schachtel II, Umschlag 8b.
231 F. M. Zahn, ‹Leben›, 1. Bd., S. XXXVII.
232 Béatrice Fontanel / Claire d' Harcourt, Baby, Säugling, Wickelkind. Eine Kul-

# Anmerkungen

turgeschichte. Hildesheim 1998, S.102. In der Schweiz lag die Rate der Säuglingssterblichkeit um 1900 noch immer um 225 Promille.

233 Die Angaben zur Schweiz und zu Berlin stammen aus dem Buch ‹75 Jahre Ostschweizerisches Kinderspital 1909-1984›, St.Gallen 1985, S.99-115. Das Plakat an der Landesausstellung 1914 wurde auf Veranlassung der St.Galler Kinderärztin Dr. Frida Imboden-Kaiser hergestellt. Ebenda, S.113.

234 Katja Behrens, S.99.

235 Anna Schlatter an Pfr. Stumpf, 25.Mai 1811, in: F.M.Zahn, 2.Bd., S.349.

236 Brief vom 6.Juni 1800, in: Schachtel II, Umschlag 8b.

237 Brief Annas an die befreundete Pfarrfamilie Schweizer, Hirzel, vom 1.März 1796, in: F.M.Zahn, 2.Bd., S.191.

238 Brief an Nette vom 20.Jan. 1800, in: F.M.Zahn, 2.Bd., S.32/33.

239 Brief vom 19.Mai 1805, in: F.M.Zahn 2.Bd., S.47.

240 Ebenda, S.48.

241 Die Auskunft erteilte Prof. Dr. Edmond Werder.

242 Brief vom 2.Juli 1805, in: F.M.Zahn, 2.Bd., S.49.

243 ‹Memorabilien›, Ninck 2/26, nicht ediert.

244 Brief an Nette vom 7.Nov. 1806 in: F.M.Zahn, 2.Bd., S.55.

245 ‹Memorabilien›, in: Ninck, 2/26. Helene und Christinchen waren, sagt sie, ihre beiden ‹lieblichsten› Kinder.

246 Brief an Nette vom 11.Nov. 1806, in: F.M.Zahn, 2.Bd., S.55/56.

247 Brief an Nette vom 15.Nov. 1806, in: F.M.Zahn, 2.Bd., S.57.

248 Brief an Nette vom 4.Dezember 1806, in: F.M.Zahn, 2.Bd., S.58.

249 Ebenda, S.58, sowie Brief vom 15.Nov., S.57.

250 Brief an Nette vom 25.Dezember 1806, in: F.M.Zahn. 2.Bd., S.59.

251 Brief vom 9.März 1814, in: F.M.Zahn, 2.Bd., S.96.

252 Ein grosses Vermögen! Anna ‹An den Candidat Zahn› (Adolph), 5.Aug. 1824, in: Frauenbriefe, S.99.

253 F.M.Zahn, ‹Leben›, 1.Bd., S.XLI.

254 Brief an Hector vom 16.Juli 1796, in: Nachlass Anna Schlatter, Schachtel IV, NL 9, 17b.

255 Brief an Nette vom 27.Juli 1797, in: F.M.Zahn, 1.Bd., S.13

256 Brief an Nette, Ostern 1796, in: F.M.Zahn, 1.Bd., S.12.

257 Brief an Nette vom 20.April 1802, in: F.M.Zahn, 2.Bd., S.36.

258 Brief an Nette, 18.Jan. 1804, in: F.M.Zahn, 2.Bd., S.40/41.

259 Brief an Nette, 12.Juli 1814, in: F.M.Zahn, 2.Bd., S.108.

260 Brief an Nette, in: Nachlass Anna Schlatter, Schachtel II, Umschlag 8b.

261 F.M.Zahn, ‹Leben›, 1.Bd., S.XLI.

262 Brief an Nette vom 14.April 1794, in: F.M.Zahn, 1.Bd., S.4.

Anmerkungen 194

263 Brief an Nette vom 25. Mai 1798, in: Nachlass Anna Schlatter, Schachtel II, Umschlag 8 b.
264 Brief an Hector vom 10. August 1795, in: Nachlass Anna Schlatter, Schachtel IV, NL 9, 17 b.
265 Brief an Hector vom 10. Juli 1796, ebenda.
266 Brief an Hector vom 28. Juli 1796, ebenda.
267 Brief an Hector vom 5. Aug. 1796, ebenda.
268 Brief an Lavater vom 8. Nov. 1798, in: Nachlass Lavater, ZB, FA Ms 525.290-311. – Lavater verfasste u. a. das ‹Christliche Handbüchlein für Kinder›, das sich an deren Eltern und Erzieher richtet, aber auch eine Reihe schöner ‹Gebether und Lieder für Kinder› enthält.
269 Brief Lavaters an Anna vom 18. Nov. 1798, in: Nachlass Lavater ZB, FA Lav Ms 580.19-25.
270 Albrecht Ritschl, S. 503.
271 Lavater, Haussteuer, Nr. 25, S. 34.
272 Brief an Nette vom 4. April 1807, in: F. M. Zahn, 2. Bd., S. 60/61.
273 Paul Mai, Johann Michael Sailer, Pädagoge-Theologe, Bischof von Regensburg zum 150. Todestag. Katalog zur Ausstellung von 1982, in Regensburg, S. 122.
274 F. M. Zahn, ‹Leben›, 1. Bd., S. XLI.
275 Francke wollte die Kinder zur ‹wahren Gottseligkeit› führen und ihnen den ‹Samen des Verderbens› austreiben. Weltliche Musik war verboten. Die Kinder standen unter ununterbrochener Aufsicht. Immerhin durften sie Spaziergänge machen und sich ‹zur Erholung› handwerklich betätigen. Zu Franckes Pädagogik vgl. Juliane Jacobi, ‹Francke›, in: RGG, 4. Aufl., 3. Bd., Tübingen 2000, Sp. 210/211, und Hermann Werner, Geschichte der Pädagogik, Leipzig 1930, S. 76/77.
276 Anna an Nette, 30. Juni 1823, in: F. M. Zahn, 2. Bd., S. 171.
277 Brief an Nette vom 25. Dez. 1806, in: F. M. Zahn, 2. Bd., S. 59.
278 Vgl. Peter Zimmerling, Starke fromme Frauen, 3. Aufl., Basel 1999, S. 59.
279 Brief an Nette vom 3. Jan. 1814, in: F. M. Zahn, 2. Bd., S. 86.
280 Christoph von Schmid, Die Ostereier, 4. Kap.
281 Brief an Pfarrer Stumpf in Weinfelden vom 10. Nov. 1809, in: F. M. Zahn, 2. Bd., S. 331/2.
282 Brief vom 9. Juli 1803, in: F. M. Zahn, 2. Bd., S. 37.
283 Brief an Nette vom 25. Dez. 1805, ebenda, S. 50.
284 Vgl. F. M. Zahn, ‹Leben›, 1. Bd., S. XXXVI.
285 Brief an Nette vom 14. Juni 1818, in: F. M. Zahn, 2. Bd., S. 141-144.
286 F. M. Zahn, ‹Leben›, 1. Bd., S. XLVIII.
287 Anna Schlatter an Pfr. Stumpf, 7. Dez. 1818, in: F. M. Zahn, 2. Bd., S. 387.

## Anmerkungen

288 Brief vom 9. Mai 1802, in: F.M. Zahn, 2. Bd., S. 37.
289 Anna Schlatter an ihre Tochter Anna, 5. Nov. 1820, in: F.M. Zahn, 1. Bd., S. 108.
290 Brief an Nette vom 12. Juli 1814, in: F.M. Zahn, 2. Bd., S. 108.
291 Brief an Nette vom 20. Dez. 1815, in: F.M. Zahn, S. 124.
292 Brief an Nette, 18. Aug. 1803, in: F.M. Zahn, 2. Bd., S. 40.
293 Brief an Nette vom 21. Juni 1812, in: F.M. Zahn, 2. Bd., S. 83.
294 Vgl. Johannes Ninck, Anna Schlatter und ihre Kinder, Frontispiz. Anna Schlatter widmete das Wort ihrem Neffen Daniel Schlatter, genannt ‹Tatarenschlatter› wegen seiner Reisen ins östliche Russland. Daniel Schlatter war in zweiter Ehe verheiratet mit Annas Tochter Henriette.
295 Brief an Nette vom 8. Juni 1794, in: F.M. Zahn, 1. Bd., S. 5/6.
296 ‹Memorabilien›, in: Ninck 2/26, nicht ediert.
297 Brief an Nette vom 25. Dez. 1805, in: F.M. Zahn, 2. Bd., S. 51.
298 Brief an Nette vom 7. Juni 1807, in: F.M. Zahn, 2. Bd., S. 61.
299 Briefe an Nette vom 29. Jan. 1808 und 10. März 1809, in: F.M. Zahn, 2. Bd., S. 63 und 66.
300 Brief an Nette von Anfang 1816, in: F.M. Zahn, 2. Bd., S. 128.
301 F.L. Zahn, 3. Bd., Gedicht Nr. 18, S. 26.
302 Ebenda, S. 28.
303 Gedicht Nr. 28, ebenda, S. 43.
304 Anna an Röhrig, 30. Mai 1818, in: F.M. Zahn, 1. Bd., S. 53.
305 F.M. Zahn, ‹Leben›, 1. Bd., S. CIII.
306 F.M. Zahn, 1. Bd., aus Annas ‹Beschreibung der Reise nach Barmen›, Sommer 1821, S. XCIX/C.
307 F.M. Zahn, 1. Bd., ebenda, S. LXXXVII.
308 Vgl. Hans Martin Stückelberger, Kirchen- und Schulgeschichte der Stadt St. Gallen, 3. Bd., S. 241.
309 Johannes Ninck, Anna Schlatter und ihre Kinder, S. 67.
310 Brief vom 10. Nov. 1809 an Pfarrer Stumpf, Weinfelden, in: F.M. Zahn, 2. Bd., S. 332.
311 Johann Heinrich Jung Stilling, Briefe an die St. Gallerin Helene Schlatter-Bernet, hrsg. von Dominik Jost, St. Gallen 1964, S. 45.
312 Vgl. dazu Gustav Adolf Benrath, Erweckung, in: TRE, 16. Bd., Berlin 1982, S. 205.
313 Anna an Röhrig, 15. März 1817, in: F.M. Zahn, 1. Bd., S. 45.
314 Anna am 17. Aug. 1817 an Meta Schweizer (später verheiratet mit Dr. Heußer), in: F.M. Zahn, 2. Bd., S. 262.
315 Anna an Nette, 6. Juli 1817, in: F.M. Zahn, 2. Bd., S. 135.
316 Anna am 2. Febr. 1817 an Meta Schweizer, in: F.M. Zahn, 2. Bd., S. 252.

317 Oskar Fässler, Peter Scheitlin, St.Gallen 1929, S. 100/101.
318 Johann Heinrich Jung, genannt Stilling, Lebensgeschichte, 6. Aufl., Basel 1892, z. B. S. 134/135.
319 Heinrich Stillings Leben, 5. Teil, Berlin und Leipzig 1804, S. 194.
320 Brief an Nette vom 15. Aug. 1803, in: F. M. Zahn, 2. Bd., S. 39.
321 Aus einem Brief an Herrn von Campagne, zitiert in: Frauenbriefe, hrsg. von Adolph Zahn 1862, Zitate, S. 6/7.
322 Lavater: Hochzeit Predigt für Herrn Melchior Römer und Jungfrau Anna Barbara Weyermann von St.Gallen, 1786.
323 Ebenda.
324 Albrecht Ritschl, S. 549.
325 Brief an Nette von Ende Dez. 1807, in: F. M. Zahn, 2. Bd., S. 62/63.
326 An Adolph Zahn, 24. März 1824, in: Frauenbriefe, hrsg. von Adolph Zahn, S. 70.
327 Martin H. Jung, der Protestantismus in Deutschland von 1815 bis 1870, Leipzig 2000, S. 43.
328 Zu den Begriffen Pietismus und Erweckung in den nächsten 4 Abschnitten des Textes vgl.: Gustav Adolf Benrath, Erweckung, in; TRE, 10. Bd., S. 205 f.; Martin Brecht, Pietismus, in: TRE, 26. Bd., S. 606 f.; Ulrich Gäbler, Auferstehungszeit, S. 161 f.; Friedrich Wilhelm Graf, Erweckung, in: RGG, 4. Aufl., 2. Bd., Sp. 1493 f.; Hartmut Lehmann, Die neue Lage, in: Geschichte des Pietism, 3. Bd., S. 7 f., sowie Johannes Wallmann, ‹Pietismus› – mit Gänsefüßchen, in: Theologische Rundschau, Heft 4, 2001, S. 463 f.
329 Vgl. Ökumenische Kirchengeschichte der Schweiz, Freiburg/Basel 1994: ‹Germaine de Staël (1766–1817), Vorläuferin der Erweckung›: in De l'Allemagne erklärte sie, dass der Protestantismus die Verbindung zwischen lebendigem Glauben und dem Geist kritischen Prüfens sei und dass einzig dieser Glaube ein Gefühl sei, das den Menschen moralisch bleibend beeinflussen könne. S. 215.
330 Die Herausgeber des neuen vierbändigen Werkes ‹Geschichte des Pietismus› rechnen neben dem ‹klassischen› Pietismus auch den Puritanismus, den Methodismus, den französischen Réveil, die amerikanischen Awakenings und vor allem auch die Erweckung und den im 19. Jh. entstandenen Evangelikanismus und Fundamentalismus dazu. Damit machen sie den Pietismus zu einem typologischen Begriff, wie das bei der raum-, zeit- und religionsüberschreitenden Mystik der Fall ist.
331 Ulrich Gäbler, Auferstehungszeit, S. 165.
332 Hartmut Lehmann, Die neue Lage, in: Geschichte des Pietismus, Bd. 3, S. 8.
333 Vgl. dazu: Ulrich Gäbler, Auferstehungszeit, München 1991, S. 162/163, sowie Martin H. Jung, Der Protestantismus in Deutschland von 1815 bis 1870, Leipzig 2000, S. 65. Ferner: Paul Wernle, S. 340/341.

# Anmerkungen

334 Hans Martin Stückelberger stellt die Auseinandersetzung zwischen Fels und A. Schlatter sowie de Wette in Basel in der Kirchen- und Schulgeschichte, 3. Bd., ausführlich dar, vgl. S. 226-234 und S. 245-247.
335 Oskar Fässler, Peter Scheitlin 1779-1848, St.Gallen 1929, S. 38.
336 Anna am 1. Juni 1823 an Prof. de Wette in Basel, in: F.M. Zahn, 2. Bd., S. 453/454.
337 Karl Barth, die protestantische Theologie im 19. Jahrhundert, S. 433 ff.
338 Vgl. Hans-Joachim Kraus, Geschichte der Historisch-Kritischen Erforschung des Alten Testaments von der Reformation bis zur Gegenwart, Kap.: Die überragende Bedeutung des Lebenswerkes De Wettes, S. 160-175.
339 Anna an de Wette, 1. Juni 1823, in: F.M. Zahn, 2. Bd., S. 453/454.
340 Hans Joachim Kraus, S. 161.
341 Anna an Röhrig, 25. Jan. 1822, in: F.M. Zahn, 1. Bd., S. 83.
342 In: Ninck 2/26, Stadtbibliothek Winterthur.
343 W. Hadorn, S. 399.
344 Anna an Pfr. Stumpf in Weinfelden – er besaß einen Weingarten – 17. Jan. 1817, in: F.M. Zahn, 2. Bd., S. 377.
345 Geschichte des Pietismus, 3. Bd., S. 251.
346 Ausstellungskatalog (Typoskript) Johann Michael Sailer, Pädagoge-Theologe-Bischof von Regensburg zum 150. Todestag, Vorwort von Msgr. Paul Mai.
347 Hubert Schiel, Johann Michael Sailer. Leben und Briefe. 1. Bd.: Leben und Persönlichkeit, S. 9.
348 Ausstellungskatalog, S. 128.
349 Brief an Nette vom 1. Mai 1821, in: F.M. Zahn, 2. Bd., S. 151.
350 Johann Michael Sailer, Briefe, (2. Bd.) hrsg. von Hubert Schiel, Regensburg 1952, Briefe von 1778 an Lavater, S. 14/15.
351 Ebenda, Sailer am 16. Sept. 1782 an Lavater, S. 22/23.
352 Hubert Schiel, Sailer, Leben und Briefe, 1. Bd., S. 181/182.
353 Brief an Lavater vom 15. Sept. 1794, in: Johann Michael Sailer, Briefe, S. 120/121.
354 Brief an Lavater vom Nov. 1800, ebenda, S. 216/217.
355 Der Lavaterfreund Johann Georg Müller, 1759-1819, war ein bedeutender Schriftsteller, Politiker und Theologe. 1814 wurde er von Kaiser Alexander I. und Großfürstin Katharina besucht. Er war der jüngere Bruder des Historikers Johannes von Müller.
356 Brief von Sailer an Claudius vom 21. Sept. 1787, in: Johann Michael Sailer, Briefe, S. 49.
357 Geschichte des Pietismus, 3. Bd., S. 87/88.
358 Hubert Schiel, Johann Michael Sailer, Leben und Briefe, S. 289. Das Bibelzitat stammt aus Röm. 8, 32.
359 Aus einem Brief Sailers vom 1. Jan. 1800 an Alexander Graf von Westerholt, in: Ausstellungskatalog, S. 14.

Anmerkungen 198

360 Vgl. Hubert Schiel, Johann Michael Sailer. Leben und Briefe, 1. Bd., S. 403. In einem Brief an Adolph Zahn vom 21. Aug. 1824 erwähnt Anna, neben 1824, Besuche Sailers ‹1806–1808, 1810, 1812, 1814, 1816› und 1819, in: ‹Frauenbriefe›.
361 Brief an Nette vom 11. Okt. 1810, in: F. M. Zahn, 2. Bd., S. 70–72.
362 Sailer an Anna, 13. März 1815, in: Johann Michael Sailer, Briefe, S. 402/403. Christoph von Schmid (1768–1854) dichtete auch das Weihnachtslied ‹Ihr Kinderlein, kommet› und verfasste eine ‹Biblische Geschichte für Kinder› in 7 Bänden. Er war einer der erfolgreichsten Jugendschriftsteller seiner Zeit und wurde in 20 Sprachen übersetzt. Im Beiheft zur Wanderausstellung 1982 ff. ‹Die Bibel für Kinder – einst und jetzt› von Regine Schindler-Hürlimann und Frank Jehle wird Schmid als ‹aufklärerischer Katholik› charakterisiert.
363 Brief von Hector und Anna vom 28. Sept. 1810 an Stumpf, in: F. M. Zahn, 2. Bd., S. 352–355.
364 Unedierter, undatierter Brief Sailers an Anna, in: Nachlass Anna Schlatter, Schachtel III, Umschlag 13.
365 Unedierter Brief Sailers an Anna von 1817, ebenda.
366 Anna an Nette, 27. Jan. 1814, in: F. M. Zahn, 2. Bd., S. 92.
367 Anna an Nette, 3. Jan. 1814, in: F. M. Zahn, 2. Bd., S. 89.
368 Originalfassung des Textes, in: Die deutsche Literatur. Texte und Zeugnisse, Bd. III, Barock, hrsg. von Albrecht Schöne, München 1963, S. 206/207.
369 ‹Mein Verlangen›, in: F. L. Zahn, 3. Bd., S. 5–8.
370 Vgl. Martin Laube, Gossner, in RGG, 4. Aufl., 3. Bd., Sp. 1093.
371 ‹Memorabilien›, in: Dep. Ninck 2/26, Winterthur.
372 Anna an Nette, 9. März. 1814, in: F. M. Zahn, 2. Bd., S. 97/98. Detail ‹Suppe›: Anna an Pfr. Stumpf, 10. März 1814, in: F. M. Zahn, 2. Bd., S. 364.
373 Anna an Nette, 10. April 1814 und 2. Okt. 1814, in: F. M. Zahn, 2. Bd., S. 99–103 und 111–114.
374 Anna an Nette, 2. Okt. 1814, in: F. M. Zahn, 2. Bd., S. 108–111.
375 U. a. Steinkopf, Sekretär der brit. Bibelgesellschaft. Annas Schwager Caspar Steinmann gründete 1813 die St. Galler Bibelgesellschaft. Anna an Nette, 15. Aug. 1815, in: F. M. Zahn, 2. Bd., S. 119.
376 Brief an Nette vom 1. Aug. 1815, in: F. M. Zahn, 2. Bd., S. 119.
377 F. M. Zahn, ‹Leben›, 1. Bd., S. LIX.
378 Ebenda, S. LXII.
379 Vgl. Dep. Ninck 2/26 unter 16. Jan. 1816.
380 Unedierter Brief Sailers an Anna, in: Nachlass Anna Schlatter, Schachtel III, Umschlag 13 b. Vgl. dazu S. 170/171.
381 Unedierter Brief Sailers an Anna vom 14. Nov. 1814, ebenda.
382 Brief Sailers ‹nach dem 17. Nov.› 1814, in: Johann Michael Sailer, Briefe, hrsg. von Hubert Schiel, S. 400.

## Anmerkungen

383 Verschiedene Briefe Sailers an Anna Schlatter, ebenda, S. 399 f.
384 Im Archiv des dortigen Evangelischen Diakoniewerkes. Vgl. ‹Geschichte des Pietismus›, 3. Bd., Göttingen 2000, S. 107, Anm. 73.
385 Anna an Nette, 20. Dez. 1815, in: F. M. Zahn, 2. Bd., S. 122/123.
386 An der ökumenischen Versammlung von 1999 in Augsburg wurde der Rechtfertigungsstreit zwischen Katholiken und Protestanten offiziell begraben und weit gehende Übereinstimmung festgestellt.
387 Vgl. Brief an Nette vom 1. Jan. 1819, S. 147.
388 Brief an Nette von Anfang 1816, in: F. M. Zahn, 2. Bd., S. 128.
389 Brief an Nette, 20. Dez. 1815, in: F. M. Zahn, 2. Bd., S. 123/124.
390 Vgl. dazu: Geschichte des Pietismus, 3. Bd., S. 94, und F. M. Zahn, ‹Leben›, 1. Bd., S. LXIII–LXVI.
391 Zu den Zahlen: vgl. Geschichte des Pietismus, 3. Bd., S. 97. Reisebericht Annas, in: F. M. Zahn, 1. Bd., S. LXVII ff. Lindl geriet unter Beschuss seiner kirchlichen Vorgesetzten. Er emigrierte nach Russland und trat zur evangelischen Kirche über.
392 F. M. Zahn, ‹Leben›, 1. Bd., S. LXXI.
393 Vgl. Geschichte des Pietismus, 3. Bd., S. 109, Anm. 111.
394 Brief vom 1. Mai 1821, in: F. M. Zahn, 2. Bd., S. 151.
395 G. Finsler, Georg Gessner, S. 185.
396 Brief von Boos an Anna vom Dez. 1823, ebenda, S. 645. Vgl. auch Anna an Meta, 23. Febr. 1824, in: F. M. Zahn, 2. Bd., S. 278.
397 Sailers Besuch fand 1819 statt. Vgl. Annas Brief an den Kaufmann Röhrig, 26. Sept. 1819.
398 Unedierter Brief Sailers an Anna vom 16. Juli 1822, in: Nachlass Anna Schlatter, Schachtel III, Umschlag 13.
399 Brief vom 30. Aug. 1824, in: F. M. Zahn, 2. Bd., S. 184.
400 G. Finsler, Georg Gessner, S. 187.
401 Brief vom Sept. 1823, in: Hubert Schiel, Johann Michael Sailer. Leben und Briefe, S. 645.
402 Aus einem Brief Annas an Cleophea, 16. Jan. 1824, in: Frauenbriefe, hrsg. von Adolph Zahn. – Die Jesuiten waren unterdessen wieder zugelassen worden und vertraten nun eine papsttreue, konservative Linie.
403 Brief Annas an Nette vom 6. Okt. 1814, in: F. M. Zahn, 2. Bd., S. 113. (Der Brief ist bei Zahn irrtümlicherweise auf den 26. Okt. datiert.)
404 Anna an Röhrig, 26. Sept. 1819, in: F. M. Zahn, 1. Bd., S. 70.
405 Ricarda Huch, S. 175.
406 Schleiermacher, Über die Religion, S. 29, und: Der christliche Glaube, S. 22. Vgl. Kurt Lüthi, S. 175.

407 Erich Beyreuther, Die Erweckungsbewegung, Separatdruck aus: Die Kirche in ihrer Geschichte, 4. Bd., Göttingen 1977, R 2.
408 Horst Weigelt, Lavater, in RGG, 4. Aufl., 5. Bd., Sp. 123, Tübingen 2002.
409 Friedrich Wilhelm Graf, Erweckung, in: RGG, 4. Aufl., 2. Bd., 1999, Sp. 1493.
410 Vgl. Ricarda Huch, S. 169. Sie schreibt von Friedrich Schlegels Lustgefühl, Teil eines Ganzen zu sein.
411 Katja Behrens, S. 67.
412 Kurt Lüthi, S. 182. Die Romantikerin Caroline Schlegel ging so weit, von der Gottähnlichkeit des Ich zu sprechen.
413 Ricarda Huch, S. 176.
414 Ricarda Huch, S. 175.
415 Vgl. das klassische Buch von Margarete Susman, Frauen der Romantik, S. 171.
416 Vgl. Margarete Susman, S. 166.
417 Brief Bettinas vom Frühling 1810, in: Hubert Schiel, Johann Michael Sailer, Leben und Briefe, 2. Bd., S. 428.
418 Bettina an Achim von Arnim, Oktober 1815, in: Katja Behrens, S. 91.
419 Christa Bürger, S. 146/147.
420 So äußerte sich Dorothea Veit, Tochter von Moses Mendelssohn. Vgl. Katja Behrens, S. 341.
421 Schleiermacher, Über die Religion. Reden an die Gebildeten unter ihren Verächtern, S. 29 f.
422 Zu Schleiermacher vgl. auch: Kurt Lüthi, S. 184.
423 Ricarda Huch, S. 170.
424 Margarete Susman, Frauen der Romantik, S. 164 und S. 94.
425 Joseph von Eichendorff, Gesamtausgabe Werke und Schriften, Stuttgart 1957, 2. Bd., S. 1071.
426 Novalis, Die Christenheit oder Europa, Die Dichtungen (1. Bd. der Gesamtausgabe Werke, Briefe, Dokumente), Heidelberg 1953, S. 279.
427 Joseph von Eichendorff, Literaturhistorische Schriften, Gesamtausgabe, 4. Bd., S. 200.
428 Sailer an Brentano, Februar/März 1815, in: Ausstellungskatalog S. 138/139.
429 Johannes Ninck, S. 77. Es gelang mir nicht, diesen Besuch Schleiermachers in St. Gallen zu verifizieren.
430 Brief an Nette vom 6. Okt. 1814, in: F. M. Zahn, 2. Bd., S. 113.
431 Gedicht von Anna Schlatter, in: F. L. Zahn, 3. Bd., S. 82.
432 F. M. Zahn, ‹Leben›, 1. Bd., S. xxxv.
433 Ebenda.
434 Joh. Wolfg. Goethe, Mignon und Gefunden, Sämtliche Werke, 2. Bd., Gedichte 1800–1832, hrsg. von Karl Eibl, S. 103 und S. 20; Anna Schlatter: F. L. Zahn, 3. Bd., Gedichte Nr. 47 und Nr. 10, S. 73 und S. 17.

Anmerkungen

435 Anna Schlatter, ‹Abendlied›. Gedicht Nr. 19, in: F. L. Zahn, 3. Bd., S. 28/29.
436 Vgl. Kurt Lüthi, S. 31. Noch die um eine Generation jüngeren George Sand (Aurore Dupin) und George Eliot (Mary Ann Evans) wagten es nur unter einem männlichem Pseudonym, ihre Werke zu publizieren.
437 Zum Dilettantismus, vgl. Christa Bürger, Leben Schreiben, S. 25-28.
438 Christa Bürger, S. 50. Zu Clemens und Sophie vgl. auch: Johannes Anderegg, Schreibe mir oft! S. 82-100.
439 Anna an Röhrig, 25. Jan. 1822, in: F. L. Zahn, 1. Bd., S. 82/83. Zu Herrnhut vgl. S. 82. Die Christentumsgesellschaft war ein pietistischer Verein, der viele Anhänger fand.
440 In: Nachlass Alther, Vadianische Sammlung, Kantonsbibliothek St. Gallen.
441 Christa Bürger, Leben Schreiben. Stuttgart 1992.
442 Doris Stump / Maya Widmer / Regula Wyss: Deutschsprachige Schriftstellerinnen in der Schweiz 1700-1945. Eine Bibliographie, S. 12.
443 Ebenda, S. 187/188.
444 Anna an das Ehepaar Stumpf in Weinfelden, 14. Juli 1808, in: F. M. Zahn, 2. Bd., S. 307.
445 Martin H. Jung, S. 43.
446 Meta Heußer-Schweizer, Hauschronik, hrsg. von Karl Fehr, Vorbemerkungen, S. 156.
447 Katja Behrens, S. 19.
448 Brief an Nette vom 9. Juli 1803, in: F. M. Zahn, 2. Bd., S. 37.
449 Katja Behrens, S. 99.
450 Kurt Lüthi, S. 26.
451 Anna an Cleophea am 16. Jan. 1824, in Frauenbriefe, S. 54.
452 Anna an Cleophea, 14. März 1823, ebenda, S. 34.
453 Brief Annas an Adolph Zahn vom 14. Juni 1824, in: Frauenbriefe, S. 81.
454 Anna an Adolph Zahn, 5. Aug. 1824, in: Frauenbriefe, S. 99.
455 Ricarda Huch, S. 234.
456 Kurt Lüthi, S. 8 und 14.
457 Ricarda Huch, S. 95.
458 Kurt Lüthi, S. 24.
459 Vgl. Kurt Lüthi, S. 8, 17, 18, 24, 25, 138, 139 und 184.
460 Wilhelm Dilthey, Leben Schleiermachers, 1. Bd., S. 511.
461 Beispiele sind Caroline Schlegel, die in dritter Ehe den um viele Jahre jüngeren Philosophen Schelling heiratete, Dorothea Veit-Mendelssohn, die in zweiter Ehe den jungen Friedrich Schlegel heiratete, sowie Sophie von Mereau, in zweiter Ehe mit Clemens von Brentano verheiratet.
462 Kurt Lüthi, S. 72.

## Anmerkungen

463 F. M. Zahn, ‹Leben›, 1. Bd., S. XXXV.
464 Anna an Nette, 20. Mai 1821, in: F. M. Zahn, 2. Bd., S. 152.
465 Beide Zitate aus F. M. Zahn, ‹Leben›, 1. Bd., S. XXXVII.
466 F. M. Zahn, ‹Leben›, 1. Bd., S. XXXVIII. Das Haus ist nicht mehr in seinem ursprünglichen Zustand erhalten.
467 Anna an Nette, 10. April 1814, in: F. M. Zahn, 2. Bd., S. 102. Das Haus dient heute als Schulhaus.
468 Virginia Woolf, A Room of One's Own, The Hogarth Press Ltd., first published 1929.
469 Anna an Nette, 20. Dez. 1815, in: F. M. Zahn, 2. Bd., S. 122.
470 Anna an Nette, 29. Dez. 1822, in: F. M. Zahn, 2. Bd., S. 160.
471 F. M. Zahn, ‹Leben›, 1. Bd., S. L.
472 Anna an Nette, 30. Juni 1823, in: F. M. Zahn, 2. Bd., S. 171/172.
473 Anna an Nette, Karfreitag 1821, in: F. M. Zahn, 2. Bd., S. 150.
474 Unedierter Brief Annas an Hector, 8. Aug. 1796, in: Nachlass Anna Schlatter, Schachtel IV, NL 9, 17 b.
475 ‹Dem lieben jungen Ehemann***›, in: F. L. Zahn, 3. Bd., S. 255–261.
476 ‹Der lieben jungen Frau**›, in: F. L. Zahn, 3. Bd., S. 269.
477 ‹Ehestands-Büchlein› an ihre Kinder C** und L**, in: F. L. Zahn, 3. Bd., S. 277–280.
478 W. Schlatter, S. 18–19. Vgl. Rudolf Dellsperger, Frauenemanzipation im Pietismus, in: Zwischen Macht und Dienst, S. 133 ff.
479 Zu den Ereignissen in St. Gallen siehe Rudolf Dellsperger, Der Pietismus in der Schweiz, in: Geschichte des Pietismus, 2. Bd., S. 598/599.
480 Kurt Lüthi, S. 32.
481 Ebenda, S. 131.
482 Vgl. dazu: Brigitte Schnegg, Geschlechterkonstellationen in der Geselligkeit der Aufklärung, in: Schweizerische Zeitschrift für Geschichte, 2002/4, S. 386 f.
483 ‹Memorabilien› unter 20. Mai und 24. Mai 1820, in: Nachlass Ninck 2/26, nicht ediert. Schloss Beuggen liegt direkt am deutschen Rheinufer gegenüber von Rheinfelden. Heute wird es als Tagungs- und Kulturstätte genutzt.
484 Aus Annas Reisebericht, in: F. M. Zahn, ‹Leben›, 1. Bd., S. LXXXI.
485 Anna am 17. Jan. 1824 an ihre Tochter Anna, in: F. M. Zahn, 1. Bd., S. 161. Anna war Lehrerin im gräflichen Hause von der Gröben und machte sich Sorgen wegen ihrer schlichten Kleidung.
486 Kurt Lüthi, S. 131.
487 Ebenda, S. 144.
488 Vgl. dazu Rudolf Dellsperger, Frauenemanzipation im Pietismus, S. 138–141 und 146–151.

## Anmerkungen

489 Ulrich Gäbler, S. 175.
490 Anna an Nette, 31. Aug. 1822, in: F. M. Zahn, 2. Bd., S. 157/158.
491 Ebenda, S. 159. Vgl. Anmerkung 1.
492 Ebenda, S. 158.
493 Laut dem Wirtschaftshistoriker Prof. Dr. Bruno Fritsche verdiente ein Textilarbeiter um 1820 Fr. 1.– pro Tag. Die Fr. 1000.– seien vielleicht um den Faktor 50–100 zu multiplizieren. 300 Gulden entsprachen 1000 damaligen Franken.
494 Vgl. Frauenbriefe, hrsg. von Adolph Zahn, S. 11.
495 Anna an Nette, 29. Dez. 1822, in: F. M. Zahn, 2. Bd., S. 160.
496 Peter Scheitlin, Meine Armenreisen in den Kanton Glarus und in die Umgebung der Stadt St. Gallen in den Jahren 1816 und 1817.
497 Anna an Meta Schweizer, 15. Juni 1817, in: F. M. Zahn, 2. Bd., S. 260.
498 Anna an Nette, 6. Juli 1817, in: F. M. Zahn, 2. Bd., S. 136.
499 F. M. Zahn, ‹Leben›, 1. Bd., S. CXXI.
500 Anna an Meta Schweizer (später verheiratete Heußer) am 29. Dez. 1816, in: F. M. Zahn, 2. Bd., S. 243.
501 Vgl. G. Finsler, Georg Gessner, S. 177–179.
502 Brief Bettinas vom 1. Febr. 1849, in: Katja Behrens, S. 155.
503 Kurt Lüthi, S. 75. Zu Kinkel: Eine Straße in der Nähe der Universität Zürich ist nach ihm benannt.
504 Beispiele davon finden sich im Privatarchiv Schlatter, in ‹Nachlass Schlatter Briefe›, Schachtel 1, Umschlag 4, in: Stadtarchiv St. Gallen.
505 In: Nachlass Lavater, Handschriftenabteilung ZB. Vgl. S. 79.
506 Johann Caspar Lavater, Freundschaftliche Briefe an verschiedene Freunde und Freundinnen, 1796.
507 Ebenda, S. 16, 26 und 29.
508 Gedicht Nr. 14, in: F. L. Zahn, 3. Bd., S. 21/22.
509 Brief Annas an Helene vom 16. Febr. 1823, in: Privatarchiv Schlatter, Schachtel ‹Nachlass Schlatter Briefe›, Stadtarchiv St. Gallen, wo sich auch die Tagebücher der Helene Schlatter-Bernet befinden.
510 Anna an Nette, 7. Sept. 1823, in: F. M. Zahn, 2. Bd., S. 173.
511 Anna Schlatter an ihre Tochter Anna, 24. Sept. 1817, in: F. M. Zahn, 1. Bd., S. 104.
512 Anna an Cleophea, 23. Febr. 1823, in: Frauenbriefe, S. 17.
513 Johannes Ninck, S. 67/68.
514 Meta Heußer-Schweizer, Hauschronik, S. 64.
515 Meta Heußer-Schweizer, Hauschronik, S. 63/64.
516 Beide Zitate aus dem Brief Annas an Meta vom 22. Sept. 1816, in: F. M. Zahn, 2. Bd., S. 235.
517 Anna an Meta, 17. Febr. 1817, in: Zahn, 2. Bd., S. 252.

Anmerkungen 204

518 Zu Meta Heußer vgl. Regine Schindler: Johanna Spyri, Spurensuche, S. 43-48. Auskünfte von Regine Schindler über Meta Heußer-Schweizer und Anna Schlatter vom 26. und 28. Mai und 4. Juli 2003.
519 Gesangbuch der Evang.-ref. Kirchen der Deutschsprachigen Schweiz, Basel und Zürich 1998, Nr. 692.
520 An Nette, 9. Dez. 1814, in: F. M. Zahn, 2. Bd., S. 115.
521 Anna an Röhrig, 28. Juli 1818, in: F. M. Zahn, 1. Bd., S. 55/56.
522 Anna an Röhrig, 11. Sept. 1818, ebenda, S. 57.
523 Anna an Röhrig, 30. Jan. 1819, ebenda, S. 64.
524 ‹Memorabilien›, nicht ediert, in: Nachlass Ninck, Dep. Ninck 2/26.
525 Um wen es sich bei O. handelte, konnte ich nicht eruieren. Anna Schlatter verwendet in ihren Briefen häufig nur die Initialen von Personen, die dem Empfänger/der Empfängerin bekannt waren.
526 Nachschrift zu einem Brief an Nette vom 23. Dez. 1793, in: F. M. Zahn, 1. Bd., S. 27.
527 Ebenda.
528 Brief vom 26. Januar 1798, in: F. M. Zahn, 2. Bd., S. 14.
529 Ebenda.
530 Brief an Nette vom 23. Februar 1798, in: F. M. Zahn, 2. Bd., S. 18.
531 Ebenda. S. 17-19.
532 Brief an Nette vom 9. Februar 1798, in: F. M. Zahn, 2. Bd., S. 16/17.
533 Brief an Nette vom 4. Febr. 1798, in: F. M. Zahn, 2. Bd., S. 15.
534 Brief an Nette vom 26. März 1798, in: F. M. Zahn, 2. Bd., S. 20/21.
535 Brief an Nette vom 30. April 1798, in: F. M. Zahn, 2. Bd., S. 21-23.
536 Brief an Nette vom 30. Aug. 1798, in: F. M. Zahn, 2. Bd., S. 26.
537 Brief an Nette vom 4. Febr. 1798, in: F. M. Zahn, 2. Bd., S. 15.
538 Brief an Nette vom 8. Febr. 1799, in: F. M. Zahn, 2. Bd., S. 29.
539 Ebenda.
540 Johannes Ninck, S. 51.
541 Brief an Nette vom 28. März 1799, in: F. M. Zahn, 2. Bd., S. 30/31. Vgl. dazu das Tagebuch der Elsbetha Schlatter-Huber: Ernst Ziegler, Fremde Truppen in St. Gallen, in: Neujahrsblatt 2003. S. 69 und 71.
542 Ebenda.
543 Brief an Nette vom 28. Mai 1799, in: F. M. Zahn, 2. Bd., S. 30/31.
544 Karl Pestalozzi, Johann Caspar Lavater in: Große Schweizer und Schweizerinnen, hrsg. von Erwin Jaeckle und Eduard Stäuble, Stäfa 1990, S. 210.
545 Ebenda, S. 209 und S. 210.
546 Nach einem Autograph Lavaters, in: Das Antlitz. Eine Obsession, S. 37.
547 Brief an Nette vom 5. Jan. 1801, in: Nachlass Anna Schlatter, Schachtel II, Umschlag 8b. Nicht publizierter Briefteil.

# Anmerkungen

548 Brief an Nette vom 8. Febr. 1814, in: F. M. Zahn, 2. Bd., S. 94/95.
549 Vgl. F. M. Zahn, ‹Leben›, 1. Bd., S. CXX.
550 Anna an Pfarrer Stumpf, 14. März 1814, in: F. M. Zahn, 2. Bd., S. 364.
551 Brief an Nette vom 11. Febr. 1814, ebenda, S. 96.
552 Aus: Frauenbriefe, hrsg. von Adolph Zahn, Halle 1862, S. 188.
553 F. M. Zahn, ‹Leben›, 1. Bd., S. CV/CVI.
554 F. M. Zahn, ‹Leben›, 1. Bd., S. CVII.
555 Kurt Lüthi, S. 185.
556 Brief an Nette vom 4. Febr. 1798, in: F. M. Zahn, 2. Bd., S. 15/16.
557 Brief an Nette vom 21. Mai 1799, ebenda, S. 30.
558 Anna an Nette, 3. Januar 1814, in: F. M. Zahn, 2. Bd., S. 86–90.
559 Brief Annas an Hector vom 25. Aug. 1795, in: Nachlass Anna Schlatter, Schachtel IV, NL 9, 17b.
560 Matthias Claudius, Kriegslied, in: Sämtliche Werke, S. 239.
561 Johannes Ninck, S. 103.
562 Brief an Pfr. Stumpf vom 16. Dez. 1829, in: F. M. Zahn, 2. Bd., S. 394.
563 Brief an Nette vom 20. Jan. 1814, in: F. M. Zahn, S. 87.
564 Gedicht Nr. 88, in: F. L. Zahn, 3. Bd., S. 128.
565 Zu Elsbeth Stagel vgl. Ines Buhofer, in: ‹Schritte ins Offene› 4/91, sowie Max Wehrli, Geschichte der Deutschen Literatur, 1. Bd., Stuttgart 1980, S. 652/658.
566 Alice Zimmerli-Witschi, Marie Dentière, in: ‹Schritte ins Offene›, 4/91.
567 Christine Nöthiger-Strahm, Hortensia Gugelberg von Moos, in: ‹Schritte ins Offene› 4/91.
568 Anna Schlatter nennt alle diese Theologen an verschiedenen Stellen ihres Briefwechsels. Joh. Friedr. Miville, Prof. für das NT in Basel, Freund von Georg Müller (S. 89) war wie de Wette ein Vertreter der Vermittlungstheologie.
569 Reisebericht Annas, in: F. M. Zahn, 1. Bd., S. XCVII.
570 Vgl. F. M. Zahn, 1. Bd., S. XCVI/XCVIII/CIII.
571 Ebenda, S. CXIII.
572 Vgl. RGG, 4. Aufl., 4. Bd., Sp. 1792.
573 Ebenda, S. CXI/CXII.
574 Brief an Nette vom 6. Juli 1817, in: F. M. Zahn, 2. Bd., S. 135.
575 Ebenda, S. CXVI/CXVII.
576 Reisebericht Annas, in: F. M. Zahn, 1. Bd., S. LXXXVIII.
577 Anna an Pfr. Stumpf, 6. Jan. 1810, in: F. M. Zahn, 2. Bd., S. 343 und 348.
578 Brief an Nette vom 7. Sept. 1823, in: F. M. Zahn, 2. Bd., S. 174/175.
579 Das Büchlein ist publiziert in: F. L. Zahn, 3. Bd., S. 169–186. Die Zitate in diesem und den beiden folgenden Abschnitten sind daraus entnommen.
580 Anna Schlatter im Febr. 1824 an Meta Heusser, in: F. M. Zahn, 2. Bd., S. 277.

Anmerkungen 206

581 Brief an Adolph Zahn vom 14. Juni 1824, in: Frauenbriefe, hrsg. von Adolph Zahn, Halle 1862, S. 82.
582 Karl Fehr, in: Meta Heußer-Schweizer, Hauschronik, S. 158.
583 Zitate aus: ‹Einige schwache Gedanken über das hohepriesterliche Gebet Joh. 17. Auf Bitte meines Sohnes C** niedergeschrieben. Im Frühjahr 1824, in: F. L. Zahn, 3. Bd., S. 147-167.
584 Reisebericht, in: F. M. Zahn, 1. Bd., S. CXIV/CXV. Franz Friedrich Gräber war Pfarrer in Gemarke. Johann Christian Gottlob Kraft (Krafft) war Theologieprofessor in Erlangen und führender Vertreter der bayrischen Erweckungsbewegung.
585 Brief an Kraft (und Gräber) vom 22. Juli 1821, in: F. M. Zahn, 2. Bd., S. 456/457.
586 Aus: ‹Beim Tode eines Menschen, wo wenig Hoffnung für seine Seligkeit ist›, in: Gedichte von Anna Schlatter-Bernet, hrsg. von Franz Ludwig Zahn, 1835, S. 176.
587 Anna an Nette, 23. Jan. 1820, in: F. M. Zahn, 2. Bd., S. 149.
588 Anna an Röhrig, 30. Dez. 1821, in: F. M. Zahn, 1. Bd., S. 80.
589 Anna an Nette, 7. Sept 1823 und 20. Juni 1824, in: F. M. Zahn, 2. Bd., S. 173 und 181.
590 Gedicht Hectors, in: Nachlass Ninck, Dep Ninck 28/23.
591 Anna an Nette, 11. Aug. 1824, in: F. M. Zahn, 2. Bd., S. 181.
592 Anna an Nette, 17. Juni 1823, in: F. M. Zahn, 2. Bd., S. 169.
593 Unedierter Brief in: Sammlung Robert Alther, Vadian. Sammlung, Kantonsbibliothek St. Gallen.
594 Aus dem Gedicht Nr. 44 von 1826, in: F. L. Zahn, 3. Bd., S. 70.
595 An Nette, 22. Febr. 1822, drei Tage vor Annas Tod, in: F. M. Zahn, 2. Bd., S. 189.
596 Ebenda, S. 190.
597 Vgl. Brief Annas an Adolph und Cleophea vom 8. und 10. Okt. 1825, in: Frauenbriefe, S. 139.
598 ‹Anna Schlatter's schriftlicher Nachlass›, hrsg. von Franz Ludwig Zahn, Moers 1835, S. XI.
599 Johannes Ninck, S. 186.
600 Bertha von Suttner, Die Waffen nieder! Dresden 1859-1889

Buchausstattung Jost Hochuli. Satz, Reproarbeiten und Druck von Ostschweiz Druck AG, Wittenbach-Kronbühl SG. Papier des Inhalts 115 gm² Munken Pure 13 gelblichweiß von Fischer Papier AG, St.Gallen. Vorsatz f-color 120 gm² dunkelgrau von Gebr. Schabert, D-Strullendorf. Schutzumschlag 135 gm² Esprit de Nature Thym von Sihl+Eika Papier AG, St.Gallen. Überzug Regentleinen, Farbton 007, von Gustav Ernstmeier GmbH & Co. KG, D-Herford. Bindearbeiten von Buchbinderei Burkhardt AG, Mönchaltorf.